Hans Jürgen Schultz (Hrsg.)
Liebespaare

Hans Jürgen Schultz (Hrsg.)

Liebespaare

Kreuz Verlag

Diesem Buch liegt eine Sendereihe des
Süddeutschen Rundfunks zugrunde.

Bildnachweis: S. 11, 14, 30, 35, 43, 56, 57, 65, 98, 107, 105, 142, 176, 209, 247
266 und 267 Ullstein-Bilderdienst; S. 145, 158 und 159 Ullstein-Camera
Press Ltd.; S. 31, 179, 183, 205, 208 und 257 Historia-Photo; S. 42, 48, 49, 51
und 191 Archiv für Kunst und Geschichte, Berlin; S. 73 und 82 BBC Hulton
Picture Library, London; S. 77 Peter G. Wichmann, London; S. 229 und
237 Rowohlt; S. 236 Camera Press Ltd.; S. 246 und 256 dpa; S. 279 und
282 National Portrait Gallery, London; S. 283 The Tate Gallery Millbank,
London.

Dieses Buch ist auch als Hörbuch erschienen.
Blinde können es kostenlos entleihen bei der

Deutschen Blindenstudienanstalt
– Emil-Krückmann-Bücherei –
· Liebigstraße 9
3550 Marburg, Telefon: 06421/67053

oder bei der

Deutschen Blinden-Hörbücherei
Am Schlag 2a
3550 Marburg, Telefon: 06421/606261

2. Auflage (9.–12. Tausend)
© Kreuz Verlag Stuttgart 1989
Umschlaggestaltung: Jürgen Reichert, Kornwestheim
unter Verwendung von Oskar Schlemmer, Der Vorübergehende
© 1989 Oskar Schlemmer, Familie Schlemmer, Badenweiler
Gestaltung: Brigitte Gnieser
Satz: Steffen Hahn, Kornwestheim
Druck und buchbinderische Verarbeitung:
Franz Spiegel Buch GmbH, Ulm
ISBN 3 7831 0968 X

Inhalt

Vorwort

Gibt es über die Liebe noch Ungesagtes zu sagen? Hat die Literatur sie nicht in allen Varianten ein für allemal dargestellt? Wer das annimmt, verkennt, meint Max Frisch, daß Liebesgeschichten sich nicht wiederholen, daß immer andere stattfinden werden.

Sicher weiß die Dichtung mehr über die Liebe als die Wissenschaft. Aber wer sich nicht nur einem Thema, sondern der Wirklichkeit widmen will, fragt die Liebenden selbst, was sie erleben, was sie erleiden. Die Antworten sind tausendfältig.

Bei der Auswahl der Liebespaare, die in diesem Buch beschrieben werden, haben wir keine Muster, keine Modelle, nicht einmal Beispiele gesucht. Wir wollten Biographien von geradezu zufällig nebeneinander geratenen Menschen erzählen, deren wechselseitige Anziehungskraft ihr Leben verändert hat.

Liebe ist das Erlebnis wesentlicher Einheit mit dem andern. Doch das Ich riskiert sich auf dem Weg zum Du. Ohne diese gewagte Erfahrung, ohne die Bereitschaft zum Verlust bleibt es isoliert, abgetrennt von allem, sogar von sich selbst. Als Surrogat, als Ersatz für Liebe, welche die Macht hat, Herzen zu brechen, wird dann ein Arrangement hergestellt, das man »Beziehung« nennt. Beziehung ist ein Bündnis zwischen Partnern, bei denen Nehmen seliger ist denn Geben.

Amor meus, dolor meus. Alle Liebe, auch die glückliche, gehört dem Schmerz. Wer ihn vermeiden will, wird die Fülle nicht kennenlernen. Deswegen berichten wir von Liebenden, deren Zuneigung sie in Spannungen führte, die sich schön und traurig, komisch und ergreifend, schöpferisch, aber auch gefährlich oder vernichtend auswirken konnten.

Hans Jürgen Schultz

7

Christa Maerker

»Wir warteten darauf,
daß die Zukunft begann«

Marilyn Monroe und Arthur Miller

Ein Gipfeltreffen: Ein Egghead heiratet ein Stundenglas. Der wortgewaltige Dramatiker, Broadwayhit, die Inkarnation der Intelligenz Amerikas, schickt sich an, den Traum von fünfzig Millionen Männern zu leben: Er heiratet die Inkarnation des Sexes, diese Attacke auf die puritanischen Gemüter Amerikas, das sich nur ganz langsam von den Restriktionen der fünfziger Jahre zu erholen wagt. Arthur Miller und Marilyn Monroe heiraten! Und die Medien verfüttern das Ereignis an die Nation, die gierig zuschnappt.

Es fängt unmöglich an: Zwei Welten, die gegensätzlicher nicht sein können, begegnen sich. Eine Utopie, wie sie alle lieben und fürchten, nimmt Formen an. Die Boulevardpresse, die ihr Vokabular aus der Astronomie bezieht, feiert das Happy-End der beiden Stars und fährt aber auch gleich die ersten Stacheln aus: Das Tier mit den zwei Rücken, das aus einer solchen Symbiose üblicherweise entsteht, hat nur einen Kopf, hat nur einen Körper. Seinen Kopf nämlich und ihren Körper. Ein anderes Bild lassen die beschränkten Vorstellungen nicht zu. Bestätigt hat das die Presse immer – immer dann, wenn es galt, die Dummheit der schönen Blonden zu betonen, ihre Einfältigkeit; denn das war ihr Image, das ihr Hollywood jahrelang gab und einredete, bis es sogar für sie zu einer irritierenden, störenden und schließlich zerstörenden Einheit wird. Und die Sache mit dem Kopf ist auch eindeutig: Arthur

Miller ist spätestens seit dem enormen Erfolg seines Stückes »Der Tod eines Handlungsreisenden« neben Tennessee Williams der spannendste, beliebteste Dramatiker, dessen Qualität mit ergriffenem Schweigen honoriert wird. Applaus ist dem Publikum angesichts solcher Größe zu profan. Die Begegnung der beiden muß allen wie ein kosmisches Treffen erscheinen, Miller sagt es schlichter, aber nicht weniger eindringlich: »Wir sahen uns an und warteten darauf, daß die Zukunft begann.«

Aber was dann abläuft, passiert nicht nach den künstlichen Gesetzen eines amerikanischen Traums, dem bislang Hollywood noch immer unerbittlich die beste Form gab; was jetzt geschieht, ist eine amerikanische Tragödie: The Misfits. Oder es ist eine ganz allgemeine Tragödie, die mit der Feststellung endet, daß zwei Menschen, die einst vom Ausmaß der Himmelsmacht überzeugt waren, nach und nach merken, daß kein Gott sie einander geschickt hat, sondern das Leben. Und das läßt sich nun mal nicht damit erledigen, daß ein Paar sich verliebt hat. Es gehört mehr dazu. Was sich als »Leben« dazu einstellt, als Realitätsebene für zwei Individuen, die ja auch schon vor der Begegnung gelebt haben und jetzt nur einfach schöner weiterleben wollen, schafft den Eindruck von Feindesland, das die Idylle langsam umgibt: The Misfits. Wieviel drastischer als bei den Anrainern eines ganz normalen Milchstraßensystems muß das dann bei zwei Stars sein. Bevor sie überhaupt anfangen können mit einer ganz gewöhnlichen Lebensplanung, ist die Umwelt schon da. Die einen – Millers Seite – feiern den Sieg der Liberalen über den tiefen Konservativismus des Landes, der es ja erst möglich machte, daß ein Mädchen wie Marilyn Monroe zum Pin-Up der Welt wurde. Andere fragen sich, was der führende Bühnenschriftsteller Miller an dieser »nackten Venus« findet.

Marilyn Monroe muß es übrigens ähnlich ergangen sein. Auf die Rückseite ihres Hochzeitfotos, auf dem Miller wie am Ende eines langen Seufzers Zufriedenheit und Stolz verstrahlt, während Marilyn Monroe mit ihrem gesamten Sinn für Drama auch Skepsis verrät – auf die Rückseite jedenfalls

Arthur Miller mit Marilyn Monroe

schreibt sie emphatisch: »Hope, Hope, Hope.« Der Schriftsteller bleibt kindlicher: »Now is forever«, heißt die Forderung, eingraviert in den Ring, durch den Marilyn Monroe zu Mrs. Miller wird.

Die Spekulationen der Außenwelt können die Wahrheit nicht treffen, sie sind maximal ein Gradmesser für die Frustrationen und stellvertretenden Wünsche aller, die am Klima des Sensationellen beteiligt sind. Und wenn die Medien auf den schönen Schock vom Glück dieses Prinzen und seiner Tänzerin mit geballter Ladung reagieren, dann immer ganz eng in den Grenzen ihrer Vorstellung dessen, was da an Wahrheit geschieht. Beschreiben sie die Sex-Göttin, dann beschreiben sie wirklich nur das, was die Komödiantin Monroe ihnen als Ideal oder Idee einer solchen Göttin vorspielte. Sie nehmen den Schein und nehmen ihn ganz ernst.

Bei Miller ist es nicht anders: Er ist Pulitzerpreisträger und Sprachrohr der Intelligenz. Daß er Fußball und Baseball spielen kann, paßt den wenigsten ins Bild. Und daß er jetzt Marilyn Monroe heiratet, kann nur bedeuten, daß ihn die Sirene um den so gelobten, gefeierten Verstand gebracht hat, um einen Verstand jedoch, an dem manche sowieso längst gezweifelt hatten. Miller gilt inzwischen als Spätentwickler. Während seine Kollegen voller Skepsis Stalin beobachten und spätestens seit 1939 ihr Heil schon nicht mehr in einem kommunistischen Programm suchen, bewirbt er sich um die Mitgliedschaft in einem marxistischen Studentenbund in Brooklyn und ein Jahr später – also 1940 – bei der kommunistischen Partei. Er engagiert sich für ein Weltjugend-Festival in Prag, für einen Weltfriedenskongreß in Paris, eine Friedenskonferenz in New York im Waldorf Astoria, dem Hotel, in dem er nur ein paar Jahre später heimlich und unerkannt seine weltbewegenden Gefühle zu der Schauspielerin vertiefen sollte, die für viele nur als »blonde Hexe« erfaßbar scheint.

Millers linkes Engagement bringt ihm bei Kollegen, die ihm wohlwollen und nicht verübeln, daß er sich vor allem schreibend aus allem heraushält, den Zusatz ein, er sei ein

»Unschuldiger« – eine Vokabel, die bei allen Versuchen, Marilyn Monroe als Phänomen zu erfassen, vorkommen wird. Seine Fans attackieren seine Apathie und betonen die Enttäuschung über sein Desinteresse an der großen intellektuellen Krise der Zeit.

Und dann steht er plötzlich im Rampenlicht mit der Eröffnung über seine Liebe, ein Egghead schüttet sein Herz aus. Weg scheinen Apathie und Desinteresse, Vorwürfe, die ihn wohl auch stimulieren sollten, nicht so unsichtbar zu bleiben. Weg ist aber auch die Anerkennung seiner zerebralen Leistungen; die Phantasie seiner Umwelt rotiert. Millers Ansehen hat durch die Attacken McCarthys und des House Un-American Activities Committee gelitten – die Verbindung zum All-American Sex-Symbol könnte ja diesen ramponierten Ruf reparieren. Miller will ja vielleicht nur der Welt beweisen, daß er das kann, was sich alle anderen Männer nur heimlich wünschen: auch vor dem Recht zu besitzen, was jedem in seiner Phantasie zusteht. Jeder Star, jede Filmdiva ist schließlich auch ein bißchen Allgemeinbesitz, ihr Gesicht ist vertrauter als das des Nachbarn, ihre Atemzüge und Herztöne gelten einem selbst. Was für eine Befriedigung der Eitelkeit und für das Gefühl vom eigenen Wert, wenn einem das dann gehören darf! Die Erfolgstheorie von den wichtigen Männern, hinter denen eine schöne Frau stehen muß, war in den fünfziger Jahren noch weniger durchschaut und deshalb ungebrochen wirksam.

Wie auch immer – ob Miller selbst, Mailer und Mellen – Joan, eine Filmwissenschaftlerin – oder Zolotow, Beaton, Levy, Merryman, Robinson, Rosten, Stern oder Strasberg oder die vielen anderen ihrer – vor allem ihrer – Biographen sich einer Wahrheit hinter diesem Glück zu nähern bemühen, all diese Versuche enden wie in »Rashomon«, dem wohl gültigsten Kunstwerk zum Thema Wahrheit des Japaners Akira Kurosawa. Sein Film zeigt vier Versionen einer Geschichte, und alle Versionen widersprechen sich und zeugen nur von einem: der subjektiven Wahrheit des einzelnen, die durch den Filter seiner Wahrnehmung auch gleich Partikel seiner

Persönlichkeit, seines Bewußtseins, Fühlens und Denkens mit aufnimmt. Und genauso wie Kurosawa schließlich die einzig wichtige Frage stellt, die nämlich, ob die Wahrheit überhaupt von Bedeutung sei, so läßt sich auch hier – im Fall Miller / Monroe – nur eine Vielfalt von Wahrnehmungen und Aufmerksamkeiten, Wünschen und Hoffnungen feststellen, aus denen immer auch wieder Facetten einer bestimmten Wirklichkeit zu erkennen sind, nie aber die Wahrheit.

Arthur Miller mit Marilyn Monroe

Miller wird sich dreißig Jahre später an seine erste Verzauberung erinnern:

»In diesem Raum voller Schauspielerinnen und Ehefrauen wichtiger Männer, die sich alle darum bemühten, sich mit betont damenhafter Zurückhaltung zu kleiden, wirkte Marilyn Monroe beinahe lächerlich provozierend wie ein fremder Vogel in der Volière – und sei es auch nur, weil sie ein so unverfroren enges Kleid trug, das nicht andeutete, sondern offen erklärte, daß sie ihren Körper mitgebracht hatte und daß er der schönste im Raum war ... Ihre Vollkommenheit schien die unvermeidliche Wunde herauszufordern, die sie den anderen ähnlicher machen würde. Deshalb war es eine Vollkommenheit, die den Wunsch weckte, sie zu verteidigen, obwohl ich gleichzeitig ahnte, wie hart im Nehmen sie sein mußte, um hier so lange und mit relativem Erfolg überlebt zu haben. Aber anscheinend stand sie jetzt allein auf der Welt.«

Viele Jahre davor und nach dem Versuch, sich dramatisch zu rechtfertigen für das Mißgeschick, daß auch diese Liebe aufhörte, weil sie unmöglich war, schreibt er in dem Stück »Nach dem Sündenfall« – für viele der Exorzismus-Versuch der Monroe aus seinem Leben – über die erste Begegnung zwischen Quentin, einer Kunstfigur, die nachweislich viele seiner Züge trägt, und Maggie, die mit platinblonder Perücke gespielt werden soll, schreibt er also und beschreibt die erste Begegnung: »Ich hätte zugeben sollen, daß sie ein Witz war, ein wunderschönes Weibsbild, das sich ernst zu nehmen versuchte! Warum habe ich sie belogen, mich als Wohltäter aufgespielt?«

Ja, warum hat er?

»Anscheinend stand sie jetzt allein auf der Welt.« Das war das Bild, das ihn so erregt. Und anspornt. Bei einer Begegnung hält er einen großen Zeh von Marilyn in seiner Hand. Und sie, als liege ihre Seele ganz in diesem Zeh, fühlt Geborgenheit und Vertrauen. »Deine Augen ergreifen mich.« Das sagt er ganz bewegt zu ihr, und er findet, daß sie das traurigste Mädchen sei, das er je zu Gesicht bekam. Für Marilyn hält die Welt an: Sie darf endlich leben, so sein, wie sie ist. Sie fühlt sich erkannt und trotzdem geduldet – in einer Welt, in der Optimismus, und sei er noch so gelogen, und strahlendes Lachen die Kennzeichen von Erfolg sind. Um etwas anderes darf es nicht gehen, seit sie für die 20th Century Fox die größten Geschäfte macht.

Für Marilyn hält die Welt an. Sie ist wieder Norma Jean Baker, das kleine Mädchen mit der brutal ermordeten Kindheit und der Aschenputtel-Sehnsucht. Ihre Mutter hat sie abgeschoben, die Ersatzeltern haben keinen Platz und vor allem keine Gefühle. Einmal muß sie sogar die schreckliche Schande ertragen, nur noch in einem Waisenhaus unterkommen zu können, obwohl sie weiß, daß sie eine Mutter hat. Ihre Sehnsucht, irgendeinem System anzugehören, muß sie immer wieder kappen. Die Frau, die sie für fünf Dollar die Woche in Kost und Logis genommen hat, fährt sie an: »Sag nicht Mama zu mir. Ich bin nicht mit dir verwandt. Du lebst nur hier.« Norma Jean hat sich ein Foto von Clark Gable hingestellt, weil er dem Mann so ähnlich sieht, von dem sie ein Foto gesehen hat, das ihre Mutter aber schnell vor ihr versteckte. Gable und Präsident Abraham Lincoln sind die ersten Väter von vielen, die sich Norma Jean Baker im Laufe ihres Lebens sucht.

Jim Dougherty ist der erste, den sie findet. Mit ihm wird sie – gerade sechzehnjährig – verheiratet. Sie nennt ihn Daddy. Daddy ist ein engstirniger, eifersüchtiger Mann, der sich bei seiner Ehe an die eherne Überlieferung hält, daß eine Frau ins Haus gehört. Er lobt Marilyns Fähigkeit, einen Knopf annähen zu können; über ihre Tierliebe – eines Nachts versucht sie, eine Kuh aus dem Regen ins Haus zu ziehen – kann er nur den Kopf schütteln. Und über ihre Versuche, durch einen selbstbestimmten Weg in einem Beruf auch Selbstbewußtsein zu erlangen, verliert er die Nerven. Später, als er wieder verheiratet ist, teilt er stolz mit, daß »alle vier Frauen in meinem Haus froh sind, an Bord bleiben zu dürfen, um mich ihr Schiff steuern zu lassen«.

Vor dem Super-Daddy Miller, der die Vorzüge hat, reden zu können und sich in einer ähnlichen Umwelt wie sie selbst behauptet zu haben, der also ihr Milieu und dessen Schwierigkeiten verstehen und damit akzeptieren wird – das jedenfalls scheint sie fest zu glauben –, gibt es eine Reihe versuchter und abgebrochener Vater-Tochter-Beziehungen und die kurze, knappe, desillusionierende Ehe mit dem anderen Liebling der Nation, Joe DiMaggio. Ein Liebling, weil er Baseball zu einer rauschenden Symbiose von Kultur und Kriegsersatz, Action, Unterhaltung, Ballett und vielleicht sogar Sport gemacht hat. Mrs. Dougherty wird Mrs. DiMaggio, Norma Jean versucht mit aller Kraft, alle Erinnerungen an Miss Baker zu übertönen, und Aschenputtel trägt endlich die Schuhe, die ihr passen. Passen sollen. Das geht neun Monate gut. Und dann hätschelt die Nation den beliebten Supermann, der mit Tausenden auf der Lexington Avenue in New York bei nächtlichen Dreharbeiten zusieht und nicht mehr erträgt, wie der Luftzug der Untergrundbahn Marilyns Röcke hochwirbelt. »New Yorks Schande«, kreischt eine Zeitschrift auf, der Anfang vom Ende ist gemacht. Und als die Trennung vollzogen ist, zeugt eine Pressemeldung vom völlig fehlenden Schuldbewußtsein der Nation, aber auch von der Größenordnung, in der Meldungen über die Monroe gehandelt werden: »Die Nachricht schlug wie eine A-Bombe in Hollywood ein.« Und das keine zehn Jahre nach der ungeheuerlichsten Machtdemonstration Amerikas in Hiroshima. Mrs. DiMaggio heißt wieder Marilyn Monroe und ist in den schlimmsten Phasen wieder Norma Jean Baker. Bis ein Mann ihren großen Zeh in die Hand nimmt und bald danach ihr ganzes Schicksal.

Miller ist mit Mary Grace Slattery Miller, einer – wie es heißt – politisch, literarisch und geistig interessierten Frau, verheiratet. Das Ehepaar hat zwei Kinder. Er hat seiner Frau viel zu verdanken. In Zeiten seiner schöpferischen Gehversuche verdiente sie das Geld, zuerst als Kellnerin, dann als Lektorin bei Harper und Brothers. Die mittlerweile sechzehn Jahre alte Ehe gilt bei Freunden als abgekühlt – in zwei Theaterstücken, die Miller während der letzten Jahre geschrieben hat, stellen sich nach Abzug aller thematischen Reize zwei

Dreierbeziehungen als Kondensat heraus: Der Mann träumt. Vielleicht versucht er ganz getreu nach dem Diktat von Sublimation, sich die Erinnerung an eine erste, alle seine Nerven zu dicht unter die Haut ziehenden Begegnung mit Marilyn aus dem Leib zu schreiben. Natürlich kann nicht sein, was nicht sein darf. Er trennt sich nach dem ersten Fieber von der Schauspielerin und führt nach außen hin weiterhin die vernünftige Ehe. Mehr aus seinen Stücken »Hexenjagd« und »Blick von der Brücke« destillieren sich Eindrücke der Hölle an Schuldgefühlen, unter denen er so leidet. Er spricht nicht davon, so daß die Monroe, die ihn heimlich mit ihrem Übervater Lincoln vergleicht, fest davon überzeugt sein muß – wie Freunde sagen –, daß er sie nicht geliebt haben kann, auch wenn alles ganz danach aussah.

In »Hexenjagd«, dem Stück, das der Aktivität von McCarthy und seinen schrecklichen Saubermännern schließlich den richtigen Namen geben sollte, beschreibt Miller die Liebe eines älteren Mannes zu einem jungen Mädchen und die Schuld, die damit der Ehefrau gegenüber entsteht: John Proctor hat die Magd Abigail aus dem Haus geschickt. Eisern versucht er, zu den alten Moralbegriffen zurückzukehren; aber Johns Frau Elizabeth, einst stark durch die Überzeugung, auch diese Liebe währe ewiglich, ist verunsichert und schwach geworden. Sie kann ihm nicht verzeihen. Johns Plädoyer an sie wirkt wie ein Monolog Millers an seine Frau, die bislang von den Torturen ihres Mannes keine Ahnung hat: »Verschone mich! Du vergißt nichts und vergibst nichts. Lerne doch Nachsicht und Güte, Weib. Ich bin sieben Monate lang in diesem Haus auf Zehenspitzen gegangen, seitdem sie fort ist. Ich habe keinen Schritt getan, ohne daran zu denken, wie ich dir zu Gefallen sein könnte, und trotzdem geht ein düsterer Leichenzug ewig um dein Herz.«

Im zweiten Stück, das in dieser Zeit entsteht – »Blick von der Brücke« –, sind es die drei Personen Eddie Carbone, seine Frau Beatrice und das Mündel Catherine, die Millers inneren Konflikt transportieren. Ursprünglich erschreckt ihn die Figur Carbones, der sich zu rechtfertigen sucht. Aber dann wird ihm etwas klar: »Bei der Durchsicht fand ich es mit einem Mal möglich, den Mann nicht nur als Phänomen zu betrachten, sondern um der dramatischen Entwicklung willen seine Ziele selbst zu akzeptieren. Nachdem das erst einmal innerlich vollzogen war, war ich auch imstande, die autonomen Standpunkte seiner Frau und seiner Nichte voll darzustellen, und zwar als Kräfte, die ihn einmal vorantrieben, einmal hemmten, am Ende aber teilweise zum Kern seines Unglücks wurden. Diese Entdeckung – daß ich persönlich in das verstrickt war, was ich geschrieben hatte – nahm dem Ganzen etwas von seinem reliefartigen Charakter, und das Stück kam dem Realismus näher und löste im Publikum eine lebhafte Diskussion aus.«

Und noch etwas wird ihm klar: »Als ich das Stück überarbeitete, konnte ich selbst akzeptieren, was ich in der ursprünglichen Fassung darzustellen versucht hatte – nämlich, daß man diesen Mann zwar vielleicht nicht sympathisch finden kann, der so abstoßende Dinge tut, daß sich aber in ihm das wunderbare und im schönsten Sinn menschliche Phänomen darlebt, daß auch er zur Selbstaufopferung für das getrieben werden kann, was ihm, sei es noch so irrtümlich, als Recht, Würde und Gerechtigkeit erscheint.«

Miller kämpft keinesfalls mit den Gespenstern seiner Vergangenheit, muß nicht – wie Marilyn Monroe es ständig versucht – mit einem kosmischen Satz aus der einen in die andere Identität springen, die für sie gleich die dritte mit sich zieht, die nämlich, die sich andere als Bild von ihr machen. Miller hat mit Eddie Carbone nicht die geheimsten Winkel seiner Seele zum ersten Mal vorsichtig durchsucht, sondern ganz einfach nur über sich selbst geschrieben und sich – heureka – schließlich sogar erkannt. Die kathartische Wirkung wird ihm unvergessen bleiben.

»Je weniger ein Mensch imstande ist, sich von dem zentralen Konflikt des Dramas zu distanzieren, desto näher kommt er einer tragischen Existenz.« Wenn er das damals feststellen konnte, so hält ihn später, nach der Bankrotterklärung des Prinzen, der sich als Wohltäter aufgespielt hatte, nichts zurück, sich in der Geschichte um Quentin und Maggie alle Schrecken der Niederlage von der Seele zu schreiben: »Nach dem Sündenfall« natürlich. Und zu einem Zeitpunkt, als sich die so mißbrauchte, attackierte Marilyn / Maggie nicht einmal mehr wehren kann. Sie ist tot.

»Diese gottverdammten Frauen haben mir geschadet«, stöhnt Quentin auf, der, unfähig zur Konzentration, aus dem Fenster starrt. Miller hat in der Zeit seiner Ehe mit der Monroe kaum etwas geschrieben, es gibt Leute, die den Pulitzerpreisträger dabei beobachtet haben, wie er Zeitungsartikel und Fotos seiner Frau säuberlich archivierte: The Misfits.

Diese Bilder passen nicht, scheinen noch unvorstellbar, als die Geschichte mit dem großen Zeh in der Medienwelt eine Lawine auslöst und in den Gefühlen von zwei Menschen alle Höhenflüge möglich macht, die nötig scheinen gegen Hohn und Satire in ihrer Umgebung, Schuld und Sühne in seinem nächsten Kreis. Miller und Monroe sind sich wiederbegegnet – auf einer der Parties natürlich, wie sie Miller bislang gemieden hat wie jedes Kränzchen konservativer Vereinigungen. Vielleicht hat sie wieder ein so unverfroren enges Kleid getragen, das ihm offen erklärte, daß sie ihren Körper mitgebracht hatte und daß der der schönste im Raum sei. Erst zwei Wochen später bittet er Paula Strasberg, die Frau von Marilyns Schauspiellehrer Lee Strasberg und einer der schrecklich besitzergreifenden Mentoren der Monroe, bittet er also Paula Strasberg um die Privatnummer von Marilyn Monroe. Danach gehen beide entflammt erst mal an die frische Lust.

Marilyn Monroe, deren Urgeschichte als Norma Jean Baker früh gekappt wurde und die sich immer wieder vom Klischee zu trennen versucht, das alle – Hollywood und alle in der ödipalen Epidemie Steckenden – aus ihr gemacht hatten, versucht einen ganz neuen Anfang: Sie tritt zum jüdischen Glauben über und läßt sich von Mrs. Miller, ihrer Schwiegermutter, Kochrezepte geben. Ihr neuer Mann wird »Papa« für sie. Er begleitet sie durch die Agonien ihrer Arbeiten, deren Resultaten man nie ansieht, wie enorm die Anstrengung für sie geworden ist, ihre Ängste, ihre Unsicher-

heiten zu überwinden. Jetzt wird sie immer eine Lehrerin bei
den Dreharbeiten brauchen: Paula Strasberg, die Frau von
Lee, der Schauspielerei neu erfunden hat. Und Paula, die
dicke, störende Mutterfigur, treibt die ersten Keile zwischen
das Paar. Miller reist mit nach England, wo die Monroe –
längst hat sie ihre eigene Produktionsfirma – sich den Luxus
leistet, mit dem König des britischen Theaters – Sir Laurence
Olivier – die Komödie »Der Prinz und die Tänzerin« zu spielen. Welten prallen aufeinander. Es scheint, als warte der britische Sir nur darauf, daß die Yankees beim Essen das Messer
in die falsche Hand nähmen, ein Delikt, für das ihm die
Todesstrafe angemessen erscheint. Miller, der längst erkannt
hat, daß er in all dem Wirbel keinen einzigen eigenen Satz
wird schreiben können, notiert ersatzweise entnervt in sein
Tagebuch, das er wie als Botschaft an seine Frau offen liegen
läßt, daß er sich verletzt von ihr fühle, daß er sie einst für
»einen Engel« gehalten habe, sich jetzt aber getäuscht sehe.
Als Quentin wird er das Ereignis in einem luziden Moment
von Selbsterkenntnis noch einmal aufnehmen: »Der einzige
Mensch, den ich immer lieben werde, ist meine Tochter.«

Für Marilyn, die Liebe mit Vertrauen gleichsetzt, soll das
der erste große Bruch gewesen sein. Zu diesen privaten Problemen kommt hinzu, daß Monroe / Miller keinesfalls Lieb-
linge der englischen Presse geworden sind. Auf Fragen, die
Marilyn Monroe auf ihren Platz verweisen sollen, auch wenn
sie von »Lady Macbeth« schwärmt und Shakespeare und
Schopenhauer gelesen hat, auf die Frage beispielsweise, wie
lange ihrer Meinung nach Walfische wohl unter Wasser leben
können oder ob sie einen Strumpfhaltergürtel trage, heißt es,
habe sie so zugänglich wie ein Kronjuwel reagiert. Die Stimmung ist schlecht.

Erst im Sommerhaus in Amagansett an der Atlantik-Küste
hebt sie sich wieder. Mr. und Mrs. Miller sind zum ersten Mal
seit langem wieder allein, Marilyn kocht, stellt selber Nudeln
her, die sie mit einem Föhn trocknet, Miller überschreitet in
einem glücklichen Anfall neuer Liebeskraft laut Mailer seinen literarischen Rubikon und verspricht ihr ein Drehbuch.

Aber Marilyn ist nach einer Fehlgeburt zu deprimiert, um sich über das gemeinsame Ersatzkind freuen zu können. Und Miller, der einst begnadete Schriftsteller, der, seit er Marilyn liebt, kaum ein ernsthaftes Wort geschrieben hat – er publiziert schließlich in den vier Ehejahren fünf Arbeiten, keine davon von größerer Bedeutung –, Miller bekommt von einem verständnisvollen Freund, dem Kollegen Allen Seager, eine heilende Theorie geschenkt. Unter dem Titel »Die schöpferische Agonie Arthur Millers« bemerkt Seager, daß für den ehemaligen Marxisten heute die Problematik der Menschheit ausschließlich im Versagen der Liebeskraft liege. Als Papa, Archivar, Arzt, Krankenschwester, Therapeut, Assistent, Gesprächspartner, Spielkamerad und Liebhaber dient er dieser Liebe, die höher scheint als alle Vernunft. Und als Gesellschafter, wenn Marilyn ihn ins kulturelle Leben mitnimmt – ins Theater, auf Parties, zu Dinners und Empfängen, in eine Rolle, die er nach Auskunft seiner Freunde so freudig akzeptieren wird wie ein Kind den ersten Tag in einer fremden Schule.

Nein – sie scheinen nicht zusammenzupassen. Ihre Lebensformen klaffen auseinander, auch wenn die Gefühle sich immer wieder über den Graben zu erheben versuchen. The Misfits – oder auch die Königskinder. Aus dem Prinzen ist ein Prinzgemahl geworden.

Aber der schreibt endlich etwas. Er schreibt an dem Drehbuch »The Misfits« – Nicht gesellschaftsfähig – und schreibt für seine Frau eine Rolle in das Buch und damit in den Film, die zum ersten Mal nicht dem Klischee des kleinen blonden Dings entspricht, das zwar ein Buch von Schopenhauer lesen kann, aber verkehrt herum, auf dem Kopf, und das ewig und immer die Biografie eines kleinen Tingeltangel-Mädchens hat, das immer versuchen muß, sich über einen Millionär oder Diamanten aus der eigenen Kaste, der Kaste der Zu-kurz-Gekommenen, Verachteten, Dummen, aber Herzlichen zu erheben. Die Roselyn aus »The Misfits« trägt Züge von Marilyn: Wie sie hat sie eine unglückliche, eine ermordete Kindheit. Wie Marilyn fragt sie: »Wie soll man jemanden haben, der ständig verschwindet?« – und denkt dabei an die Mutter, die sich nicht um sie kümmert. Roselyn ist die Hauptperson der Geschichte, in der drei Männer – nur noch an der Peripherie der Gesellschaft lebend – wilde Pferde fangen, um sie als Hundefutter zu verkaufen: Gay Langland, ein ausgedienter Cowboy – Marilyns Traum-Vater Clark Gable wird ihn später spielen –, Guido Raconelli, ein Pilot, und Perce Howland, ein Rodeo-Reiter. Gay sagt von Roselyn: »Sie ist das traurigste Mädchen, das ich jemals traf« und zitiert einen der Schlüsselsätze aus der Millerschen Werbezeit. Als Marilyn Monroe diesen Film schließlich dreht, dessen Drehbuch noch in einer glücklicheren Zeit entstand, ist das auch das Ende ihrer Liebesgeschichte. Es ist ihr letzter Film, den nächsten – »Something's got to give« – schafft sie nicht mehr. Ihr notorisches Zuspätkommen führt dazu, daß die Dreharbeiten zu diesem Film abgebrochen werden. Es gibt einige Sequenzen, in denen sie luzider und betörender wirkt als je zuvor, aber es sind Bruchstücke, nichts Ganzes mehr.

»The Misfits« hätte sie befrieden sollen. Das Projekt ist wie eine Heimkehr: zu dem Regisseur, der ihr in »Asphalt-Dschungel« 1950 die erste große Chance gab: John Huston. Und zu dem Mann, der sie in ihren Kinderträumen als Ersatzvater beruhigte: Clark Gable. Sie arbeitet mit ihrem Ehemann, ihrem Drehbuchautor, eng zusammen – alle Wünsche scheinen sich zu erfüllen. Und auch Miller hat noch Mut zur Hoffnung, bestärkt durch die Überzeugung, daß Hingabe immer noch heilen könne. Das Drehbuchprojekt ist für ihn ein Opfer – für Filme zu schreiben hatte er bis auf einen Versuch immer desinteressiert abgelehnt –, genau die richtige Haltung für den Augenblick, denn, so schreibt er später: »Zum Wesen der Hingabe gehört das Opfer.«

Aber auch wenn er sich nach Marilyn so sehr sehnt wie nach Frieden, auch wenn er immer noch findet, daß neben ihr die »Sonne verblasse« – die Zeiten, als beide noch hingerissen auf die Idealbilder, die sie sich voneinander gemacht hatten, reagierten, sind vorbei. Arthur Miller schreibt später über die Phase: »In der Leere, die sich zwischen diesen Träumen und

23

der Realität geöffnet hatte, waren die immer gleichen Würmer der Schuld am Werk – die Schuld, die jeder von uns darüber empfand, naiv und dumm gewesen zu sein, oder noch schlimmer, den anderen getäuscht zu haben.«

Aber er träumt noch weiter, nicht umsonst gönnt er Roselyn im Film ein Happy-End mit einem Mann, an den sie glauben kann, genau wie an ihr eigenes Überleben.

Aber Marilyn Monroe, künstlerisch auf einem Höhepunkt, verläßt ihn mehr und mehr, zieht sich mehr und mehr zurück, zusammen mit »blackbeard«, wie das Team die unvermeidliche Paula Strasberg jetzt nennt. Die emotionale Hilfe, die Miller ihr zu geben versucht, erreicht sie nicht mehr. Als Held und Retter hat er versagt. Marilyn zieht während der Dreharbeiten zu »blackbeard« ins Hotel – die Dreharbeiten werden für alle zu einer Qual. Lee Strasberg wird zu Hilfe gerufen, kommt als verkleideter Cowboy, der alle Schwierigkeiten sofort als Beleidigung seiner Frau und sich selbst gegenüber wertet. Es kommt ein Arzt mit Beruhigungsspritzen und schließlich – aus seiner Beobachtung aller Vorfälle – Millers schreckliche Erkenntnis, daß es zwischen Marilyn Monroe und dem Star nichts gibt, keinen Raum, keine Trennung. Beide seien qualvoll verwundet und bis zur Unerträglichkeit von Angst erfüllt. »Sie war Marilyn Monroe, und genau das brachte sie um«, wird er später retrospektiv feststellen. Verhindern kann er es nicht. Die Liebesgeschichte ist zu Ende. Mrs. Miller, die immer Marilyn Monroe geblieben ist, trotz der Nudeln und jüdischen Gerichte, wird am 11. November 1961 geschieden. Sie rafft sich noch einmal zusammen und sagt ganz prophetisch: »Ich weiß, daß es für mich eine Zukunft gibt; aber ich kann sie nicht abwarten.« Sie hat nicht gewartet und – die Götter liebten sie zu sehr.

Ilona Jeismann

»Eh' es eines von uns beiden wußte, gehörten wir uns an«

Susette Gontard und Friedrich Hölderlin

E in Lakai öffnet die Tür zum Salon, er tritt ein. Im Fauteuil neben dem Kamin sitzt der Hausherr, liest die Zeitung und raucht. Am Tisch drei kleine Mädchen, sie sticken, ein Knabe, er schreibt. Auf dem Kanapee neben der Vitrine die Hausherrin, sie trägt ein weißes Kleid mit lila Besatz nach neuestem Schnitt, hat das kastanienbraune Haar in der Mitte gescheitelt, im Nacken zum Knoten geschlungen, den Kopf gesenkt, strickt.

Sie legt die Strickarbeit in den Schoß, blickt hoch. Er verneigt sich. Magister Hölderlin ist der neue Hauslehrer ihres achtjährigen Sohnes Henry. Sie steht auf und reicht ihm die Hand.

Sie erscheint ihm wie sein »Kindertraum«, wird ihm »Engelsbild, Götterbotin, holde Muse«. Ihr werden seine Gedichte »Morgengebet«. Er wird sie »Diotima« nennen. Die griechische Priesterin Diotima lehrte Sokrates das Wesen der Liebe.

Sie hieß Susette Gontard, war verheiratet mit einem Frankfurter Kaufmann und Bankier, Mutter von vier Kindern, Mittelpunkt der beau monde. Suchte er sie oder ein Bild, eine Idee? Fand sie sich darin wieder? Oder träumte sie seinen Traum? Und um welchen Preis?

Hölderlins »Diotima« wurde zur tragischen Heldin verklärt, entrückt zu den Sternen. Susette Gontard blieb an die

Erde gebunden, verurteilt zum Doppelleben, Hauptfigur eines stadtbekannten Skandals. Ihm gelang es, in Frankfurt am Main die Tempel Griechenlands zu finden. Für sie endete die Geschichte, wo sie begann, in diesem Wohnpalast am Großen Hirschgraben, am 31. Dezember 1795.

Ein paar Tage nach seinem Antrittsbesuch bezog Magister Hölderlin zwei Mansardenzimmerchen, wie es ihm zukam. Hauslehrer, auch wenn man sie stattlich »Hofmeister« nannte, hatten den sozialen Status von Domestiken. Dichter, Intellektuelle, die von ihren Werken nicht leben konnten, verdingten sich als Privaterzieher. Hölderlin konnte zufrieden sein: Sein Dienstherr Jacob Friedrich Gontard zahlte ihm vierhundert Gulden im Jahr, bei freier Kost und Logis. Sein Zögling war zutraulich, schloß sich eng an ihn an. Madame Gontard war freundlich, suchte ihn öfter auf.

Er sah sie an: Er sah den Inbegriff »ewiger Schönheit«. Sie sah ihn an: Sie sah den Dichter des »Hyperion«.

Beide waren einander nicht unbekannt, als sie sich kennenlernten. Er hatte ihren Madonnenkopf, ihre Tizianhaut, ihre Grazie und ihren Geist rühmen hören. Sie hatte sein »Hyperion«-Fragment gelesen. Sie trugen Bilder in sich, liebten sich schon vor dem ersten Blick. Das Gefühl brach nicht jäh aus, es entfaltete sich unaufhaltsam, mit furchtbarer Konsequenz; furchtbar, weil ihm die Fesseln bürgerlichen Anstands angelegt wurden, die beide nicht sprengen konnten oder wollten.

Hölderlin schrieb an seine Mutter in Schwaben, sie möchte ihm seine Flöte schicken. Hausmusik war der Rahmen für die erste Intimität: Susette Gontard am Fortepiano, Hölderlin über das Notenpult gebeugt, mit dem Fuß den Takt wippend. Marie Rätzer, die Erzieherin der drei Mädchen, schlägt die Gitarre. Die Musik erspart Worte. Der Hausherr im Salon hört manchmal eine zarte Kantilene der Flöte, einen Moll-Akkord des Fortepiano, meistens hört er nichts, er liest den Börsenbericht und zündet sich eine neue Zigarre an.

Spioniert schon die Haushälterin hinter der Tür? Tuscheln die Dienstmädchen in der Küche? Hölderlin war 26, groß, schlank, »anmutig«. Susette Gontard war 27, vollendet schön. Daß Damen zeitweilig eine Schwäche für die Hauslehrer ihrer Kinder zeigten, gehörte schon fast zum Gesellschaftsspiel. Die Schwäche wurde belächelt, solange sie nicht mit den Spielregeln brach. Erwartet, beobachtet wurde in Frankfurt am Main im Haus am Großen Hirschgraben ein kleiner, trivialer Roman. Nichts anderes durfte es sein. Diese Lesart ist übrigens nicht so abwegig, wenn man die äußeren, prosaischen Linien der Handlung verfolgt. Denn während Hölderlin in seiner Mansarde abends, nachts am »Hyperion« schrieb und die Griechin »Diotima« beschwor, streifte seine Muse Susette Gontard ein Stockwerk tiefer im ehelichen Schlafzimmer die Seidenpantoffeln von den Füßen und legte sich an der Seite ihres Gatten Jacob Friedrich zur Ruhe.

Verband sie wirklich nur eine »Konventionsehe«? War er nur Geschäftsmann: Pragmatiker und Rechner, so vertieft in Bilanzen, daß er den Skandal in seinem Hause erst begriff, als schon ganz Frankfurt davon sprach? Die Nachwelt hat ihn zur Klischeefigur in dieser Dreiecksgeschichte degradiert. Seine Gefühle sind, bis auf einen einzigen, späten Ausbruch, unbekannt. In jedem Fall hat er, wenn er Spuren der Zuneigung wahrnahm, sehr lange stillschweigend zugesehen oder einfach: abgewartet.

Madame Gontard bat Hölderlin in ihr Boudoir. Er las ihr vor. Der Dienstbote wurde als Dichter empfangen. Hölderlin war nicht berühmt, aber er war bekannt unter den Avantgardisten, die im Schatten von Schiller und Goethe ihre eigene Sprache suchten. Seine Arbeiten wurden vereinzelt in Zeitschriften gedruckt, in Abschriften von Hand zu Hand gereicht. Susette Gontard urteilte nicht mit kritischem Verstand, sondern mit Empfindung. Und er empfand sie als den ersten Menschen, der vorbehaltlos an ihn glaubte. Zu ihren Füßen, schrieb er später, hätte er sich zum Künstler bilden können, in Ruhe und Freiheit.

Im Mai zog die Familie um in ein Landhaus östlich von Frankfurt. So war es üblich für Leute von Stand: Sommerfrische. Er saß in der Laube und las ihr vor.

Es war Krieg in Europa. Die Armee der jungen französischen Republik hatte die Lahn überschritten und rückte vor gegen Frankfurt. Wer es sich leisten konnte, packte die Koffer und floh.

Jacob Friedrich Gontard entschloß sich, allein die Stellung zu halten. Er verfrachtete seine Familie in eine Equipage, die Kinder, die Erzieherin, die Gattin und den Hofmeister Hölderlin als Leibwächter. Die Kriegswirren verhalfen ihnen zu ihren einzigen friedlichen Wochen. Als Frankfurt nach heftigem Sturm der Franzosen kapituliert hatte, besichtigten sie die Gemäldegalerie in Kassel. Während die Sieger die Stadt besetzt hielten, weilten sie zur Kur in Bad Driburg.

Hölderlin trank täglich das »köstliche, stärkende und reinigende Mineralwasser« und befand sich »ungewöhnlich gut davon«. Sonst gingen sie selten aus, so selten, daß der Bad Driburger Kurverwalter in einem Brief an seine Frau die fast unsichtbaren Kurgäste ausdrücklich erwähnte. Er versprach ihr »eine Anekdote mündlich davon«.

Was in Bad Driburg geschah, wie es geschah, erhellen nicht Anekdoten, nicht Ermittlungen, nicht Hypothesen. Die Kommentatoren bieten beide Versionen an: die platonische und die sinnliche Liebe. In der ersten Spielart wird sie zur Madonna verklärt, in der zweiten als Verführerin aufgeputzt. Die Verführerin trägt das Kostüm der unwiderstehlichen Madame Gontard; so kannte sie die Frankfurter Gesellschaft. Die Madonna trägt die Maske der griechischen Priesterin »Diotima«; so sah sie Hölderlin. So sieht und kennt sie, wer seine Dichtung kennt. Sie lebt fort als sein Traum, seine Gestalt, seine Schöpfung. Sogar ihr Name verschwindet hinter dem, den er ihr gab: »Diotima«.

Aber sie hieß nicht »Diotima«, sie hieß Susette Gontard. Wollte sie »Himmelsbotin« sein, angebetet, geheiligt? War sie, was die Gesellschaft sah, die verführerische, verführende Frau? – Oder wurde sie verführt, von ihm, auf eine viel gefährlichere Weise: in eine Welt gezogen, die der ihren fremd war, entgegengesetzt, seine Welt, in der er sie vergötterte, seine Welt, der sie nie mehr entkam?

Die Franzosen hatten Frankfurt geräumt. Sie kehrten zurück ins Haus am Großen Hirschgraben. Hölderlin arbeitete weiter am »Hyperion«. Für Susette Gontard begann die Zeit des Doppellebens. Die Entfernung war nicht groß zwischen den Gesellschaftsräumen und der Dichterstube, aber sie war unüberbrückbar. Wohin gehörte sie, wo war sie zu Hause?

Nicht einmal sie selbst gibt Auskunft, wenn sie später dem Abwesenden schreibt. Sie hat gelernt, in seinen Bildern zu denken, in seiner Sprache zu reden; doch sie hat sich von den Regeln und Ritualen der gesellschaftlichen Konvention nicht gelöst. Pflicht bleibt Gebot, Liebe steht dagegen als neues Gesetz. Ein tiefer Riß trennt beide Wirklichkeiten, spaltet sie selbst. Durch all die geschriebenen Worte, die sie an ihn richtet, pulst ein Zittern, ein Schaudern: »Angst«, immer wieder, bis zum letzten Brief: »Ich bin so voll Angst.«

Während Hyperion Diotima findet und an sich reißt, bewirtet Susette Gontard die Messe-Gäste. Frankfurt ist eine blühende Handelsstadt, als Bankiers- und Kaufmannsgattin muß sie repräsentieren, und sie ist nach Zeugenberichten eine so vollendete Gastgeberin, daß es schwerfällt zu glauben, sie wäre es wider Willen. Magister Hölderlin ist zur Tafel nicht geladen, er sitzt in seiner Mansarde bei Obst und kaltem Tee.

Auch ihn zerreißt ein Zwiespalt, auch für ihn ist der Widerspruch brutal. Denn während Hyperion, der »Eremit in Griechenland«, seine Vision einer freien, gerechteren Gesellschaft entwirft, konnte Hölderlin in Frankfurt am Main seine Lage in bitteren Momenten so empfinden: Er lebte vom Wohlwollen und der Börse eines Bankiers und war heimlich der Geliebte seiner Frau.

Ihre Welt demütigt ihn, ist ihm fremd, verschlossen, verhaßt. Wie kann er Susette Gontard lieben? Wie kann er das »Inbild ewiger Schönheit« in einem Milieu von »lauter ungeheuren Karikaturen« finden? Wieviel Selbstüberwindung, Willenskraft, Glauben, Phantasie bringt er auf, um das Bild aus seinem Rahmen zu lösen und neu zu fassen, mit seinen Augen, seinen Händen, seiner Sehnsucht, seiner Liebe?

Susette Gontard, Porträtbüste

Susette Gontard verwandelt sich in »Diotima«, ein Wesen, »das sich recht in dieses arme, geist- und ordnungslose Jahrhundert verirrt hat«. Aber »Diotima« ist kein Mensch, sondern »himmlisches Wesen, göttlicher Geist«: eine Allegorie, ans Leben so wenig zu binden wie ein Traum. Hyperion, gleich Hölderlin ein zorniger und trauernder Sohn dieses ausgehenden achtzehnten Jahrhunderts, verliert sie, muß sie verlieren. Die Logik der Figuren, die Dramaturgie des Romans verlangen das tragische Ende, die Wirklichkeit bereitet es vor und vollzieht es schließlich nach. Sie konnten sich einst, schrieb Hölderlin an Susette Gontard, als er ihr den zweiten Band des »Hyperion« sandte, über diesen Punkt nicht einigen, und doch sei es, sie möge ihm verzeihen, unausweichlich: »daß Diotima sterben muß«.

Friedrich Hölderlin, 1792. Zeichnung von Franz Karl Hilmer

Wieder kam der Sommer. Wieder zog die Familie Gontard in ein Landhaus, diesmal im Norden von Frankfurt, vor dem Eschenheimer Tor. Wiesen, Obstgärten, alte Kastanienbäume. Eine von Pappeln gesäumte Allee. Zur Straße eine halbhohe Hecke, messerscharf gestutzt. Nahe der Einfahrt eine kleine weiße Laube, efeuumrankt.

»Den ganzen Morgen ist Frau Gontard mit Hölderlin oben in der Laube.« Längst wissen sie Bescheid, die Haushälterin, die Dienstmädchen, die Köchin, der Gärtner, der sich von der Laube in den Morgenstunden fernhält. Ganz Frankfurt weiß Bescheid. Der Hausherr ist tagsüber im Geschäft. Wenn er abends zurückkehrt, findet er manchmal den Hofmeister zu Füßen seiner Frau. Hölderlin liest ihr vor. Jacob Friedrich Gontard schweigt.

Ein Gedankenspiel: Susette Gontard verließe ihren Mann und ihre vier Kinder, um mit Friedrich Hölderlin zu leben. Das hieße für ihn, endlich doch die verhaßte Pfarrstelle anzunehmen, auf die ihn sein Studium vorbereitet hat, zu der ihn seine Mutter drängt. Es hieße eine bescheidene Existenz, ein kleines Haus, ein schmales Einkommen; die glühenden Berge Griechenlands versänken endgültig hinter den lieblichen Höhenzügen Hessens oder Schwabens; er schriebe nicht mehr Gedichte, er verfaßte Predigten.

Das hieße für sie Abschied von Wohlstand und Komfort, gröbere Stoffe, festere Schuhe, irdischere Gedanken. Herr und Frau Hölderlin hätten, wie es sich gehört, zwei Kinder. Immer vorausgesetzt, es gelänge ihr, Jacob Friedrich Gontard zur Scheidung zu bewegen, und es gelänge ihnen dann, das Vorleben der neuen Pfarrersfrau zu verheimlichen. Herr und Frau Hölderlin hätten keinen leichten Stand. Die Flucht aus der Bürgerlichkeit führte sie nur in eine neue Bürgerlichkeit, deren Spielregeln noch kleinlicher wären.

Oder: Susette Gontard verließe ihren Mann und ihre vier Kinder, um mit Hölderlin in freier Gemeinschaft zu leben; dafür gab es Vorbilder in der Frauengeneration ihrer Zeit. Hätte sie sich aus vorgegebenen Lebensmustern befreien können? Hätte er ihr seine höchst unsichere Schriftsteller-Existenz als Lebensgrundlage zugemutet? Haben sie die eine oder die andere Möglichkeit erwogen und wieder verworfen oder sich von Anfang an mit der Unmöglichkeit abgefunden?

Susette Gontard empfindet ihr Haus, nachdem er gegangen ist, wie »einen großen Kasten, mich da einsperren zu lassen«. Er schilt sich eine »Memme«. Aber die Worte bewegen nichts. Beide beugen sich der Konvention. Was an ihrer Geschichte erschüttert, entsetzt, ist ihre Ohnmacht und Resignation, ihr unumstößlicher Respekt vor einer Moral, die sie erniedrigt, klein macht, fast lächerlich.

Das Frankfurter Publikum erwartete mit Spannung den letzten Akt des Schauspiels im Hause Gontard. Ein Familienmitglied erzählte ihn später mit der dem Gesellschaftsstück angemessenen Pointe. Die Intrigantin trat auf. Sie hieß Wilhelmine, die junge, hübsche Haushälterin. Wilhelmine habe sich in den Hauslehrer verliebt; der habe sie abgewiesen; sie, gekränkt und erbost, habe dem Hausherrn den längst fälligen Wink gegeben, welcher Freiheiten sich der Dienstbote in seiner Abwesenheit überhebe.

Jacob Friedrich Gontard sei eines Tages früher heimgekehrt als gewohnt. Wilhelmine habe ihm geöffnet. »Ist meine Frau zu Hause?«

»Herr Hölderlin liest ihr vor.«

»Sitzt denn dieser Mensch beständig bei meiner Frau?« – sei ins Zimmer gestürzt, seinem Bediensteten heftig entgegengetreten, den seinerseits der Zorn übermannte. Magister Hölderlin habe sich wortlos in seine Mansarde verfügt, seiner Habseligkeiten bemächtigt und habe sodann das Haus am Großen Hirschgraben ohne Abschied verlassen. Es war ein Septembertag im Jahr 1798.

Nicht Susette Gontard, nicht ihr Mann, nicht Hölderlin haben berichtet, was tatsächlich geschah an diesem Herbstnachmittag. Worte wurden gewechselt zwischen dem Hausherrn und dem Hauslehrer, die zweifellos nicht den Unterricht seines Zöglings Henry betrafen. Aber nur sechs Worte sind überliefert, von der einzigen Zeugin des Auftritts, Worte an Hölderlin: »Entfernen Sie sich auf der Stelle.«

Hölderlin ging. Er verließ nicht nur, wie sie ihm wohl raten wollte, das Zimmer, er verließ das Haus, in dem er länger als zweieinhalb Jahre gelebt hatte. Er kehrte zurück, mehrmals, aber nun durch die Hintertür, die immer offenstand: der Dienstboteneingang. Er kam nachmittags um Viertel nach drei, wenn Jacob Friedrich Gontard im Club, das Gesinde beschäftigt war, wenn die Kinder lernten und die Haushälterin das Silber putzte. Dann lief er, wie sie ihm im Brief den Weg wies, »leicht und schnell die Treppe hinauf wie sonst, die Türe zu meinem Zimmer wird dir schon geöffnet sein«.

Während acht Monaten sehen, berühren sie einander noch wenige Male, heimlich, atemlos, flüsternd, immer horchend, gehetzt. Acht Monate lang schreibt sie ihm, heimlich, atemlos, flüsternd, voll »Angst«, taumelnd zwischen Pflicht und Sehnsucht; spricht ihm Trost zu, sich selbst; stellt Maximen auf und stürzt sie wieder um mit einem »Ächzen, Gewinsel, einer Flut von Tränen«.

Die »Götterbotin Diotima« begrüßt freudig den Tod, den sie nach Dichterwort von Anbeginn in sich trug, sie kehrt zurück in die Sphäre, in die sie immer gehörte, wird wieder Sehnsuchtsbild, Allegorie. Susette Gontard, die Vergötterte, will nicht sterben, sie läuft Amok gegen sich selbst, denn die Welt, gegen die sie heimlich anrennt, ist doch ihre Welt, sie verteidigt, verflucht sie von neuem. Nicht Auswege zu ihm sucht sie, sondern Schleichwege. Mit welchen Gefühlen folgt er ihr auf diesen Wegen, Hölderlin, der »Diotima« frei »unter den Bogengängen des heiligen Waldes« Hyperion entgegenschreiten sieht?

Er kommt von Bad Homburg, wo er Quartier genommen hat, nach Frankfurt, drei Stunden zu Fuß, über Stock und Stein, jeden ersten Donnerstag im Monat, so ist es abgemacht, bei schlechtem Wetter den nächsten Donnerstag, im Winter den ersten Donnerstag jeden zweiten Monats. Er zeigt sich zu einer festgesetzten Zeit mit größter Vorsicht auf der Straße unter ihrem Fenster, »mit der allergrößten Vorsicht«, mahnt sie, ein Nachbar spioniert, die Dienstboten spitzen die Ohren. Er steht neben der Laterne, blickt hoch zu ihrem Fenster, sieht die Hand, die die Gardine leicht zur Seite schiebt, sieht das kastanienbraune Haar, blickt sich um, ob niemand ihn sieht? – niemand kommt? – blickt wieder hoch, ein Zettelchen flattert herunter, er bückt sich, hebt es auf, als er wieder hochsieht, ist die Gardine geschlossen, er schiebt das Zettelchen in die Rocktasche, geht.

In der Sommerfrische vor dem Eschenheimer Tor wagt sie mehr: Er kommt, wie immer, am ersten Donnerstag im Monat – erscheint, wenn die Turmuhr in Frankfurt zehn schlägt, an der Hecke, die den Garten von der Straße trennt – sie zeigt sich an ihrem geöffneten Fenster – er, zum Zeichen, daß er sie sieht, hebt seinen Stock an die Schulter – sie, zum Zeichen, schwenkt ein weißes Tuch. Wenn sich nun das Fenster schließt, ist es das Zeichen, daß sie es wagen kann, in den Garten zu kommen. Er geht an der Hecke entlang bis zur Einfahrt – bleibt nicht weit von der kleinen Laube stehen – sie hat den Ort auf der anderen Seite der Hecke erreicht – wird von der Laube gedeckt – er kann die Straße nach beiden Richtungen überblicken: kein Mensch, keine Kutsche, kein Geräusch, keine Gefahr.

Ihre Hand zwängt sich durch die störrischen Zweige, er packt sie, kalt ist sie oder fiebrig heiß. Ein winzig gefalteter Brief. Er läßt ihre Hand nicht los, sie muß sie gewaltsam zurückziehen, er umklammert nur noch das Papier, steht festgewurzelt an der Hecke, sie ist längst verschwunden, bespricht mit der Haushälterin das Menü für den Abend, hilft ihrer jüngsten Tochter beim Stricken, empfängt die Schneiderin zur Anprobe, spielt mit den Kindern in der Pappel-Allee, meidet die Hecke, meidet die Laube, sieht später ihren Sohn lernen und denkt doch wieder an den, der ihn lehrte; und legt sich nachts an der Seite ihres Gemahls zur Ruhe.

Susette Gontard und Friedrich Hölderlin. Stich von Th. John nach einer Zeichnung von Norbert Schrödl jun.

»Dein Mädchen ist verwelkt, seitdem du fort bist«, schreibt »Diotima« in ihrem Abschiedsbrief an Hyperion. »Ein Feuer in mir hat mählich mich verzehrt.« Susette Gontard spürt lebhaft, »daß ohne dich mein Leben hinwelkt und langsam stirbt«.

Spricht sie? Spricht er aus ihr? Hat sie ihn so tief in ihr Wesen aufgenommen, daß sie seinen Visionen gehorcht? Hat er die Aussichtslosigkeit, Unmöglichkeit, den Schmerz dieser Liebe gesucht, damit »Hyperion« und »Diotima« möglich wurden, das Fragment zum Roman sich vollendete, damit er die Geschichte wirklich ausdenken und zu Ende schreiben konnte?

Hölderlin war, anders als Susette Gontard, nicht nur Liebender, er war auch Schriftsteller. Eine Zeitgenossin hat gewagt, diesen Gedanken auszusprechen, die junge Bettina Brentano. Sie teilte von einem Besuch in Frankfurt mit, sie dürfe seinen, Hölderlins, Namen dort gar nicht nennen, denn sofort »schreit man die fürchterlichsten Dinge über ihn heraus, bloß weil er eine Frau geliebt hat, um den Hyperion zu schreiben«.

Sie formulierte impulsiv und unverblümt. Die Figur, die im Sinnbild der Muse romantisch verklärt wird, erscheint entzaubert, reduziert auf ihre Funktion, sie wird zum Opfer. Der Schluß schockiert, weil er nicht nur die Würde der Liebe, sondern auch der Kunst zu verletzen scheint. Die poetische Formel hebt die Figur aufs Podest und zeigt den Künstler als Schuldner, als Dankenden. Seiner »holden Muse« überreichte Hölderlin den ersten Band des »Hyperion« mit der Widmung: »Wem sonst als dir«.

An einem Maitag des Jahres 1800 sahen Susette Gontard und Friedrich Hölderlin einander zum letzten Mal, an der Hecke des Landguts nördlich von Frankfurt, vor dem Eschenheimer Tor. Sie nahmen Abschied. Sie wechselten nun auch keine Briefe mehr. Hölderlins Versuche, als freier Schriftsteller zu leben, waren gescheitert. Im Herbst trat er eine neue Hofmeisterstelle an, bei einem Kaufherrn in der Schweiz. Im darauffolgenden Frühjahr wurde ihm sehr höflich gekündigt.

Im nächsten Winter brach er auf, um seine letzte Hofmeisterstelle zu beziehen, bei einem Weinhändler in Bordeaux.

Susette Gontard faßte den Plan, eine kleine »Landöconomie« einzurichten, ohne Gedanken an Profit, allein sich zum Zeitvertreib und Vergnügen. Ihre Schwiegermutter war gestorben und hatte einen großen Garten am Main hinterlassen, mehrere Morgen Äcker und Wiesen. Das Gut könnte, so kalkulierte sie, leicht drei Kühe ernähren. Ihr Mann bat einen Freund der Familie um Hilfe, Geld spiele keine Rolle, nur gut und schön solle das Vieh sein, zwei Kühe möchte er beschaffen, die eine frischmelkend, die andere trächtig.

Madame Gontard war noch immer die Königin der Frankfurter Hautevolee. An einem Juniabend 1802 trat sie auf im schwarzen Tüllkleid mit kurzen Ärmeln. Durch den Tüll leuchtete weiß der Atlas des Unterkleids. Ihr Gesicht, die nackten Arme, der Busen seien, berichtet eine Augenzeugin, weiß gewesen wie Alabaster. Schmuck habe sie nicht getragen, nur einen kleinen weißen Crêpehut mit Feder. Die anwesenden Herren seien nicht von ihrer Seite gewichen. Insbesondere der französische und der österreichische Gesandte und dessen Attaché hätten den ganzen Abend mit ihr geplaudert.

Kurz darauf erkrankten ihre Kinder: die Röteln. Sie steckte sich an, schien aber zu genesen, die Krise, diagnostizierte der Arzt, sei überwunden. Dann aber, des Nachts gegen drei, habe sie ihren Mann geweckt und um ein Glas Wasser und ein warmes Tuch gebeten. Hierauf sei sie wieder eingeschlafen. Zwei Stunden später sei sie von neuem erwacht und aufgestanden. »Wie ist dir?« habe ihr Mann gefragt, sie darauf: »Besser.« Damit sei sie in Krämpfen zu Boden gestürzt und am Nachmittag des folgenden Tages gestorben. Spätestens seit dem Winter hatte sie die Schwindsucht gehabt.

Hölderlin hatte seine Stellung in Bordeaux im Frühsommer aus unerklärten Gründen verlassen. Nach wochenlanger Wanderschaft traf er in der Heimat ein. Sein Geisteszustand schien Freunden und Verwandten so bedenklich, daß sie ihn ärztlicher Fürsorge empfahlen.

Ob er noch in Bordeaux von ihrer Krankheit erfuhr oder erst in Stuttgart von ihrem Tod – woran sie starb – warum er sich für die zweite Hälfte seines Lebens in unnahbarer Fremdnis verschloß: ungewiß.

Friedrich Hölderlin überlebte Susette Gontard um 41 Jahre. In seinem Turmzimmer in Tübingen über dem Neckar lag sein Roman »Hyperion« fast immer aufgeschlagen auf dem Tisch. Ihre Briefe hütete er in sicherem Versteck. Seine Ahnung erfüllte sich unerbittlich in beiden Geschichten, der aus Kalaurea in Griechenland und der aus Frankfurt am Main: »Eh' es eines von uns beiden wußte, gehörten wir uns an.«

Carola Stern

»Der Mensch soll
seinem innersten Herzen leben«
Dorothea Veit und Friedrich Schlegel

Der liebe Gott bestellte für das Paar drei Paten: einen Freigeist namens Reichardt, die jüdische Salondame Henriette Herz und einen Theologen, der Schleiermacher hieß.

Der Freigeist, einst Kapellmeister am Hof Friedrichs des Großen und ein bekannter Komponist, hatte Friedrich an jenen Ort zu führen, wo er seine Dorothea treffen sollte: zu Henriette Herz. Jette, wie sie ihre Freunde nannten, war eine der schönsten Frauen in Berlin. Ähnlich wie die berühmte Rahel und einige andere jüdische Damen, unterhielt auch sie am Ausgang des achtzehnten Jahrhunderts einen Salon, in dem sich Menschen trafen, die sonst in ganz verschiedenen Welten lebten: Adlige und Bürger, Juden und Christen, Schauspieler, Gelehrte; Frauen und Männer gingen hier als ebenbürtige Menschen miteinander um.

Am Arm den jungen Friedrich Schlegel, einen vielversprechenden Gelehrten, der kürzlich erst aus Jena zugezogen war, betrat an einem Sommerabend des Jahres 1797 Reichardt den Salon der Herz. War es an dem gleichen Abend oder ein, zwei Wochen später? War es wiederum Reichardt oder dieses Mal ein anderer Gast, der Schlegel Jettes ältester und bester Freundin, der Madame Veit, vorstellt? Diese macht »einen so gewaltigen Eindruck« auf den neuen Gast, daß es die Herz sogleich bemerkt und sich noch beim Memoirenschreiben daran erinnern kann.

Im Unterschied zu den preußischen Männern, die immer noch den Zopf im Nacken tragen, läßt Schlegel sein dunkles Haar rund um den Kopf geschnitten, ungekräuselt, ungepudert, kurz – so zeigt man republikanische Gesinnung. Er ist schlank; zwar blaß, doch kräftig und gesund. Seine Züge wirken regelmäßig schön, er hat ein geistvolles Gesicht.

Der junge Mann beeindruckt durch eine ungewöhnliche Belesenheit. Er ist geistvoll, witzig, setzt flink und sicher die Pointen, bezaubert durch jungenhafte, fast kindlich wirkende Beredsamkeit. Seine Aufsätze und Essays, seine Rezensionen bestechen durch Urteilskraft, Originalität, Polemik. Die einen goutieren das, andere stößt die heftige Polemik ab. Naiv-verwundert fragt sich Friedrich, warum ihn mancher wohl nicht mag. Er ist klug und geistreich – liebenswürdig ist er nicht. Er ist bedeutend, doch nicht herzlich, und von Güte weiß er nichts. Ist er liebebedürftig? Ja, das sehr. Aber ist er liebesfähig?

Was fasziniert denn diesen Friedrich an der Veit? Man sagt doch, sie habe männlich-harte Züge und sei derb und häßlich. Doch schön sind Dorotheas leuchtend schwarze Augen, sie beleben und durchgeistigen das Gesicht. Weich und sanft ist ihre Stimme, sie läßt das Männliche in dem Gesicht vergessen, verbreitet Wärme, Wohlgefühl.

Dorotheas Augen sind ein Erbteil ihres Vaters, des berühmten Philosophen Moses Mendelssohn, der zusammen mit Lessing und Nicolai die deutsche Aufklärung repräsentiert und entscheidend zur Emanzipation der Juden beigetragen hat. Dorotheas herbe Züge sind ein Ausdruck der Verbitterung, des Schmerzes. Der Vater, auf Sicherheit für seine Älteste bedacht, hatte sie mit einem Mann verheiratet, den sie nicht liebte, mit Simon Veit, Textilkaufmann und gleichzeitig Bankier.

Seine Frau, gebildet und »mit feuriger Einbildungskraft begabt«, wie Henriette Herz sagte, lebte in der Welt der Literatur, liebte Claudius und Goethe, kannte Klopstocks Oden, Gleims Gedichte. Ihr Mann hingegen kannte sich hauptsächlich darin aus, wie man von Plauen Musseline und von Lauban Leinen debitierte. Das interessierte seine Frau nicht. Sie träumte von der Gemeinschaft schöner Seelen; er träumte von den Preisen für Cresette. Er wirkte wie ein Durchschnittsmensch, sie haßte Durchschnittsmenschen.

Was andere an ihr abstößt, zieht Friedrich zu ihr hin. Das Sanfte und das Schöne sagt ihm wenig; er liebt die großen Züge an den Menschen. Alles, was nicht feurig und nicht stark erscheint, hält er für schwach. Friedrich Schlegel interessieren keine Püppchen, er sucht nicht zarte Anmut und das hübsch Naive, sondern Ernst, Charakter, die Persönlichkeit. Dieser Mensch will Poesie und Philosophie umkrempeln, eine ästhetische Revolution entfachen; er sehnt sich nach einer Frau, die ihn versteht.

Dorothea ist acht Jahre älter als der junge Mann. Auch das spricht eher für als gegen sie. Männer mit großen Plänen, das hat auch Friedrich schon erfahren, finden eher Verständnis bei reifen Frauen als bei Unschuldsmädchen. Sein Idealkonzept des Lebens läßt sich nur, wenn überhaupt, mit starken, mutigen Frauen erfüllen. So eine ist die Veit.

Seit siebzehn Jahren lebt sie in dieser Unglücksehe mit dem Veit. Sie hat zwei kleine Jungen, Jonas und Philipp Veit. (Die werden übrigens später mal berühmte Maler.) Eine Tochter Moses Mendelssohns zu sein verpflichtet, auch wenn der Vater nicht mehr lebt. Irgendwann hat Dorothea entschieden, sich in das Unabänderliche zu fügen und bei ihrem Mann zu bleiben – wäre da nicht jener Brief, den sie mal an einem Sommertag an ihre Freundin Rahel Levin geschrieben hat: »... ich kann mich nicht auf der lumpigen Mittelstraße herumtreiben«, hieß es da, »und die halb verwelkten Blumen mit schweißbedeckter Stirn aufsuchen, die dem seeligen Glück in seinem Taumel entfallen.« Und – wäre da nicht Friedrich Schlegel.

Madame Veit begreift: Das ist einer, der auch nicht auf der »Mittelstraße« wandern will; einer, der, umgetrieben von Ideen und Plänen, einen geistigen Protest ankündigt, alles in Frage stellt, was Gültigkeit besitzt. Dieser Junge bringt den Mut auf, Systeme einzureißen – aber manchmal kann er wie ein Kindskopf sein. Ihn zieht das Männlich-Starke Dorotheas an. Sie liebt das Außerordentliche an ihm und die Mädchenaugen dieses Götterbuben, seine femininen Züge, seine Kindlichkeit. Dorothea Veit ist 33 Jahre alt, als sie im Herbst des Jahres 1797, taumelnd wie das »seelige Glück« und diesem folgend, die »lumpige Mittelstraße« endgültig verläßt.

Im Tiergarten verblühen die letzten Rosen, und die ersten Stürme wirbeln Buchenblätter durch die Luft. Unter den Linden, der großen Promenade, bieten Händler ihre Waren feil.

Dorothea Schlegel, 1798. Anonymes Pastellbild

Im Theater glänzen der berühmte Iffland sowie die Damen Fleck und Unzelmann. An einem dieser späten Septembertage schreibt Schlegel seinem Freund Novalis, er erwarte kommende Nacht »ein schönes Notturno«.

Nach zielloser Sehnsucht, unbestimmten Wünschen, Träumen, nun endlich Liebe: Die Angespannte ganz entspannt, die Herbe, Ungraziöse sanft und sinnlich. »Sie waren ganz hingegeben und eins«, schreibt Schlegel über Julius und Lucinde in seinem jetzt entstehenden Roman, »und doch war

Friedrich von Schlegel. Zeichnung von Caroline Rehberg

jeder ganz er selbst, mehr als sie es noch je gewesen waren, und jede Äußerung war voll von tiefstem Gefühl und eigenstem Wesen. Bald ergriff sie eine unendliche Begeisterung, bald tändelten und scherzten sie mutwillig und Amor war hier wirklich, was er so selten ist, ein fröhliches Kind.«

Wie das Paar in Friedrichs Roman »Lucinde« entdecken Dorothea und Friedrich »eine wunderbare Gleichheit«. Sie spotten gern, sind witzig, heftig in ihren Neigungen und Wünschen, sehr parteilich. Manchmal nimmt das für sie ein, doch wenn sie hassen, sind sie unausstehlich. Vor allem verbindet diese beiden Menschen ihre Begeisterungsfähigkeit. Enthusiastisch sehnen sie sich nach einer Aufhebung des Gegensatzes zwischen Ratio und Gefühl, nach einer Liebe, die Körper wie auch Sinne, Geist und Seele, den ganzen Menschen gleichmäßig erfaßt. Dieses romantische Liebespaar wirkt sehr modern. Aber es liebt am Ende des achtzehnten Jahrhunderts.

Gemessen an der Freizügigkeit der Sitten an den Höfen und gemessen an der sexuellen Leichtlebigkeit in Intellektuellenkreisen, ist das Verhältnis der Madame Veit mit einem jungen Gelehrten nichts Außergewöhnliches. Aber gemessen an den Geboten der jüdischen Orthodoxie, ist Dorothea zu einer von Gott abgefallenen, mit einer Todsünde belasteten Ehebrecherin geworden. Gemessen an bürgerlicher Sittenstrenge, gleicht das Urteil über Dorothea dem der gläubigen Juden. Die Aufklärung hat daran nichts geändert. Laut Rousseau macht sich eine Frau schon schuldig, wenn sie – und sei es unberechtigt – des Ehebruchs verdächtigt wird. Konservative Familienideologen des neunzehnten Jahrhunderts erklären den Ehebruch zu einem »der wenigen Staatsverbrechen, welche eine Frau begehen kann«.

Von einer Frau, die leidenschaftlich liebt, doch deren Liebe als unerlaubt in der Gesellschaft gilt, erwartet diese Reue und Entsagung. Doch Madame Veit entsagt nicht und bereut auch nicht. Ja, in der Ehe mit dem ungeliebten Mann hat sie Verzweiflung, Ekel vor sich selbst empfunden. Jetzt, da sie liebt, sollte sie sich ihrer Liebe schämen? Nein, ihre Liebe soll obsiegen über Vernunft und Schicklichkeit, über Religionsgebote und eine geheuchelte Moral.

Doch der Euphorie dichtauf folgen Skrupel. Diese Heimlichtuerei, die Lügen und Verstellungen! Das Geheimnis öffentlich zu lüften hieße, die Gesellschaft willentlich herauszufordern. Hinzu kommt die Sorge um die beiden Kinder und die Angst vor einem drohenden Bruch mit der Mutter, den Geschwistern.

Was soll sie tun, und was soll werden?

In einer solchen Situation wünscht sich der Mensch einen Mann wie Schleiermacher, den sowohl mit Jette wie mit Friedrich befreundeten Prediger an der Berliner Charité. Dieser Schleiermacher, schreibt Ludwig Marcuse, gehöre zu den »leisen Umstürzlern«, zu den »stillsten, liebenswertesten Auflösern«. Er wird der dritte Pate dieses Liebespaares und der wichtigste. Schlegel verreist nach Dresden, Schleiermacher nimmt sich Zeit für Dorothea. Mit ihr im Tiergarten spazierend, hört er ihr zu, antwortet auf ihre Fragen.

Was gebietet die Moral? Ein Pastor sollte das wohl wissen. Jedenfalls nicht, meint dieser revolutionäre Gottesmann, eine Ehe aufrechtzuerhalten, die nicht aus Liebe geschlossen worden ist. Eine Ehe ohne Liebe – auch für ihn ist das eine Entheiligung der Ehe. Sie darf nicht herabgewürdigt werden zu einem bloßen Versorgungsinstitut, durch Aufopferung zu einem »Grab der Freiheit und des wahren Lebens« werden. Die wahre Ehe, davon ist Schleiermacher überzeugt, schwächt nicht die Persönlichkeit, sondern erweitert sie. Der Mann gewinnt »an Klarheit des Charakters, die Frau an Selbstbewußtsein ... an Entwicklung aller geistigen Keime, an Berührung mit der ganzen Welt«.

Dorothea sieht die Schwierigkeiten, den Skandal voraus. Doch für eine Scheidung steht:

– die Chance, noch einmal anzufangen! Wie viele Frauen wünschten sich das damals, ohne die Möglichkeit, den Mut dazu zu haben!

– das Recht auf den Raum für seine eigenen Füße, wie Rahel den Persönlichkeitsanspruch der Frau ausdrückt.

– ein Glücksanspruch, den Dorothea mit so vielen Frauen im zwanzigsten Jahrhundert teilt.

Im Sommer 1798 entscheidet Dorothea, sich von Veit zu trennen. Während sie, unterstützt von ihrer Freundin Jette, mit dem entsetzten Veit verhandelt, entwirft Friedrich Schlegel in seinem Roman »Lucinde«, in Essays und einer mit seinem Bruder August Wilhelm gegründeten Zeitschrift »Athenäum« das Konzept einer neuen, romantischen Epoche, in der die Spaltung von Vernunft und Gefühl, Kunst und Wissenschaft überwunden werden und die Phantasie, das Ungeordnete des Lebens, über die Konventionen der Philister siegen soll. Frauen, der Natur und dem Gefühl verbundener als die Männer, unverbildeter als diese, wird in diesem neuen Entwurf eine bedeutende Rolle zugewiesen.

Im Januar 1799 wird Dorothea vor dem Berliner Rabbinatsgericht von Simon Veit geschieden. Die beiden Söhne werden dem Vater zugesprochen, doch der ist einverstanden, den jüngeren, Philipp, noch fünf Jahre der Mutter zu belassen – vorausgesetzt, sie geht keine zweite Ehe ein und gibt die jüdische Religion nicht auf. Das bedeutet: Heiraten kann sie Friedrich vorerst nicht.

Die Tochter des allseits geachteten Moses Mendelssohn, die Salondame aus der jüdischen Oberschicht Berlins, zieht als Geliebte eines genialen, aber bettelarmen jungen Mannes in eine halbleere kleine Wohnung am Stadtrand von Berlin. In ihrem Elternhaus hatte sie im Zentrum der deutschen Aufklärung gelebt. Jetzt erlebt sie, wiederum im Zentrum, das Entstehen der deutschen Frühromantik mit. In ihren Auffassungen vom Leben und der Liebe nehmen sie und Friedrich die Frühromantik schon vorweg.

Die Liebesgeschichte zwischen der Tochter Moses Mendelssohns und dem Sohn eines Generalsuperintendenten aus Hannover würde noch heute ein Skandalblatt interessieren. Und nun erst damals! Die Selbstgerechten und die Heuchler entfachen einen handfesten Skandal. Der ist noch nicht abgeebbt, da folgt ihm schon ein zweiter, in dessen Mittelpunkt wiederum Friedrich und Dorothea stehen. Es ist der

Skandal um Friedrichs »*Lucinde*«, um jenes Buch, in dem er seine Theorie der Weiblichkeit und Liebe in Romanform faßt. Im Mai 1799 kommt das Bändchen auf den Markt, und sofort empören sich die Leute über seine »Unanständigkeit«.

Protestantischen Preußen genügt es schon, daß die Helden, Julius und Lucinde, in freier Liebe, ohne Trauschein miteinander leben. Andere empört die – wie sie sagen – »schamlose Sinnlichkeit« des Paares, ihr Vergnügen an der Lust. Sinnlichkeit wird ausschließlich dem Mann zugestanden; eine anständige Frau darf nicht mal wissen, was das ist. Und: Bezieht das Bürgertum sein Selbstbewußtsein gegenüber dem verdorbenen Adel nicht gerade aus der Wohlanständigkeit?

Heftig protestieren Tugendwächter gegen den Revolutionsversuch im Boudoir; denn der Autor läßt Julius und Lucinde beim Liebesspiel die Rollen tauschen, und sie tun das mit großer Lust. Doch das Allerschlimmste, der Höhepunkt der Unmoral: Lucinde lebt! Sie ist nicht irgendein der Phantasie entsprungenes Kunstprodukt – sie existiert: Die wirkliche Lucinde heißt Dorothea Veit und ist die Geliebte des Autors. Der Vater stand Modell für Lessings weisen Nathan, die Tochter für Schlegels sinnliche Lucinde – kann es etwas geben, was noch schlimmer ist?

Bald pfeifen es die Spatzen von den Dächern, der Verfasser beschreibe in den unzüchtigen Szenen der »*Lucinde*« nichts anderes als sein Verhältnis zu der Veit, zu einer Jüdin, und von Jüdinnen wisse man ja, daß sie besonders lüstern seien. Die moralische Empörung mischt sich mit dem antijüdischen Ressentiment.

Weiß Friedrich, was er Dorothea angetan hat? Jeder Roman, so läßt er wissen, sei eine Art von Selbstbekenntnis, und was man fühle, müsse man auch sagen wollen, und was man sagen wolle, dürfe man auch schreiben. So ein Charakter ist dieser Schlegel: Um des höheren Zieles willen bereit, zu provozieren, zu schockieren, andere Menschen zu benutzen, den Skandal nicht scheuend. Er ist genial und doch zugleich ein Tor: kindlich verwundert über den Skandal, aufrichtig und naiv.

Friedrich von Schlegel, 1797. Kohlezeichnung von Gottfried Schadow

Dorothea, als Frau wie auch als Jüdin nun am Pranger, erlebt die öffentliche Meinung als ein furchteinflößendes, von Gift geschwollenes Ungeheuer. Sie wird zwischen Scham und Glück, Verständnis und Verzagtheit hin- und hergerissen und durchlebt den schrecklichen Skandal mit jenem Stoizismus, jener irritierenden Härte, die sie in den Unglücksjahren mit Veit erworben hat. Unbeschwertes Glück wird sie nie kennenlernen. Doch irre an ihrer Entscheidung wird sie nicht.

Dorothea von Schlegel. Kohlezeichnung von Gottfried Schadow

»Der Mensch soll seinem innersten Herzen leben«, hat Rahel gesagt, soll sich nicht fürchten, leidenschaftlich den schönsten Gefühlen in sich nachzugehen, den Mut dazu für eine Tugend halten. Was anders heißt denn Emanzipation? Sich frei zu machen von allem, was die Leute denken, nicht nachzubeten, nachzutun, nachzugeben. Sich selbst zu finden und den Mut zu haben, selbst zu sein.

So gesehen, gehört die Liebe zwischen Dorothea Veit und

Friedrich Schlegel in die Anfangszeit der Frauenemanzipation, in die Zeit der deutschen Frühromantik: Mutige Frauen entschließen sich, die Eheverträge, die ihre Eltern für sie ausgehandelt haben, zu brechen und einem Mann zu folgen, den sie lieben.

Im Herbst des Jahres 1799 flüchtet das Paar vor dem Gespött und übler Nachrede, vor dem Klatsch und der Verleumdung aus Berlin nach Jena, wo es zusammen mit dem kleinen Philipp bei Friedrichs Bruder August Wilhelm, dem bekannten Shakespeare-Übersetzer, und Caroline, dessen Frau, Unterkunft am Löbdergraben findet. Auch der Dichter Ludwig Tieck ist von Berlin nach Jena umgezogen; und der Philosoph Schelling sowie der im nahen Weißenfels tätige Friedrich von Hardenberg-Novalis gehören zu dem Schlegelschen Freundeskreis. Die Jenaer Kulturrevolutionäre, wie man sie heute nennen würde, erproben neue Lebens- und Arbeitsformen, romantische Geselligkeit und Kunst. Dorothea, belebt von dieser geistigen Atmosphäre, schreibt einen Roman, der unter dem Titel »Florentin« erscheinen wird. Ein paar Jahre später, 1804 in Paris, heiraten sie und Friedrich.

Dem Ehepaar bleiben bis zu Friedrichs Tod noch 25 Jahre des Zusammenlebens. Dorothea folgt ihrem Mann, wohin er sich auch wendet: von Paris nach Köln – dort werden die beiden katholisch –, von Köln nach Wien; sie begleitet ihn von Wien nach Frankfurt, kommt über Rom, wo ihre Söhne leben, zurück nach Wien. Oft ist sie monatelang allein, während er, der Unstete, irgendwo, vielleicht bei einem Freund, vielleicht bei einem Verleger, Geld aufzutreiben versucht und sich erholt.

Da fast nie Geld im Hause ist, muß Dorothea, vor allem in Paris und Köln, mitarbeiten, mitverdienen. Sie arbeitet als Kopistin Schlegelscher Manuskripte, erledigt Korrespondenz, übersetzt aus dem Französischen und bearbeitet mittelalterliche Dichtungen, die Friedrich dann herausgeben wird.

Es ist schwer, mit diesem Mann zusammenzuleben. Dorothea hält ihn aufrecht, wenn er verzweifelt. Sie tröstet den

Zerrissenen. Mag die Welt auch sein Genie verkennen, sie glaubt an ihn, schafft ihm ein Stück Zufriedenheit und Frieden. Zeit seines Lebens bleibt sie Schlegels Freundin, Schwester, Mutter, Frau – nur: die seine Sinne reizende, die seine Leidenschaften weckende umworbene Geliebte, das ist Dorothea nur sehr kurze Zeit gewesen. Und auch schon in dieser kurzen Zeit von drei, vier Jahren machte Friedrich anderen Frauen die Cour und ging ein längeres Verhältnis ein.

Friedrich von Schlegel, 1810. Kohlezeichnung von P. Veit

Die schönen Theorien des jungen Schlegel von einem neuen, schöneren Verhältnis der Geschlechter bestanden nicht vor der Wirklichkeit. Sein Emanzipationsentwurf vertrug sich nicht mit seinem Egoismus. Am Ende seines Lebens verriet er auch noch seinen Jugendtraum, distanzierte sich von der »törichten Lucinde«, wie er den Roman jetzt nannte, und nahm ihn nicht in seine Werke auf.

Dorothea wiederum erfuhr, daß sich der Zwiespalt zwischen Hingabe und Persönlichkeitsentfaltung nicht so einfach lösen ließ, wie es einst Schlegel und Schleiermacher prophezeiten. Sie entschied sich für die Selbstaufgabe. Die einen sagten: Seht her, die Frau von Schlegel gibt uns ein Beispiel einer großen Liebe! Andere nannten es freiwillige Sklaverei.

Ein paar Jahre vor ihrem Tod schrieb Dorothea, über andere reflektierend, einer Freundin diese Zeilen: »Und wie, wenn das, was eine Liebe bedürftige Seele sich als die einzige Bedingung des irdischen Glücks vorspiegelt, gerade zum Unglück führt, was ja oft der Fall ist, und am meisten durch die Leidenschaft, mit welcher man ein solches Glück sich ersehnt und danach ringt.«

Barbara Sichtermann

»Du bist das göttliche Wesen«
Oscar Wilde und Lord Alfred Douglas

E r wird den Prozeß verlieren. Und es wird ihn seine Existenz kosten.« An einem Montag im März 1895 saßen zwei Gentlemen beim Lunch im Londoner Café Royal. Beide waren Journalisten. Der eine, George Bernard Shaw, Theaterkritiker und der andere, Frank Harris, Herausgeber einer einflußreichen Zeitung. Und der, um den sie sich Sorgen machten, war ein irischer Dichter und hieß Oscar Wilde.

Harris erwartete seinen Freund Wilde. Der trat auch bald ins Café und zog die Blicke auf sich. Ein großer fülliger Mensch war er, Anfang Vierzig damals. Er fiel auf, wo er ging und stand; denn er trug sein schönes braunes Haar länger, als die Mode es erlaubte, und schmückte seinen Anzug mit phantastischen Accessoires wie Borten, Rüschen, Broschen und sorgsam ausgewählten Blumen am Revers. Doch auch ohne solche Extravaganzen hätte er wohl Aufmerksamkeit erregt – seiner lasziven Bewegungen und seiner wunderbaren Augen halber, die von großen Lidern zur Hälfte verdeckt waren, so als hätten sie ein für allemal genug gesehen. Am berühmtesten war seine volle, weiche Stimme, mit der er Konversation machen und erzählen konnte wie kein zweiter.

Mr. Wilde grüßte mit galanter Herzlichkeit nach links und rechts und trat zu den beiden Journalisten an den Tisch. Harris erhob sich, um den Freund willkommen zu heißen. »Ist es dir recht, Oscar, wenn Mr. Shaw bleibt und unser Gespräch mit anhört?« Es war Oscar recht, und diesem Umstand verdankt die Nachwelt zweierlei Schilderungen der Szene im Café Royal, eine von Harris und eine von Shaw. Sie stimmen im großen und ganzen überein.

Oscar Wilde war gegen den Marquess of Queensberry, einen schottischen Edelmann, mit einer Klage wegen Verleumdung vorgegangen. Der Schotte hatte Wilde schriftlich als »Sodomiten«, also als Homosexuellen bezeichnet, was im viktorianischen England über die bloße Injurie hinausging und die Unterstellung einer Straftat einschloß. Frank Harris ahnte nicht, daß die Beleidigung auf blanker Wahrheit beruhte. Er war überzeugt, daß sein Freund zu Unrecht einer sogenannten widernatürlichen Handlung bezichtigt worden sei. Dennoch drängte er ihn, die Klage gegen Queensberry zurückzuziehen. Er wußte, daß Oscar Wilde den Prozeß verlieren würde. Denn sein Gegner handelte in einer Eigenschaft, die jedem britischen Geschworenen heilig war: als besorgter Vater.

Dabei war der Marquess alles andere als ein idealer Gatte. Seine Frau hatte er vernachlässigt, unter seinen Freunden galt er als gottlos und brutal, seine Interessen beschränkten sich weitgehend auf Boxsport und Jagd. Am Schicksal seiner Kinder allerdings nahm er lebhaften Anteil. Sein dritter Sohn, ein 25jähriger Student namens Alfred Douglas, war seit vier Jahren der engste Freund und ständige Begleiter des Dichters und Dandys Oscar Wilde. Schon vor dieser Liaison hatte Lord Alfred den Umgang mit minderjährigen Jockeys und reiferen Poeten gesucht, jetzt kam hinzu, daß er seine Studien vernachlässigte. Ein Vater, der um die Zukunft seines derart gefährdeten Sohnes bangte, bekam in England, gleichgültig, ob er imstande war, eine Beleidigung wie »Sodomit« zu beweisen oder nicht, immer recht.

Doch Oscar Wilde schien den Prozeß nicht zu fürchten, er sah ihm mit Gelassenheit entgegen. »Sie werden mir meinen Roman vorwerfen«, sagte er, »sie werden behaupten, ›Das Bildnis des Dorian Gray‹ verletze den Anstand und propagiere die Homosexualität. Frank, ich möchte dich bitten, als

Fachmann zu bezeugen, daß ›Dorian Gray‹ ein hochmoralisches Buch ist. Wirst du das für mich tun?«

Der arme Harris wand sich. Er wollte dem Dichter, den er verehrte, gern jeden Gefallen tun; aber jetzt ging es um mehr. »Oscar, ein Prozeß macht leicht aus Verdächtigungen Vorwürfe und aus Tendenzen Tatsachen. Du kennst die englische Gesellschaft bis jetzt nur als Schmeichlerin, die sich mit einem Mann wie dir schmückt wie mit einer grünen Nelke im Aufschlag. Doch sowie du anfängst, sie ernstlich zu beunruhigen – und das wird vor Gericht der Fall sein –, wirft sie dich auf den Kompost.« Während Harris so auf Wilde einsprach, unterstützt von dem zurückhaltenden, aber ebenfalls skeptischen Shaw, betrat eine weitere Person das Café Royal. Wieder schauten die Gäste auf, folgten sie dem Ankömmling mit Blicken. Doch dieser Gentleman lächelte nicht. Er wirkte schroff in Schritt und Geste, trat an den Tisch der drei Literaten und mischte sich sofort, ohne Gruß und Übergang, in das Gespräch. »Wie können Sie es wagen, Oscar einen so schändlichen Rat zu geben«, fuhr er Harris an, »Sie sind nicht sein Freund.«

Der vierte Herr, der jetzt am Tische Platz nahm, war Lord Alfred Douglas persönlich, Sohn des erwähnten schottischen Marquess und Oscar Wildes Geliebter. Seine Schönheit war schon berühmt gewesen, bevor Wilde sie literarisierte, und es gibt ein zuverlässiges Zeugnis, das die Berechtigung dieses Ruhms verbürgt: die frühe Fotografie. Seine Lordschaft, von Freunden stets »Bosie«, von Wilde gern Narzissos oder Hyazinthos genannt, waren makellos gewachsen, zarthäutig, blondgelockt, großäugig. Sein Mund, von dessen Reizen und Küssen Wilde brieflich geschwärmt hat, zeigte einen weichen und trotzigen Zug wie bei einem gar zu hübschen und verzogenen Mädchen, aber seine Kinnpartie war fest und frech. Alfred Douglas also setzte sich jetzt zu den anderen und benahm sich augenblicklich als Sohn seines Vaters: kampfeslustig und cholerisch. Oscar solle den Fehdehandschuh aufnehmen, anstatt Feiglingen Gehör zu schenken. Er, Douglas, wisse, was er sage. Es gehe um Oscars Ehre und um seine, Douglas', Freiheit. Während Lord Alfred seinen Standpunkt mit Erbitterung und, laut Harris, gellender Stimme vortrug, war Oscar Wilde versunken in seinen Anblick. Schließlich hob er die Hände und seufzte: »Bitte, Bosie.«

Als der Dichter und die männliche Schönheit einander erstmals begegneten, war Wilde 37 und Douglas 21 Jahre alt. Wilde stand kurz vor dem Zenit seiner Laufbahn. Er hatte einen Namen als Lebemann »von zweifelhaftem Geschlecht«, gleichwohl eine reizende Ehefrau und zwei Söhnchen, er war als Lyriker, Essayist und Märchenerfinder hervorgetreten und neuerdings auch als Romanautor. »Dorian Gray« begeisterte die Intellektuellen, polarisierte die Kritik und entzückte die in Stil- und Modefragen einflußreichen müßigen Ladies. Die Theaterstücke »Salome« und

Oscar Wilde

56

»Lady Windermeres Fächer« entstanden; bald würde Wilde zu Geld kommen und selbst jene glanzvollen Abendgesellschaften geben, auf denen er bislang als Schöngeist und Enfant terrible herumgereicht worden war.

Douglas seinerseits war ein prominenter Aristokrat und einer der begehrtesten Homosexuellen Londons. Er wird den Dichter später in die Stricher-Szene einführen und ihn den Kitzel der Illegalität im Milieu der Buchmacher, Erpresser und süßen Knaben lehren. Auch Wilde kannte längst den Zauber gleichgeschlechtlicher Liebe, beide wußten, was sie einander mit Blicken und Anspielungen versprachen. Oscar wirbt um Bosie, der hält den Freier hin und erhört ihn endlich. Für beide war es die Erfüllung. »Sie sagen, daß die Liebe bitter schmecke«, hatte Wilde kurz zuvor seine Salome schluchzen lassen, »allein, was tut's? Was tut's?«

Lord Alfred Douglas, 1891

Lord Alfred Douglas, der jetzt dem peinlich berührten Shaw, dem geängstigten Harris und dem verliebten Wilde eine Szene macht, daß die Gläser zittern und das halbe Café sich betreten umschaut, hatte seine besonderen Gründe, Oscar zum gerichtlichen Vorgehen gegen Queensberry zu ermuntern. Seit Jahren lag er mit seinem Vater im Streit. So ähnlich sie einander waren, haßten sie sich doch wie Feuer und Wasser, und wo der Marquess Sorge vorschützte oder wirklich hegte, fühlte sich der Sohn bevormundet und schikaniert. Seines Lebenswandels wegen hatte sich der junge Mann immer wieder Unterhaltskürzungen und Enterbungsdrohungen gefallen lassen müssen, und jetzt endlich wollte er mit seinem Vater abrechnen. Oscar Wilde, das gefeierte Genie, der erfolgreiche Dramatiker, der prominente Dandy, würde den kleinwüchsigen, unkultivierten Schotten mit einem Lächeln erledigen. So wünschte es sich Lord Alfred, und mit Aussicht auf einen solchen Triumph hatte er seinen Liebhaber in das Prozeß-Wagnis hineingetrieben. Und jetzt wollte er sich keineswegs von einem dahergelaufenen Zeitungsmenschen die Partie vermasseln lassen.

Bleich, die feinen Züge zornentstellt und Verwünschungen ausstoßend, verließ Lord Alfred das Café Royal. Frank Harris hielt Wilde fest, der Miene machte, zu folgen. »Das einzig Vernünftige ist die Emigration, Oscar«, sagte er. »Hör auf mich. Nimm Constance und die beiden Jungen mit und geh nach Frankreich.« Wilde schüttelte den Kopf. »Was redest du, Frank.« Und er erhob sich, nahm Abschied und ging Bosie nach.

Die Szene im Café Royal zeigt im Modell, wie sie beschaffen waren, die Charaktere und der Konflikt des Paares Wilde-Douglas. Der lässige, läßliche Oscar, der das Schöne liebt und deshalb Bosie anbetet, der seinen Erfolg genießt und die englische Upperclass amüsiert und erregt, während er sie aufspießt; und der zornige junge Lord, der seinen Willen gegen den verhaßten Vater durchsetzen und zugleich die Gesellschaft und die Gerichte zwingen will, sein homosexuelles Verhältnis mit einem Poeten als sein privates Recht gelten zu lassen – beide erscheinen als die geborenen Sieger. Der eine als Dichter, Animateur und Lebenskünstler, der den Reiz der Sünde feiert, der andere als Aristokrat und Exzentriker, der freie Bahn für seine Launen und Vorlieben heischt. Und beide scheitern an den Spielregeln der englischen Oberschicht. Die wußte der Journalist Harris realistischer einzuschätzen als die beiden Spieler. Wenn im England der Jahrhundertwende ein Gentleman Dinge tat, die vor dem Gesetz verboten waren, es dabei jedoch vermied, die Aufmerksamkeit der Öffentlichkeit und der Gerichte auf sich zu lenken, so ließ man ihn gewähren. Ward er entdeckt und verurteilt, so gönnte England ihm noch eine Frist: Kein Haftbefehl wurde vollstreckt, ehe nicht der Abendzug nach Dover abgefahren war – mit Anschluß an die letzte Fähre.

Oscar Wilde war im Begriff, zu weit zu gehen. Er hatte das Establishment herausgefordert, und er würde es verschmähen, den Abendzug zu nehmen. Nichts mehr würde die seit längerem schon sich empörende britische Rechtschaffenheit hindern, Rache zu nehmen.

Aber es waren nicht nur die »Spielregeln«, an denen Wilde zugrunde ging, es war auch seine Liebe, deren Anmutungen und Befehlen er sich vollkommen unterwarf. Wenn Bosie ihn rief, kam er, wenn Bosie zum Aufbruch aus dem Café drängte, folgte er, wenn Bosie seinen Vater in die Schranken fordern wollte, so stellte er sich zur Verfügung. »Er wünschte sich eine verzehrende Leidenschaft«, schreibt Wilde-Biograph Richard Ellmann, »er bekam sie und wurde durch sie verzehrt.« Harris, Shaw und viele andere Freunde wunderten sich über Wildes Passivität; denn der ließ Chance auf Chance zu Rückzug oder Flucht ungenutzt. Für Wilde aber gehörte der Sturz zu seiner Liebe. Er hatte sich, nachdem er vom verdienten Ruhm bis zur käuflichen Wollust alle Genüsse der großen und Halbwelt durchgekostet, eine letzte Steigerung des Erlebens gewünscht: eine Liebe, die stärker war als er selbst. »Und er umarmte die Gefahr«, schreibt Ellmann, »als sei sie Ganymed.«

Der Prozeß fand statt, und alles, was Frank Harris vorausgesehen hatte, trat ein. Es kam sogar weit schlimmer. Nicht nur, daß das Gericht den Marquess of Queensberry freisprach. Der Kläger Oscar Wilde wurde durch das Zeugnis mehrerer Hotelangestellter und männlicher Prostituierter schwer belastet und wegen des Verdachts auf praktizierte Homosexualität verhaftet. Nach zwei Verfahren befand das Gericht ihn für schuldig und verurteilte ihn zu 24 Monaten Zuchthaus mit Zwangsarbeit. Grundlage war ein Gesetz, das erst wenige Jahre zuvor in den englischen Strafkatalog eingeführt worden war. Unter den Homosexuellen Englands kam es zu einer Welle von Emigrationen. Auch Alfred Douglas floh.

Oscar Wildes Bücher wurden verboten, seine Stücke abgesetzt, sein Name und sein Andenken geächtet. Damit versiegten seine Einkommensquellen. Der Verurteilte, der hohe Gerichtskosten aufzubringen hatte, mußte den Offenbarungseid leisten. Seine Habe, sein Haus wurden zu Schleuderpreisen versteigert. Freunde und Kollegen wollten ihn nicht mehr kennen. Das Sorgerecht für seine Söhne Cyril und Vyvyan wurde ihm aberkannt. Seine Frau änderte ihren Namen und floh mit den Kindern ins Ausland. Eine automatische Zensur verhinderte, daß in der Presse auch nur ein Wort zu Wildes Entlastung gedruckt wurde. Nur wenige hielten zu dem jetzt buchstäblich im Schmutz kriechenden ehemaligen Günstling der Londoner Society. Zu ihnen zählten Frank Harris, der auch jetzt, wo er wußte, daß die Beleidigung des Marquess of Queensberry keineswegs aus der Luft gegriffen war, zu seinem Freunde stand und die öffentliche Meinung zu seinen Gunsten zu beeinflussen suchte, George Bernard Shaw, der viel Mühe aufwendete, um einen Gnadenakt zu erwirken, und Alfred Douglas, der von Paris aus mit Pamphleten für den Freund eintrat. Diese und ähnliche Anstrengungen blieben erfolglos. Der Verfasser von »Dorian Gray«, »Salome« und »Bunbury« war hinfort ein Paria.

Natürlich suchten öffentliche Meinung und Literaturkritik nach Gründen und Schuld für dieses grausame Desaster – sie suchen bis heute. Und finden Alfred Douglas. Meist erscheint Bosie als der Böse, als der schwarze Engel, der ein Genie zerstört. Wilde selbst hat die Dinge eine Zeitlang so gesehen. Sie waren komplizierter. Alfred Douglas hat sich keiner anderen Verfehlung schuldig gemacht als der, neben Oscar Wilde bestehen zu wollen, als neben diesem brillanten Redner, bestrickenden Plauderer, gebildeten Schriftsteller, erfolgreichen Dramatiker und hingebungsvollen Genießer als Persönlichkeit zu überleben. Und er hat es geschafft. Sein Triumph ging auf Kosten des Geliebten; aber der wollte es so. Wilde hat die Herausforderung angenommen, die darin lag, daß sein »herrlicher Junge« sich nicht damit beschied, gutaussehend und sündig im Schlepptau des umschwärmten Ästheten hängenzubleiben, sondern es wagte, sich mit ihm zu messen, und zwar in allen Klassen. Oscar Wilde nannte sich selbst gern »King of life« und »Lord of language«, und sein kleiner Bosie, dieser blonde Hitzkopf, der nicht mal seine Examina in Oxford absolviert hatte, war kühn genug, ihm solche Titel streitig zu machen. Nicht nur, daß er es dem Liebhaber an Verschwendung für Garderobe, Küche und Lustknaben gleichtat, um neben ihm zum zweiten »König des Lebens« aufzusteigen. Er strebte sogar nach den Lorbeeren des »Herrn der Sprache« und schrieb erstaunliche, bis heute bewunderte Lyrik. Der Meister sah keineswegs amüsiert auf den unverhofften Rivalen herab, im Gegenteil, er ermunterte und bestärkte den Jüngeren und freute sich an dessen Entwicklung. Endlich hatte er gefunden, was er gesucht hatte: einen ebenbürtigen Geliebten. »Du bist das göttliche Wesen, dessen ich bedarf«, schrieb er ihm, »das Wesen voller Genialität und Schönheit.«

Lord Alfreds wetteifernde Selbstinszenierung an der Seite des überlegenen Freundes ließ sich indessen nimmermehr im Rahmen liebevoller wechselseitiger Inspiration halten. Dafür war das Paar zu ungleich, Oscars Habitus zu morbide und Alfreds Temperament zu kämpferisch. Die Eigenarten der beiden und die Dynamik ihres Verhältnisses führten immer wieder zu Eruptionen, Brüchen und zeitweiligen Trennungen. »Du darfst mir keine Szenen machen, Bosie«, schrieb

Oscar, »sie bringen mich um und zerstören die Lieblichkeit des Lebens.« Szenen aber gehörten zu Alfreds amouröser Strategie. Er wollte der einzige an Oscars Seite bleiben und obendrein dem Freund über das Entzücken und das Begehren hinaus Hochachtung und Bewunderung abnötigen. Es muß Mut dazu gehört haben, im Schatten Oscar Wildes, dieses Zauberers der Sprache, der jeden, und ganz besonders seinen Angebeteten, in Netze aus Wortspielen, Metaphern und Paradoxien einspann, Sonette zu schreiben. Alfred Douglas wagte es. Aber er kam ohne Launen, Ausbrüche und überstürzte Abreisen nicht gegen den Geliebten auf. Er mußte ihn malträtieren, um ihn zu halten. Oscar nahm es hin, nahm es gleichsam auf sich – bis die Gefängnistore hinter ihm zufielen.

Im Zuchthaus von Reading, dem Ort seiner Erniedrigung und Verzweiflung, sagte sich Oscar Wilde von Bosie Douglas los. Hier, wo die elementaren Lebensvollzüge wie Essen und Schlafen mit Ekel vermischt und die Gedanken an den Selbstmord der einzige Trost waren, fielen die Posen der Lebenskunst, die Allüren des Ästhetizismus und die Imaginationen der Literatur in sich zusammen. Von Wildes hedonistischer Philosophie blieb nicht viel mehr übrig als die Sehnsucht nach frischer Luft und nach einem guten Wort. »Im Gefängnis lernte ich das Mitleid kennen«, schrieb er, und obwohl er sich seiner einstigen Ausschweifung niemals wirklich schämte, pries er jetzt die altruistischen Regungen des Verzichts und des Verzeihens. Er setzte sich für seine Mitgefangenen, besonders für die Kinder, ein und schuf sich in der Phantasie einen heidnischen Christus, der schön war, weil er litt. In diese neue Innenwelt paßte Bosie nicht hinein. Aber Oscar vertrieb ihn nicht einfach aus seiner Vorstellung, er haderte mit ihm und sprach ihn schuldig. Plötzlich schien ihm sein, Oscars, Ruin als infame Inszenierung eines schönen Schurken, sein Leben als Spielzeug eines grausamen Egozentrikers. Er dachte nicht mehr daran, daß Bosie sein Schüler und Nachahmer gewesen war. Ohne den Rahmen, die Bühne und die Atmosphäre, ohne die Narzisse im Knopfloch und den Burgunder auf der Tafel vergaß Oscar, daß er sich seine

Liebe herrisch, störrisch, überwältigend gewünscht hatte, »verzehrend« und zerstörerisch, ganz wie es der Lebenswandel seines Romanhelden Dorian Gray gewesen war. Er vergaß den eigenen Anteil an seinem Sturz, seine Bereitwilligkeit, Bosie zu Diensten zu sein, seine Indolenz gegenüber der drohenden Gefahr, seine Abwehr gegen Warnungen und guten Rat. Mit der Schönheit und deren Genuß war sein Bedürfnis geschwunden, durch Leiden über die Lust hinauszugehen. Die Qualen des Gefängnisses waren gänzlich frei vom Duft eines transzendierten Vergnügens. Sie stanken nach Abtritt. Jeden Tag mußte der prominente Gefangene seine Zelle selbst reinigen, erst gegen Ende des Vollzugs durfte er Bücher halten, und ein Wort zu einem Mitgefangenen wurde mit Dunkelhaft bestraft. »Wilde Verzweiflung quoll aus meiner Seele«, schrieb er, »schreckvolle und machtlose Wut, Bitterkeit und Haß, Zorn, der laut heulte, Elend, das keine Stimme fand, Angst, die taub war.«

Douglas, im Pariser Exil an einem Gedichtband feilend, den er dem Geliebten zueignen wollte, ahnte nichts von dessen Sinneswandel. Er hatte die zärtlichen Empfindungen für den Freund in seinem Herzen lebendig erhalten – was ihm gewißlich deshalb leichter fiel, weil nicht er selbst, sondern der andere für das von beiden verlorene Vabanque-Spiel zu büßen hatte. Douglas ersehnte den Tag, an dem Oscar entlassen und er wieder mit ihm vereint sein würde. Da erschien eines Tages Robert Ross bei ihm in Paris.

Ross gehörte zum Hofstaat des einstigen »King of life«, und er hatte eine besondere Rolle in diesem Gefolge inne. Vor nunmehr fast zehn Jahren, als ein Bursche von gerade siebzehn, hatte er Oscar Wilde zu dessen erstem homosexuellen Akt verführt und ihn damit für die Liebe zu den Frauen und das Eheleben ein für allemal verdorben. Ross war dem Älteren Freund und Vertrauter geworden, und er sollte es bis zu dessen Tod bleiben. – Jetzt kam Robbie als Wildes Gesandter: Er hatte den Auftrag, alle Briefe und Geschenke, die der Dichter seinem »Narzissos« je verehrt hatte, zurückzufordern und außerdem zu verhindern, daß der geplante Lyrikband mit der Widmung für Wilde erschien. Douglas war vor den Kopf geschlagen. Wie hatte ihm Oscar noch kurz vor seiner Verurteilung geschrieben?

»Meine süße Rose, meine zarte Blume, meine Lilie aller Lilien, vielleicht werde ich im Gefängnis die Kraft der Liebe prüfen. Ich werde sehen, ob ich nicht durch die Intensität meiner Liebe für dich die bitteren Wasser versüßen kann. Es hat Augenblicke gegeben, in denen ich eine Trennung für klüger hielt. Ach! Augenblicke der Schwäche und Torheit! Jetzt sehe ich, daß dies mein Leben verstümmelt, meine Kunst zerstört und die Saiten zerrissen hätte, die eine vollkommene Seele ausmachen. Selbst mit Schmutz beworfen werde ich noch dein Lob singen, aus tiefstem Abgrund werde ich dich anrufen.«

Aus tiefstem Abgrund, »De Profundis«, hat Oscar Wilde dann kurz vor seiner Entlassung anders zu Alfred Douglas gesprochen. In diesem für den Freund und die Literatur bestimmten Brief, den wieder Robert Ross zu besorgen, das heißt zu kopieren und Alfred Douglas zuzustellen hatte, klagt Wilde den Geliebten nicht nur an, sondern er verurteilt ihn als seinen bösen Geist. Zugleich umreißt er den Horizont eines neuen, von Arbeit und Mitgefühl bestimmten Lebens – ohne Bosie.

Im Mai 1897 wird Oscar Wilde aus dem Gefängnis entlassen. Freunde geleiten ihn zum Abendzug – mit Anschluß an die letzte Fähre. Er wird nach Frankreich übersiedeln und England nie wieder betreten.

In einem kleinen Hotel nahe bei Dieppe, in Berneval-sur-Mer, nimmt er Wohnung. Robert Ross hilft ihm dabei, sich einzurichten. Einer der ersten Besucher ist André Gide. Er berichtet, daß Wilde ihm wenig verändert vorgekommen sei. »Er hatte denselben träumerischen Blick, dasselbe belustigte Lächeln und dieselbe Stimme.«

Wilde möchte seine Frau und seine Kinder wiedersehen, aber Constance zögert mit einem Besuch. Sie setzt ihrem Mann eine kleine Rente aus – unter der Bedingung, daß er niemals mehr mit Lord Alfred Douglas zusammentrifft. Von

Oscar Wilde mit seinem Freund Lord Alfred Douglas, um 1893

ihm, dem ehemaligen Geliebten, kommen ungeduldige, zornige Briefe. »Ich habe ihm mitgeteilt, daß unsere Wege sich trennen müssen«, sagt Wilde zu André Gide, »er geht seinen Weg, den Weg der Schönheit, den Alcibiades gegangen ist. Und ich folge nun dem heiligen Franz von Assisi.« Robert Ross besorgt Papier und Schreibzeug, Frank Harris beschafft Vorschüsse auf ein geplantes Theaterstück, und so kann die Vita nuova des Oscar Wilde beginnen. Er setzt sich wieder ans Pult und nimmt die Feder zur Hand. Und er schreibt einen Brief an Bosie.

Es dauert einige Monate, und Oscar kennt nur das eine Ziel: sein »göttliches Wesen« wiederzusehen. Die beiden treffen sich in Rouen, sie wandern Hand in Hand durch die Stadt, stundenlang. Sie verbringen die Nacht miteinander. Bosie will mit Oscar nach Neapel gehen, eine Villa mieten, Verse schreiben und Wein kosten, wie in alten Zeiten. Und Oscar folgt ihm, wie in alten Zeiten. Als Mrs. Wilde von dem Wiedersehen erfährt, storniert sie Oscars Rente. Robert Ross verweigert zornentbrannt weitere Hilfeleistung. Andere Freunde ziehen versprochene Darlehen zurück. Mrs. Queensberry droht, ihrem Sohn die Unterstützung zu streichen. Oscar Wilde schreibt an Ross:

»Ich kann ohne die Luft der Liebe nicht leben: ich muß lieben und geliebt werden, einerlei, welchen Preis ich dafür zahle. Wenn die Leute schlecht über mich sprechen, weil ich zu Bosie zurückgegangen bin, sage ihnen, er habe mir Liebe geboten – und in meiner Verlassenheit und Schande, nach monatelangem Kampf gegen eine scheußliche Philisterwelt, hätte ich mich natürlich ihm zugewandt.

Selbstverständlich werde ich oft unglücklich sein. Aber ich liebe ihn noch immer: die Tatsache schon, daß er mein Leben zunichte gemacht hat, läßt mich ihn lieben – ›je t'aime parce que tu m'a perdu‹ ist der Schlußsatz einer Geschichte von Anatole France – und es ist eine furchtbare symbolische Wahrheit.

Wir hoffen, eine kleine Villa irgendwo zu finden – und ich hoffe, mit ihm zu arbeiten – ich denke, ich werde es können – ich denke, er wird gut zu mir sein – mehr verlange ich nicht. Gib den Leuten also zu wissen, daß meine einzige Hoffnung auf Leben oder literarische Tätigkeit darin bestand, wieder mit dem jungen Menschen zu gehen, den ich vordem mit so tragischen Folgen für meinen Namen geliebt habe.«

Das gemeinsame Glück in Neapel dauert nicht lange. Wilde schreibt seine »Ballade vom Zuchthaus Reading« und Douglas einige seiner besten Sonette. Doch als das letzte Geld verbraucht ist, der Wein nicht mehr fließt, die Szenen und Streitigkeiten zunehmen, reist Douglas ab. Er geht nach

Paris zurück. Wilde wird folgen, aber an ein Zusammenleben denken beide nicht mehr. »Ich sah, daß er mich nicht wirklich bei sich haben wollte«, schreibt Lord Alfred an seine Mutter, »daß es für ihn eine Erleichterung sein würde, wenn ich ginge. Jetzt bin ich frei.«

Wildes letzte Jahre sind überschattet von Geldnot. Er kann nicht mehr schreiben, trinkt und bittet alle Welt um Darlehen. Das letzte Band zwischen ihm und Douglas zerreißt, als der Lord von seinem Vater ein Vermögen erbt, sich Rennpferde zulegt, den mittellosen Wilde jedoch, der ihn um Zuwendungen angeht, aus dem Haus wirft. – Daß er seines Liebhabers schließlich überdrüssig geworden sei, könne er verstehen, hat Frank Harris im Gespräch mit Alfred Douglas eingeräumt. Aber habe er sich nicht verpflichtet gefühlt, für den ins Unglück geratenen Freund und wunderbaren Dichter etwas zu tun?

»Oscar Wilde ein Dichter?« rief Douglas. »Unter einem Dichter verstehe ich einen Menschen, dem der Vers Kraft verleiht. In diesem Sinne ist *er* kein Dichter. Aber ich bin einer.« Seine Tonart, berichtet Frank Harris, klang herausfordernd trotzig. »Mit seiner Schreiberei für das Theater hätte er so viel Geld verdienen können, wie er wollte, aber er tut einfach nichts mehr. Er wird von Tag zu Tag träger, und er trinkt zuviel. Als er mich neulich um Geld bat, kam er mir wie eine große dicke Dirne vor, und ich habe ihm das auch gesagt.«

Im Herbst 1900 – Wilde ist 46 Jahre alt – leidet der Emigrant an einer Innenohrentzündung, eine Operation kann nichts bessern, die Entzündung ergreift das Gehirn. Am 30. November stirbt Oscar Wilde im Hôtel d'Alsace zu Paris. Alfred Douglas eilt zur Beerdigung herbei. Er macht Robert Ross heftige Vorwürfe, daß der ihn nicht rechtzeitig an Oscars Krankenbett geholt habe.

»Nachts träumte ich von ihm, – sah sein Gesicht
Ganz strahlend, nicht im Schatten trüber Qual.
Wie einst in Melodien ohne Zahl
Hört ich die goldne Stimme, und sie spricht. – –

Er schürfte Anmut aus des Alltags Schicht
Und schaffte aus dem Nichts ein Wundermal,
Bis sich in Schönheit hüllt, was bleich und kahl,
Und uns die Welt erglänzt im Zauberlicht.

Doch – als ich vor verschloßnem Tore stand,
Da trauert ich um manch verlornes Wort, –
Verschollne Sagen, rätselhafte Not, –
Manch Wunder, das noch nie die Sprache fand, –
Gedankenvögel, die erstickt im Mord,
Dann wacht' ich auf und wußte: – er war tot!«

Dieses Sonett schrieb Bosie für Oscar Wilde.

Alfred Douglas erreichte ein sehr viel höheres Alter als sein Geliebter; wenn man sich indessen seine Vita anschaut, hat man den Eindruck, er habe wenig anderes zu tun gehabt, als das Leben Oscar Wildes nachzuleben. Was man nicht *haben* kann, muß man *sein* – so lautet eine alte Weisheit der Psychoanalyse, und Lord Alfred Douglas scheint ein Exempel für sie abzugeben.

Der junge Mann kehrte nach England zurück. Da Wildes Name und Fama ihm anhingen und schaden konnten, gab er bekannt, er habe sich auch in seinem Innern völlig von dem einstigen Geliebten gelöst. Er heiratete wie Wilde trotz seiner Neigung zum eigenen Geschlecht eine liebenswürdige, begabte Frau, und wie bei den Wildes zerbrach die Ehe nicht lange nach der Geburt eines Sohnes. Vom Dichten verlegte sich Douglas auf den Journalismus, er gab ein radikales Blatt mit stark antisemitischen Tendenzen heraus und wurde wegen Beleidigung eines Abgeordneten vor Gericht gestellt und verurteilt. Das Gefängnis hatte eine therapeutische Wirkung auf ihn. Er bereute seine Streitsucht, stellte seine antisemitischen Kampagnen ein und veränderte auch seine Haltung zu Oscar Wilde. Er war jetzt stolz darauf, sein Freund gewesen zu sein, und pflegte sein Andenken, wo er konnte.

Auch Douglas schrieb, inspiriert von Wildes »De Profundis«, ein längeres Poem im Gefängnis. Es hieß: »In Excelsis«.

Joachim Scholl

»O herrliche Frau aus weißem Marmor«

Stella Patrick Campbell
und George Bernard Shaw

S ir Herbert Beerbohm-Tree zitterte. Noch fünf Minuten bis
zum Beginn des ersten Aktes und zum Ruin seiner Karriere! Er würde auf den ehrwürdigen Brettern des His Majesty's Theatre stehen wie an unzähligen Abenden zuvor, aber
diesmal nicht, um sein Publikum zu begeistern, sondern um
es für immer zu verlieren. Vor seiner Schauspielkunst hatten
sich Könige verneigt, für seine Verdienste um das englische
Theater war er geadelt worden, unter seiner Leitung war das
Majesty's zur renommiertesten Bühne im Londoner West
End aufgestiegen – und jetzt, in fünf Minuten, das Ende!
   Worauf hatte er sich bloß eingelassen? Von draußen drang
gedämpfter Lärm in seine Garderobe. Das Theater war bis auf
den letzten Platz ausverkauft, auf der Straße hatte es den
größten Verkehrsstau seit der Krönung von König George V.
gegeben. Unter den Zuschauern Vertreter der Aristokratie,
einige eigens vom Kontinent her angereist, hohe Künstler,
berühmte Kollegen und Dutzende von Journalisten, die an
ihren Bleistiften leckten und im Geiste schon ihre Berichte
schrieben, die ihn morgen vor der ganzen Nation blamieren
würden. Schon heute stand das Ereignis in allen Blättern, und
seine Freunde im Club hatten besorgt das Haupt geschüttelt
und es an den üblichen Ermunterungen und Premieren-Wün-
schen fehlen lassen. Das Wagnis war zu groß, jetzt wußte er es.
Warum hatte er sich beschwatzen lassen? Von diesem Autor,

der sich für den rechtmäßigen Erben von Shakespeare hielt und dem nichts heilig war. Und von dieser Schauspielerin, die von einem glanzvollen Erfolg geschwärmt und dabei nur an sich selber gedacht hatte, an den Ruhm, den sie mit dieser zweifelhaften Rolle ernten würde. In ganz London war es herum: Mrs. Stella Patrick Campbell, die First Lady des englischen Theaters, betritt die Bühne als schmuddeliges Blumenmädchen, spricht einen Text im schlimmsten Gassenjargon und benutzt ein Wort, ein Wort, das bislang nicht einmal die britische Presse zu drucken wagte. Aber heute fiel es, »das Wort«, in seinem Haus, und alle, die jetzt gespannt da draußen saßen, warteten nur darauf und schlossen Wetten ab: Würde sie es wagen? Sir Herbert brauchte nicht zu wetten, o nein, er wußte, daß sie es aussprach, mit all ihrem Talent, ihrem verfluchten Charme, der jeden hinriß und der auch ihn dazu gebracht hatte, ihr aus der Hand zu fressen. Gerade war er noch in ihrer Garderobe gewesen, hatte sie beschworen, »das Wort« doch bitte wegzulassen, das Stück sei doch arg genug! Vergebens. Sie hatte gelacht und ihn rausgeworfen. Jetzt gab es kein Zurück mehr.

Sir Herbert straffte sich: Man hatte ihn reingelegt, soviel stand fest. Seine Verdienste, der Ruf seines Theaters – verspielt! Aber als Gentleman, als Sir Herbert Beerbohm-Tree, vom englischen König in den Adelsstand erhoben, würde er die Niederlage einstecken und die Schmach erdulden, ohne mit der Wimper zu zucken.

Es ist der 11. April 1914, und exakt elf Minuten nach acht Uhr hebt sich der schwere rote Samtvorhang mit den goldenen Borten von der Bühne des His Majesty's. Die Vorstellung beginnt. Das Stück heißt »Pygmalion«, sein Autor George Bernard Shaw. Und Stella Patrick Campbell, die große Theater-Dame, sagt: »Walk? Not bloody likely! I'm going in a taxi.« – »Gehen? Einen Scheißdreck werd' ich! Ich nehme ein Taxi.« »Bloody« – so lautete »das Wort« im 3. Akt von »Pygmalion«, und als es heraus war, zerstoben die Ängste Sir Herberts. Er hatte sich getäuscht; kein Sturm der Entrüstung brach los, niemand verließ empört den Saal. Das Publikum

kreischte vor Vergnügen und tobte auf den Sitzen; orkanarti-
ger Applaus brauste durch den Saal, die Schauspieler standen erstaunt, verwirrt und – erleichtert auf der Bühne herum,
etliche Minuten verstrichen, bis weitergespielt werden
konnte, und das Gelächter wollte kein Ende nehmen.

Am nächsten Morgen murmelte ganz London »das Wort«
verzückt vor sich hin; für die englischen Snobs war es der
Schlager der Saison, jeder Taxifahrer verstaute »bloody« in
seinem Repertoire an Flüchen, selbst unter ernsten
Geschäftsleuten flog die heikle Vokabel hin und her. Nicht
einmal der organisierte Protest konservativer und kirchlicher
Kreise, der auf Monate hinaus die Leserbriefseiten der Zeitungen beherrschte, vermochte gegen diese Begeisterung
etwas auszurichten – »das Wort« blieb. Für den Autor
George Bernard Shaw bedeutete »Pygmalion« den Durchbruch als Dramatiker, für Stella Patrick Campbell und Sir
Herbert Beerbohm-Tree die Krönung ihrer Karrieren und für
das Majesty's drei Monate lang ein ausverkauftes Haus.

Die Geschichte der Eliza Doolittle, die am Covent Garden
ihre Blumen feilbietet und von dem Sprachforscher Professor
Higgins binnen kurzem zu einer feinen Dame der Gesellschaft
gemodelt wird – ohne daß sie freilich ihre kratzbürstige Persönlichkeit dabei einbüßt: Für Stella Patrick Campbell war es
die Rolle ihres Lebens. Den Autor Shaw hatte Mrs. Pat, wie
ihr Publikum sie liebevoll nannte, erst vor einiger Zeit kennengelernt. Gewiß, sie hatte zuvor von ihm gehört; er war
bekannt als irischer Sonderling, der sich mit Sozialisten herumtrieb und aufrührerische Reden hielt. Seine Stücke, nun, das
waren gar keine, wie die Kritik einhellig befand, sondern lediglich aneinandergereihte Dialoge ohne Punkt und Komma, die
gerade eben dazu ausreichten, ihn zum Liebling der Londoner
Intellektuellen avancieren zu lassen. Als Theaterkritiker der
»Saturday Review« hatte er früher Furore gemacht, kaum ein
Kollege war verschont geblieben von seinem Spott. Im übrigen war er Vegetarier, und gesellschaftlich war wenig Staat
mit ihm zu machen.

Für George Bernard Shaw war Stella Patrick Campbell *die*

Schauspielerin schlechthin. Er hatte sie auf der Bühne bewundert, ihre Gesten, ihre Mimik studiert, hatte dem erotischen Timbre ihrer Stimme nachgelauscht und das große Potential erkannt, das sie als Komödiantin besaß. Er, der bestgefürchtete Kritiker Londons, der am liebsten gehätschelte Stars vom Sockel stürzte, stellte sie auf eine Stufe mit Sarah Bernhard und Eleonora Duse. Es war *ihr* Temperament, das ihm die Inspiration für die Eliza Doolittle eingab, und als er ihr das Stück vorlas, im Salon seiner Gönnerin Mrs. Edith Lyttleton, bei Tee und Gebäck, begriff sie augenblicklich. Gleichzeitig genoß sie die Herausforderung an ihr Talent: Die Rolle der respektablen Dame, der fashionablen Schönheit und unnahbaren Femme fatale hatte sie oft genug gespielt und bis zur Perfektion ausgefeilt. Aber dies hier: im Kattunkleidchen über die Bühne zu stolpern und im Gassenslang zu fauchen – das war eine Aufgabe, die neu war, unerhört, damit ließen sich ihre bisherigen Triumphe überbieten. Wie alle großen Schauspielerinnen war Mrs. Pat hochgradig in sich selbst verliebt, und es schmeichelte ihrer Eitelkeit, daß Shaw ihr eine Rolle auf den Leib schrieb. Niemand sonst hätte es gewagt, ihr solch einen Part anzubieten, doch dieser irische Hagestolz scherte sich nicht um Konventionen; ihn interessierte nur die Kunst, und sein Stück bot beiden die Möglichkeit, alle Facetten ihres Könnens vor der Welt funkeln zu lassen. Gut, es würde Skandale geben, aber davon lebte die Zunft, und zur Unsterblichkeit war übers brave Mittelmaß nicht zu gelangen. Mrs. Pat war genauso kühn wie ihr neuer Dramatiker, jedoch nicht ganz so sicher. Sie brauchte seine Hilfe. *Wie* die Eliza zu gestalten sei, das wußte nur er, der da vor ihr saß, und sie betrachtete ihn genau. Am nächsten Tag schrieb sie ihm einen Brief: »Mein lieber Shaw, vor allem meinen Dank dafür, daß ich das Stück anhören durfte und daß Sie meinen, ich könnte Ihre hübsche Schlampe sein. Ich wäre neugierig, ob ich Ihnen gefallen könnte. Bitte teilen Sie mir doch mit, wie es mit den praktischen Vorschlägen aussieht – wann, wo und mit wem. Vielleicht kommen Sie und besuchen mich. Wir haben gestern so wenig gesprochen.« Zwei

George Bernard Shaw, 1901

Tage darauf klopfte ein ruhiger und selbstsicherer Bernard
Shaw, das Pygmalion-Manuskript unter dem Arm, an der
Haustür No. 33 am Kensington-Square und wurde freundlich empfangen; als er Stunden später die Wohnung wieder
verließ, hatte Mrs. Pat ihr Ziel erreicht. In einem Brief an seine
frühere Freundin Ellen Terry schrieb Shaw: »Zu meinem
Erstaunen bemerkte ich, daß ich über beide Ohren in sie verliebt war. Ich wandelte wie im Traum durch diesen Nachmittag und den ganzen nächsten Tag und fühlte mich wie zwan-

zig. Ich konnte an nichts anderes mehr denken als an tausend Theaterszenen, mit ihr als Heldin, und ich als ihr Held. Und ich bin doch bald 56! So etwas Lächerliches und zugleich Köstliches hat die Welt noch nicht gesehen. Am Freitag waren wir für eine Stunde zusammen; wir besuchten· einen Lord, wir fuhren im Taxi, wir saßen auf dem Sofa im Kensington Square, und meine Jahre fielen von mir ab wie alte Kleider. Ich war verliebt, fast 35 Stunden lang, und dafür seien ihr alle Sünden vergeben.«

Beatrice Stella Campbell, geborene Tanner, war nur neun Jahre jünger als Shaw und als gefeierte Schönheit Verehrung gewohnt. Am 9. Februar 1865 kam sie in London zur Welt. Ihr Vater war ein englischer Kolonialbeamter, ihre Mutter italienischer Abstammung. Der mattweiße Alabasterteint, die samtene Stimme und die Neigung zu exaltierten Gefühlslagen – dies waren die Ingredienzen des Südens, die die Schauspielerin Stella Campbell formten, während das väterliche Erbe eines tief einsitzenden, steifen Puritanismus ihr Leben jenseits der Bühne bestimmte und sie von dem gängigen Vorurteil jener Zeit entband, als Aktrice zugleich loser Sitten verdächtig zu sein. Auch die Trennung von ihrem Mann Patrick Campbell, den sie mit neunzehn Jahren geheiratet hatte, schadete kaum ihrem Ruf. Ohne eindeutige berufliche Qualifikation, allein mit gutem Aussehen und guten Manieren ausgestattet, entsprach Campbell dem Typus des Glücksritters, des »Gentleman of fortune«, wie man im höflichen England den eleganten Taugenichts umschrieb. Von ihm behielt sie den Namen und die zwei Kinder, die sie nun alleine erzog; er verschwand in den Kolonien, um später im Burenkrieg einen ruhmlosen Tod zu erleiden. Patrick Campbells Unfähigkeit, seine Familie zu ernähren, verschaffte Stella die gesellschaftliche Legitimation zu einem Leben als alleinstehende Frau und Mutter, die, schuldlos an einen Versager geraten, nun mit eigenen Kräften sich eine Existenz aufzubauen gezwungen war. Zeit ihres Lebens pflegte sie dieses Bild und verbarg so geschickt ihr Unbehagen gegenüber allzu festen, persönlichen Bindungen, in dem der eigentliche Grund für die Trennung von ihrem Ehemann gelegen hatte. Sie liebte es, geliebt zu werden, und hielt ihre Verehrer auf Distanz. Das enorme Quantum an erotischer Energie, das gestandene Männer in stotternde Schulbuben verwandelte, blieb für die Bühne reserviert, nur dort herrschten Leidenschaft und Hingabe – geborgte Gefühle, die sie in dramatischen Posen dem Leben, der Wirklichkeit zurückerstattete. Ihre Karriere verlief rasant: Nach kurzer Lehrzeit als Laien-Darstellerin einer kleinen Wanderbühne hatte sie mit 23 ihr erstes festes Engagement, fünf Jahre später war sie ein Star. Daß fortan Theaterdirektoren, Kritiker, das Publikum ihr zu Füßen lagen – für Stella Patrick Campbell war dies selbstverständlich, der Ruhm ihr Lebenselixier, das sie mit kluger Hand stets neu zu mischen wußte.

Was sich daher zutrug am 26. Juni 1912 beim Tee der Lady Lyttleton und drei Tage später im Haus No. 33 am Kensington Square, war von außen besehen nur Alltag im Leben einer Bühnengöttin. Ein Autor, der sie bewunderte, öffentlich pries, ein Stück für sie schrieb und sich zu guter Letzt in sie verliebte: Wie sollte es anders sein. Und er schrieb ihr Briefe.

»Stella, Stella, Beatricissima, schließe die Augen fest zu vor diesem einschmeichelnden Iren, diesem Lügner und Schauspieler. Lies keine Briefe mehr von ihm. Er wird seinen Füllhalter in Dein Herzblut tunken und Deine geheiligtsten Empfindungen auf der Bühne verkaufen. Er ist eine Anhäufung von Imagination, ohne ein Herz zu besitzen. Ich hätte Dich im voraus warnen sollen; aber ich dachte, bei seinen weißen Haaren und 56 Jahren seien seine Liebeleien mittlerweile lächerlich geworden, und daß Du ihn auf Deinem eigenen Felde schlagen würdest. Ich bete immer noch darum, daß Du, große Schauspielerin, die Du bist, mit ihm ebenso spielst, wie er mit Dir sein Spiel treibt. Ihn kümmert in Wirklichkeit nichts in der Welt als seine Mission, wie er das nennt, und seine Arbeit. Er ist so treulos, wie nur irgendein Irländer sein kann: Mit einem Auge betet er Dich an, und mit dem anderen betrachtet er Dich als einen einzukalkulierenden Gegenstand. Aber verwirf ihn nicht gänzlich. Er ist wirklich etwas wert, selbst für Dich, wenn Du Dein Herz gegen ihn verhärtest. Er wird Dir erzählen, Du seist eine viel zu bedeutende Frau, um irgendeinem Manne anzugehören, und wird damit meinen, er sei ein viel zu großer Mann, um irgendeiner Frau anzugehören. Was er sich unter einer Frau vorstellt, die ihn liebt, ist folgendes: eine, die tief erblaßt und zusammenknickt, wenn er nur das Zimmer betritt, und die einen einzigen unglückselig eifersüchtigen Vorwurf verkörpert. Oh nicht, nicht, NICHT, verliebe Dich nicht in ihn; aber mißgönne ihm auch nicht die Freude, die er darin findet, in Dich verliebt zu sein und alle möglichen phantastischen, im Herzen empfundenen ausgesuchten Lügen zu schreiben – Lügen, Lügen, Lügen, mit denen er Dich belügt, seine Angebetetste.«

Die Geschichte des Liebesbriefes als literarischer Gattung ist bislang noch ungeschrieben, und wer immer sich an dieses Unternehmen heranwagen sollte, käme um die Briefe zwischen Bernard Shaw und Stella Campbell schwerlich herum. Als authentische Zeugnisse verbürgen sie die wahre Begebenheit und deuten gleichzeitig auf das, was dieser Austausch zweier Liebender in Wahrheit war: Literatur. Die leidenschaftlichen Augenblicke, exzentrischen Auf- und Abschwünge dieser Liebe, das blinde Pathos, Gram und Schmerz – sie existierten in wortreichen, ekstatischen und rührenden Formulierungen, in schillernden Ausflüchten und ernsthaften Beteuerungen, und blieben doch Papier, poetische Fiktion, die den Alltag scheute und mit einer praktischen Infrastruktur der Liebe nichts zu schaffen hatte. Als großartige romantische Konzeption, als erotischer Pas de deux, entfaltete sich ein artistisches Spiel, ein Kunst-Stück, dessen Dramaturgie ständig der Kontrolle der Beteiligten unterstand. Keiner verletzte die ästhetische Regel; kein Kuß, keine Berührung der Körper, die mehr gefordert hätten, waren zugelassen. Den Tribut der Entsagung entrichteten beide leichten Herzens, das Versprechen war alles, die Erfüllung nichts. Zu keiner Sekunde, so gestand Shaw einem Biographen, habe er an eine wirkliche Affäre mit all ihren Konse-

Stella Patrick Campbell

quenzen gedacht; Stella Campbell war eine Frau für die Liebe, nicht für das Leben. In ihren Briefen überhäuften sie einander mit Koseworten, sie nannte ihn Joey, er sie Stella Stellarum, Beatrice und »ewig gesegnete Geliebte«. Draußen, in der Realität, hieß es stets Mr. Shaw und Mrs. Campbell.

Das in Worte verwandelte Gefühl, die in der Syntax aufgehobene Exaltation des Herzens waren die einzigen Formen der Liebe, die George Bernard Shaw zu akzeptieren bereit war. Für die ins Leben transponierte Leidenschaft mit ihren notwendigen Begleiterscheinungen – Eifersucht, Streit und sexuelle Obsession – hatte er nichts übrig. Der Geschlechtsakt erschien ihm monströs und obszön. Nach seiner eigenen Auskunft verstand er nie, wie sich Mann und Frau, nachdem sie miteinander geschlafen hatten, am nächsten Morgen, im hellen Tageslicht der Vernunft, in die Augen sehen konnten, ohne vor Scham im Boden zu versinken. Ein rauschhafter Augenblick, wenn zwei Unbekannte auf einem dunklen Waldweg sich fanden – nun gut, das mochte als Liebe hingehen. An eine reale zeitliche Existenz der Liebe innerhalb der sozialen Mechanik zivilisierter Individuen glaubte er nicht. Für Shaw vertrug sich die Vorstellung kopulierender Körper schlecht mit dem menschlichen Fortschritt, war das nächtige Reich des Sexus eine Gefahrenzone, deren Bannstrahl die Lösung der wirklich wichtigen Probleme, die Besserung der politischen wie sozialen Verhältnisse, behinderte. Diesen Zielen galt sein ganzes Engagement: Als Stadtabgeordneter eines Londoner Bezirks beschäftigte er sich mit der Verbesserung sanitärer Anlagen, als Redner trat er für die Sozialdemokratie ans Pult, warb für soziale Gerechtigkeit und die Emanzipation der Frauen. Der Künstler Shaw zeichnete die Liebe immer als politisches Problem und wetterte gegen den mondänen Erotismus, den seine Kollegen in modischen Theaterstücken und Romanen jener Zeit pflegten. In seinen eigenen Werken sind denn auch die Bezirke des Wahnsinns, wie er die Liebe einmal umschrieb, friedlich-humorvolle Orte von Diskursen, die der viktorianischen Moral und Ehepraxis eine Nase drehen und dabei die Extremlagen der Gefühle doch nur als Negativ zur angestrebten demokratischen Balance zwischen den Geschlechtern thematisieren.

Shaw mißtraute der Ekstase. Zweimal – so erzählte er gern und häufig – habe er davon gekostet, doch eher mit kühlem Forscherdrang als mit Herz und Sinnen. Interessant, aber im Grunde unwichtig – so lautete sein Fazit, und fortan sollte sich an dieser Einstellung nichts mehr ändern. Auch die Heirat mit Charlotte Payne-Townsend, einer wohlhabenden, eleganten Dame, die wie Shaw aus Irland stammte, brachte keine Umkehr, sondern entsprach seinem Standpunkt, seiner Auffassung von Liebe und Ehe, die von Charlotte rückhaltlos geteilt wurde. Es war eine Ehe ohne Passion, getragen von gegenseitigem Respekt und Bewunderung für die Persönlichkeit des anderen, von gemeinsamen künstlerischen und politischen Interessen: daß sie im Wortsinn nie vollzogen wurde – Charlotte haßte jede Art von körperlichem Kontakt – tat nichts zur Sache und war kein Geheimnis. Mit Charlotte praktizierte Shaw sein Ideal einer liebevoll-fürsorglichen Zweckgemeinschaft von Mann und Frau, in der Erotik und Sexualität als Brutstätten von Konflikten eliminiert waren und so den Frieden der Beziehung nicht gefährden konnten.

Shaw wußte, was er an ihr besaß, und hielt ihr bis zu ihrem Tod seine Treue; sie wußte, wie es um ihn stand, und tolerierte seine Grillen, mochten diese auch Stella Campbell heißen und eine Alabasterhaut besitzen, mochte er noch so schwärmen, manchmal zu spät zum Lunch kommen und – Briefe schreiben.

»Oh herrliche Frau aus weißem Marmor, Ich versichere feierlich, daß ich ein Mann von Eisen war, als ich das Zimmer am Kensington-Square betrat, meiner selbst anmaßend sicher in meiner Undurchdringlichkeit. Hatte ich Sie nicht ein Dutzend Mal gesehen und Sie beruflich seziert, als wenn Sie unter dem Mikroskop lägen? Was hätte mir überhaupt noch gefährlich werden können? Und binnen dreißig Sekunden – oh Stella, wenn Sie noch einen Fetzen Anstand hatten, es hätte *unmöglich* passieren können. Hat das Würde? Hat das Vernunft? In meinem Alter – ein Faselhans – ein verliebter Tat-

tergreis! Dennoch, oh Stella, küsse ich Ihre Hände und lob-
preise die Lebenskraft dafür, daß sie Sie geschaffen hat, denn
Sie sind eine ganz wunderbare Person. Jetzt muß ich gehen
und Charlotte diesen Brief vorlesen. Meine Liebesgeschichten sind für sie eine unerschöpfliche Quelle der Erheiterung:
All die Zärtlichkeit kommt am Ende doch wieder ihr selbst
zugute. Außerdem, ich liebe es, Zuhörer zu haben.«

Solche Unverschämtheiten waren typisch für Shaw, doch
ebenso wie Stellas energischer Widerspruch prägten sie den
Text einer Liebe, die, um ihre Poesie zu entfalten, inszenierter
Spannungen zusätzlich bedurfte:

»Du Vagabund Du – Du blinder Mann. Du Teppichweber
von Worten Du – mit Deinen Engeln, hinter schwarzpurpur-
nen Schwingen versteckt – Du verstehst nicht, was eine Frau
ist und weiter nichts. Du hast doch nicht *wirklich* geglaubt,
ich meinte, Du kämst mich besuchen, weil Du Dich für *mich*
interessiertest? Ich wußte, es handelte sich um die Eliza, und
ich freute mich, daß Du in einer so verwirrend entzückenden
Weise geschäftsmäßig sein konntest. Ich weiß, daß Du mich
immer für töricht gehalten hast und daß Du nie auch nur so
getan hast, als seist Du Charlotte untreu, und daß ich Deine
Liebeserklärungen nie für etwas anderes nahm, als sie waren,
Sympathie, Freundlichkeit, und Geist und Torheit eines
Genies. Du Besenstiel im weißen Laken, Deine lieben Briefe
sind alle nicht wahr – aber sie sind wahre Wunder.«

Der Liebhaber Shaw blieb immer geschäftsmäßig, wenn
auch auf eine »verwirrend entzückende Weise«. Doch auch
Stella hatte Nerven. Wenige Tage vor der Premiere von »Pygmalion«, mitten aus der Arbeit und ihrer platonisch-leiden-
schaftlichen Affäre mit Shaw, lief sie davon – um zu heiraten.
Während Sir Herbert Beerbohm-Tree fast zusammenbrach
und Zeter und Mordio schrie, bewunderte Shaw die Courage
seiner Hauptdarstellerin. Stellas Auserwählter, Mr. George
Frederick Myddleton Cornwallis-West, war ein gutaussehen-
der Mann. Offizier, Großwildjäger, Playboy, man-of-action –
und passender Anlaß für Stella Patrick Campbell, ihren Kollegen, Sir Herbert, der Presse und Shaw einmal zu zeigen, was

ein richtiger Star alles durfte. Vieles hatte sie in den Wochen zuvor ertragen müssen; die Proben zu »Pygmalion« unter der Leitung Shaws kamen einer Tortur gleich und hatten ihr Selbstbewußtsein tief getroffen. Der zärtliche, poetische Joey, der sie in seinen Briefen anbetete und zu seiner Königin erhob, war auf der Bühne, als Regisseur ein Despot. Kein Wort, das er sie nicht wiederholen ließ, bis es nach seiner Meinung richtig klang. Jede Geste, jeder Schritt – an allem hatte er etwas auszusetzen. Vor den Augen ihrer betretenen Kollegen kanzelte er sie ab, und es tröstete sie kaum, daß er das ganze Ensemble auf dieselbe entwürdigende Weise behandelte. So manches Mal war sie wutentbrannt aus dem Theater gerauscht, um am nächsten Morgen kleinlaut zurückzukehren. Shaw ging es um die Sache, die schwierig war und nur er ins Werk zu setzen verstand; der Ruhm, das Ansehen und die Launen einer Diva waren ihm gleichgültig. Stella wußte das und fügte sich, doch den vollkommenen Triumph sollte Shaw nicht so ohne weiteres genießen. »Unconditional surrender?« Nicht mit Stella Patrick Campbell!

Und so, während eine ausgelassene Mrs. George Cornwallis-West mit ihrem nagelneuen Ehemann im Dorset Arms Hotel, East Grinstead, blaumachte, stöhnte eine verwirrte Schauspieltruppe, einschließlich eines enragierten Sir Herbert, unter der Knute ihres Regisseurs, der die Abwesenheit der Hauptperson dazu nutzte, den Nebendarstellern eindringlich ihre Talentlosigkeit zu bescheinigen. Zur Generalprobe war sie pünktlich zur Stelle, und selbst Sir Herberts Zorn verschwand angesichts der Perfektion, mit der Stella ihren Part absolvierte.

George Cornwallis-West war ein Streich, ein ex tempore für die Galerie, und obwohl Stella ihn aufrichtig mochte, verkam er schnell zum Statisten, eine Rolle, die ihn verdroß und bald das Weite suchen ließ. »Wie geht's George Frederick Händel?« fragte bisweilen ein amüsierter Bernard Shaw, worauf sie sich jeder Antwort enthielt. Doch auch für Stella gab es nach der Premiere von »Pygmalion« wichtigere Dinge, als verheiratet zu sein: Der Weltruhm stand vor der Tür.

Am 12. Oktober 1914 hatte »Pygmalion« Premiere in New York. In Europa war Krieg, und die Leute gingen kaum noch ins Theater, in Amerika aber war Stella Patrick Campbell Tagesgespräch. In der Neuen Welt wußte man einen Star zu behandeln – die Straße, in der Mrs. Pat logierte, wurde für den öffentlichen Verkehr gesperrt; die Polizisten, die sie bewachten, mußten Gummisohlen tragen, da der europäische Gast lärmempfindlich war. Die Millionäre aus der Park Avenue überhäuften sie mit Einladungen, Luxuslimousinen sorgten für bequemen Transport. Auf Schritt und Tritt folgte ihr ein Heer von Journalisten, die jedes ihrer Worte eifrig notierten und an die Zeitungen weitergaben. Die Aufführungen von »Pygmalion« im Park Theatre an der 59. Straße wurden zur Legende, eine anschließende Tournee führte Mrs. Pat durch ganz Amerika und brach alle Rekorde.

George Bernard Shaw

Und Joey? Er gönnte ihr den Erfolg, der der größte und zugleich letzte ihrer Karriere war. Unbarmherzig ereilte sie das Los, das dem Zauber und der Verführungskraft aller Schönheit das Ende bereitet: Stella wurde alt.

Das Kino, das den Mythos der Schönheit einfangen und für die Ewigkeit konservieren kann, kam für sie zu spät; den Sprung ins Altersfach schaffte sie nie, und an eine Eliza jenseits der Fünfzig war nicht zu denken. Shaw wurde der große alte Mann der englischen Literatur, Nobelpreisträger und eine nationale Institution, sie sank in Vergessenheit, verarmte; mitleidige Freunde sicherten ihr ein kleines Auskommen. Schriftstellerische Versuche schlugen fehl, eine Autobiographie geriet zur Peinlichkeit und veranlaßte Shaw zu spöttischen Kommentaren. Der Kontakt zwischen den beiden aber riß nie ab, immer noch gingen Briefe hin und her, doch das Bemühen Stellas, in rastlosen Erinnerungen die Vergangenheit zu beschwören und die verlorene Zeit einzuholen, fand bei Shaw keinerlei Widerhall. Jahrelang bestürmte sie ihn, ihr die Veröffentlichung seiner Briefe zu gestatten, was er anfangs geduldig und später, als Stella immer drängender wurde, zornig ablehnte. Die Geschichte seiner Liebe zu Stella, das glänzend inszenierte Stück, das wie viele seiner Dramen kein rechtes Ende hat – nichts davon sollte an die Öffentlichkeit gelangen.

»Meine liebe Stella, Dein Bewußtsein ist so völlig mit Einbildungen erfüllt, daß ich Dich als hoffnungslos aufgebe. In Deinen Erinnerungen ist nicht ein Punkt, der sich auch nur im entferntesten aus der Wahrheit herleitet, geschweige denn in ihr begründet ist. Das ist schade, denn die wirkliche Geschichte unserer Beziehung hat etwas von einer Komödie, und sie liefert einige interessante Aufschlüsse über Deine merkwürdige Psychologie.«

Stella Patrick Campbell starb 1940 im Alter von 75 Jahren. Ihre letzte Bleibe war ein schäbiges Hotel in Südfrankreich. Niemand war bei ihr, als sie starb; Hotelangestellte fanden die Tote drei Tage später in ihrem Bett. Der englische Geistliche, der ihre Bestattung besorgte, wußte nicht, wer sie war.

Margarete Mitscherlich-Nielsen

»Ein einziger Vorsatz belebte uns: Alles erfassen, von allem Zeugnis ablegen«

Simone de Beauvoir und Jean Paul Sartre

Die Liebesbeziehung von Simone de Beauvoir und Jean Paul Sartre blieb bis heute ein viel diskutiertes Thema. Sie bildet den Mittelpunkt zahlreicher Erinnerungsbücher und Romane von Beauvoir. So schreibt sie: »› Bei uns beiden‹, erklärte er mir unter Anwendung seines Lieblingsvokabulars, › handele es sich um eine notwendige Liebe: Es ist unerläßlich, daß wir auch die Zufallsliebe kennenlernen.‹ Wir waren von gleicher Art, und unser Bund würde so lange dauern wie wir selbst; er bot jedoch keinen Ersatz für den flüchtigen Reichtum der Begegnungen mit anderen Wesen.«

Für die APO-Generation der sechziger und siebziger Jahre stellten Beauvoir und Sartre *das* ideale Paar dar, welches jene Form der Lebensgemeinschaft gefunden hatte, die sich durch kleinbürgerliche Rituale nicht abnutzen ließ. Nicht nur heirateten sie sich nie, sie lebten auch in getrennten Wohnungen und siezten sich, blieben dennoch oder gerade deswegen bis zum Lebensende Sartres eng miteinander verbunden.

Beauvoir war 21, Sartre zweieinhalb Jahre älter, als sie ihr Liebesverhältnis begannen. Beide hatten gerade ihr Examen als Lehrer der Philosophie blendend bestanden. Beide gehörten sie zum Kreis der französischen Intellektuellen, die sich für die neuen, aus Amerika kommenden Romane, für James Joyce, für moderne Malerei, das heißt für alle komplexen und umkämpften kulturellen Themen der zwanziger und dreißiger Jahre interessierten. Politik stand vorerst noch am Rande ihrer Aufmerksamkeit.

Manche Leser der Bücher Beauvoirs haben ihr vorgeworfen, daß sie über alles »mit einer rigorosen Lust an der Verletzung bürgerlicher oder menschlicher Diskretionsgewohnheiten« schreiben würde, nur nicht über ihre intimen Beziehungen zu Sartre. Das trifft nur teilweise zu. In einem ihrer letzten Interviews mit Alice Schwarzer hat sie ihr Verhältnis zu Sartre folgendermaßen charakterisiert: »In der Tat interessierte der sexuelle Kontakt im engeren Sinne Sartre nicht sonderlich, er streichelte gern. Ich hingegen war sehr leidenschaftlich. Für mich war die Sexualität mit Sartre in den ersten zwei bis drei Jahren sehr, sehr wichtig, da ich die Sexualität mit ihm entdeckte. Später ließ es zwischen uns nach, weil es eben auch für Sartre nicht die Bedeutung hatte. Obwohl wir noch 15 oder 20 Jahre lang sexuelle Kontakte hatten, spielte die Sexualität in unserer Beziehung in der Tat keine so große Rolle.«

Je genauer man sich mit Beauvoirs Memoiren und autobiographisch geprägten Romanen beschäftigt, um so schwieriger wird es, sich ein klares Urteil über diese sehr komplexe Beziehung von zwei hochreflektierten und doch in manchem so selbstverborgen erscheinenden Individuen zu verschaffen. Immer wieder, fast zu oft, betont Beauvoir, daß sie füreinander die wichtigsten Personen waren. Nur selten stellt sie dies in Frage. »Hinzu kam, daß wir auch intellektuell viel zu selbstbewußt waren, um zu befürchten, daß eine andere Person wichtiger werden könnte«, sagte Beauvoir zu Alice Schwarzer.

So sicher war sich Beauvoir allerdings nicht immer. Anfänglich, als die Sexualität in ihrer Beziehung zu Sartre noch eine wichtige Rolle spielte, konnte sie sehr eifersüchtig sein. Da gab es zum Beispiel Camille, ein sehr kapriziöses, hochbegabtes Wesen, mit der Sartre verlobt gewesen war. »Sie war nur vier, fünf Jahre älter als ich und schien mir in vielen Dingen weit überlegener zu sein. Dieser Gedanke mißfiel mir entschieden ... Ich sagte mir, daß sie mehr mit Sartre gemeinsam hatte als ich, weil auch sie ihr künftiges Werk über alles stellte. Vielleicht schätzte er sie – trotz unserer engen Verbundenheit – mehr als mich; vielleicht war sie wirklich schätzenswerter als ich. Ich hätte mich ihretwegen nicht so sehr erregt, wenn nicht Eifersucht mich geplagt hätte ... Ich war die Beute eines der unangenehmsten Gefühle, die je von mir Besitz ergriffen hatten und dem, glaube ich, der Name ›Neid‹ gebührt ...«

Solange Beauvoir sexuell eng mit Sartre verbunden war, kannte sie also die Schmerzen der Eifersucht durchaus. So sagte sie auch zu ihrem Biographen Francis Jeanson: »Es gibt etwas an der Eifersucht, das vollkommen gültig und wahr ist. Wenn A. mit B. etwas erlebt hat, und B. erlebt das gleiche mit C., wird sich A. verständlicherweise ausgeschlossen fühlen; etwas Gemeinsames zerbricht, etwas Unersetzliches, das er mit B. erlebt hat, wird zerstört.«

Wie sah also die Beziehung zwischen Sartre und Beauvoir wirklich aus? Daß sie lebenslänglich zutiefst miteinander verbunden blieben, steht außer Frage; aber natürlich war auch diese Beziehung nicht frei von Täuschungen, Verleugnungen und Verdrängungen. Beauvoir weiß, daß sie die Fähigkeit, Abstand zu sich selbst zu gewinnen, kaum hatten und auch wenig geneigt dazu waren, sich selbst zu analysieren. Die Psychoanalyse hätte ihnen bei manchen ihrer Selbsttäuschungen helfen können. Der Gedanke, daß neurotische Symptome auf die Kindheit eines Kranken zurückzuführen waren und eine spezifische Bedeutung hatten, war für sie zwar aufschlußreich, aber sie lehnten die Psychoanalyse als Methode zur Erforschung des normalen Menschen ab. »Freuds Pansexualismus schien uns an Wahnsinn zu grenzen, er verletzte unseren Puritanismus. Wir blieben in unserer rationalistischen und voluntaristischen Einstellung befangen. Bei einem klar denkenden Menschen, so folgerten wir, siegt die Freiheit über Traumata, Komplexe, Erinnerungen und Einflüsse. Wir hatten uns gefühlsmäßig von unserer Kindheit gelöst, merkten daher lange Zeit nicht, daß diese Gleichgültigkeit sich eben aus unserer Kindheit erklärte.«

Simone verabredete mit Sartre, daß sie einander alles sagen würden. Später sah sie ein, wieviel Grausamkeit das enthielt, wie doppelbödig ein solches Verhalten sein kann. »So tun, als übe man auf den anderen keinerlei Druck aus, wenn man ihm eine indiskrete Wahrheit verpaßt, ist Betrug ... Es gibt eine Form der Aufrichtigkeit, die ich häufig beobachte und die nichts als flagrante Heuchelei ist. Auf das Gebiet der Sexualität beschränkt, zielt sie nicht etwa darauf, ein inniges Verstehen zwischen Mann und Frau zu schaffen, sondern darauf, einem von beiden – meistens dem Mann – ein beruhigendes Alibi zu liefern: Er wiegt sich in der Illusion, durch das Geständnis seine Untreue wieder wettzumachen, während er in Wahrheit seiner Partnerin eine doppelte Wunde schlägt.«

Um so mehr verwundert es den Leser, wenn sie nur wenig später von sich und Sartre auf eine Weise schreibt, als ob für ihre Beziehung alle kurz vorher genannten Erkenntnisse keine Gültigkeit hätten. »Heute dagegen irritiert es mich, wenn Dritte sich billigend oder tadelnd über unsere Beziehung aussprechen, ohne die Eigenständigkeit zu berücksichtigen, die sie erklärt und rechtfertigt: diese Zwillingszeichen auf unseren Stirnen. Die Brüderlichkeit, die unser Leben zusammenschmolz, macht jede andere Bindung, die wir hätten eingehen können, überflüssig und lächerlich ...«

Wie wir aus den Memoiren Beauvoirs wissen, erklärte ihr Sartre von vornherein, daß er polygam sei, sie aber nie belügen würde. Aus dem oben Zitierten geht hervor, daß sie dies oft bedrückt und geschmerzt haben muß, daß sie ihr Leiden aber gleichzeitig nicht wahrhaben wollte. Um die Qualen besser ertragen zu können, die die polygamen Bedürfnisse Sartres in ihr erweckten, war es sicherlich eine zwar mühsam und schmerzlich errungene Stufe in ihrer Beziehung, aber auch eine Erleichterung, als die Sexualität zwischen ihnen kein so großes Gewicht mehr hatte.

Von Sartre wird behauptet, daß er sexuelle Eifersucht nicht kannte. Das war nicht immer der Fall, wie wir den Briefen Sartres an Beauvoir entnehmen können. Diese beginnen mit einem Brief Sartres an seine erste exzentrische Geliebte

Simone Golivet (Camille) und enden 1963 mit einem Brief an Beauvoir von einer Reise nach Holland, auf die ihn Arlette Elkaim begleitete. Arlette war Sartres Geliebte und beider Freundin, wie das so häufig im Leben von Sartre und Beauvoir möglich war.

Beim Lesen der Briefe vermißt man schmerzlich die Antworten Beauvoirs, die anscheinend verlorengegangen sind. Die Frage: »Wie sah also die Beziehung zwischen Sartre und Beauvoir wirklich aus?« wird deswegen, da nur die Briefe Sartres zur Verfügung stehen, ungenügend zu beantworten sein, wenn diese auch manches offenlegen, was in den Memoiren und Romanen Beauvoirs übergangen wurde oder doch nicht so ohne weiteres aus ihnen abzuleiten war. Mögen sich Sartre und Beauvoir, besonders in den letzten Lebensjahren Sartres, auch bereit gezeigt haben, über sich und ihre Beziehung öffentlich zu sprechen, so bleibt doch vieles im dunkeln.

Sie waren also das »Traumpaar« für mehr als eine Generation, da sie eine Beziehung zueinander aufgebaut hatten, die frei war von kleinbürgerlicher Anpassung an gesellschaftliche Normen und dennoch lebenslänglich bestehen blieb.

Stellt dieser Versuch eines radikal andersartigen Lebensentwurfes ein neues Paradigma des Zusammenlebens dar, in einer Zeit, die für alle Nachdenklichen das Elend der überkommenen Geschlechterbeziehungen sichtbar gemacht hat? So leicht läßt sich das nicht beantworten, denn sowohl die Freiheit als auch die »Aufrichtigkeit«, die im Verhältnis der beiden zueinander eine so große Rolle spielte, gingen oft auf Kosten anderer.

In den Briefen Sartres spielen seine Beziehungen zu Frauen eine große Rolle, insbesondere die zu Tanja (auch Wanda genannt). Sie war die jüngere Schwester Olgas, deren eigenartige Freundschaft mit Sartre und Beauvoir in Beauvoirs erstem veröffentlichten Roman »L'invitée« (Sie kam und blieb) ausführlich behandelt wurde.

Die Dreiecksbeziehung von Beauvoir, Sartre und Olga steigert sich zeitweilig zu einer Obsession, insbesondere bei Sartre. Olga hatte ihm als eine Art Krankenschwester beigestanden, als er nach einer Meskalin-Spritze über längere Zeit an Wahnvorstellungen litt. Daraufhin bildete sich das »Trio«, das in Beauvoirs Roman eine so große Rolle spielen sollte. Olga und Tanja (Wanda) waren exzentrische, begabte und launische Geschöpfe, die gerade deswegen für Sartre und Beauvoir so anziehend und anregend waren. Später wurden beide, Olga und Tanja, Schauspielerinnen, für die Sartre unter anderem das Theaterstück »Huis clos« (Bei geschlossenen Türen) schrieb. Die in zwei Bänden veröffentlichten Briefe Sartres an Beauvoir stammen fast alle aus einer Zeit, in denen Olga die ursprüngliche Faszination für ihn bereits verloren hatte, dafür nahm aber Tanja eine beherrschende Rolle in seinem Leben ein.

In den Gesprächen mit Alice Schwarzer sagt Beauvoir: »Daß er in bezug auf sein Gefühlsleben ein totales Vertrauen in mich hatte, denn er erzählte mir alles, alle seine Geschichten, selbst die Details. Zum Beispiel seine Geschichte mit Wanda: Über alles, was er empfand, hielt er mich Tag für Tag auf dem Laufenden.«

Das trifft zu, wie man den Briefen Sartres entnehmen kann. Gewiß, Sartre und Beauvoir hatten sich völlige gegenseitige Aufrichtigkeit geschworen, »ein einziger Vorsatz belebte uns: Alles erfassen, von allem Zeugnis ablegen; er befahl uns zuweilen, getrennte Wege zu gehen, ohne uns deswegen den geringsten unserer Funde vorzuenthalten ...« Daß solche Vorsätze, eine solche Aufrichtigkeit auch zu Grausamkeit und Gefühlsroheit führen kann, das offenbaren manche Briefe Sartres an Beauvoir. Wenn man bedenkt, daß es sich bei diesem Paar um Menschen handelt, die in hohem Maße reflektiert und gewiß keine Gefühlsroboter waren, so hätte man von ihnen mehr Einfühlung, Sensibilität und auch Geschmack erwartet. Man hat manchmal den Eindruck bei Sartre, aber auch bei Beauvoir, daß eine Beziehung zum Experiment degradiert; leidenschaftliche Liebesbriefe an Frauen, mit denen Sartre eine vorübergehende sexuelle Beziehung unterhielt, werden von Sartre und Beauvoir als literarische Versuche angesehen und entsprechend kühl bewertet. Auch

Sartres langjährige Beziehung zu Tanja, die so andersartig gewesen sein muß als die zu Beauvoir, ist Thema zahlreicher seiner Briefe.

Soweit er dazu fähig war, liebte Sartre Tanja. Dennoch belog er sie und informierte Simone über alle Einzelheiten seiner intimen Beziehung zu ihr – ihrer Verabredung gemäß –, ohne daß Tanja davon etwas wußte.

Peinlich Tanja gegenüber werden ihm Briefe an eine frühere Geliebte, die eben für Sartre nichts als ein literarisches Experiment darstellten. In einem Brief an Beauvoir schreibt er: »Ich habe vier wütende Seiten von Tanja gelesen. Was eine Erwiderung peinlich macht, ist die Existenz von Briefen, die ich an die Bourdin geschrieben habe und die sie Mouloudji gezeigt hat und in denen ich das Männchen spiele, Sie erinnern sich ... Sie glaubt, daß ich mit der Bourdin noch schlief, als ich mit ihr geschlafen habe, was nicht stimmt ... Und nun mache ich etwas Gemeines, das die Bourdin aber verdient, ich schicke der Bourdin einen offenen Brief, den Tanja zur Post bringen muß, und in diesem Brief erzähle ich der Bourdin die Geschichte der Bourdin, so wie sie war. Ich schicke Ihnen den Entwurf ... Für Sie, mein lieber Kleiner, gilt es, Verhaltensregeln einzuhalten ... Versuchen Sie, mich auf dem Laufenden zu halten, horchen Sie ein oder zwei Tage, nachdem Sie diesen Brief erhalten, Z. (Olga) darüber aus, damit man so ungefähr sieht, ob sich das nach meinen Erklärungen beruhigt hat ... Der Bourdin gegenüber ist es gemein, aber es ist ulkig, wie hart ich zu den Leuten werde. Ich habe die Nase voll von falschen Situationen, und ich will meine Ruhe, ich war zu lange geknebelt und angewidert von falscher Sensibilität.«

Der Brief an die frühere Geliebte Bourdin ist in der Tat von äußerster Grausamkeit. »Ich gestehe, daß die Lust, die mir Deine Person ein paar Tage bereitet hatte, schon lange vergangen war, Sadismus und Vulgarität hat man schnell satt.« Immerhin schreibt Sartre bald darauf: »Aber es geht nicht so sehr darum, obwohl der Gedanke, T. zu verlieren, mich betrübt. Es ist vielmehr so, daß ich wegen all dem zutiefst von mir angewidert bin. Sie wissen, daß mir das ziemlich selten passiert ... Und wenn Sie mich mit der Sinnlichkeit entschuldigen, so müssen wir erstens sagen, daß ich keine habe und daß ein leicht erregbares Begehren keine Entschuldigung sein kann, und zweitens, daß meine sexuelle Beziehung zu ihr schändlich war. Ich beschuldige hier nicht so sehr den, der ich mit ihr war, sondern meine sexuelle Persönlichkeit im allgemeinen; mir scheint, bisher habe ich mich in den körperlichen Beziehungen mit anderen Leuten wie ein ungeratenes Kind aufgeführt. Ich kenne wenige Frauen, die ich in dieser Hinsicht nicht in Verlegenheit gebracht habe (außer eben gerade T., was komisch ist). Sie selbst, mein kleiner Castor, für den ich immer nur Respekt gehabt habe, brachte ich sehr oft in Verlegenheit, vor allem in der ersten Zeit, und Sie haben mich schon ein bißchen als obszön empfunden. Zwar nicht als geilen Bock. Ich bin sicher, daß ich das nicht bin. Aber einfach als obszön. Mir scheint, daß da etwas sehr Verdorbenes in mir ist, und, wissen Sie, ich fühle es dunkel seit einiger Zeit, denn in unserer körperlichen Beziehung in Paris während meines Urlaubs haben Sie bemerken können, daß ich mich verändert hatte ... Jedenfalls war ich zu M. Bourdin, die ich nicht achtete wie Sie, die ich nicht schonte wie T., wirklich niederträchtig. Stellen Sie sich keine Bacchanale vor, es gab nichts, was ich Ihnen nicht gesagt hätte. Aber die Atmosphäre sadistischer Gemeinheit, die heute wieder aufkommt und die mich anwidert ... Ich muß mir erstens die kleinen gemeinen Geschichten verbieten: Lucile, Bourdin und so weiter, und zweitens die großen leichtsinnigen Geschichten. T. werde ich behalten, wenn es sich einrenkt, weil ich an ihr hänge ...«

Beauvoir gegenüber war Sartre also von einer fast grausamen Aufrichtigkeit, Tanja durfte davon nichts wissen, auch über die sexuelle Beziehung zu Simone nicht, die damals noch bestand. Beauvoir log auf Sartres Befehl, sie mußten sich die Zeit stehlen, um während seines Urlaubs in den ersten Kriegsjahren einige gemeinsame Tage und Nächte verbringen zu können. Beide Frauen, Simone und Tanja (Wanda), waren für Sartre sehr wichtig. »Nicht nur Sie«, schrieb er an Beauvoir, »sondern meine *Beziehung* zu Ihnen wird mir immer wertvoller, und was die eheliche ›Verführung‹ angeht, ich meine die im Schoße einer offiziell etablierten Beziehung, genügt mir T. vollauf.«

Selten finden wir Sartre so selbstkritisch wie in dem oben zitierten Brief. Beauvoir kritisiert er nie. Sie ist ein Teil von ihm, sein zweites Ich, wie er ihr unaufhörlich beteuert. Aggressionen scheint es zwischen den beiden so gut wie gar nicht zu geben. Aber auch für Beauvoir muß die Aufrichtigkeit Sartres, die nicht selten bis zur Geschmacklosigkeit geht, sehr schmerzlich gewesen sein, obwohl sie das nicht wahrhaben will.

Sartre hatte viele Geliebte, von denen manche ursprünglich Freundinnen von Simone waren oder später Freundinnen von beiden wurden. Dennoch scheint die Beziehung zu Tanja über viele Jahre für Sartre von größerer Bedeutung gewesen zu sein als die zu den meisten anderen Frauen, die er zu lieben glaubte.

Wenn er befürchten mußte, daß Tanja ihn betrog, litt er heftig unter Eifersucht. Er wollte sich ihre Untreue auf keinen Fall gefallen lassen. »Ich weiß, daß T. es nicht verantworten *kann,* mit mir zu brechen. Aber sie kann eine dreckige Dummheit mit ihrem Kreolen oder dem Typ von V. Brochard oder irgendeinem anderen machen, und das werde ich nicht dulden.« Die doppelte Geschlechtermoral war offenbar für Sartre eine Selbstverständlichkeit.

Andererseits schreibt er von seiner Zeit mit Beauvoir, bevor er ihr in Berlin erstmalig untreu wurde, als die glücklichste seines Lebens. »Das war übrigens eine glückliche Zeit, meine Kleine, Sie waren in Rouen, ich in LeHavre, ich war noch nicht in Berlin gewesen, dieses Jahr bleibt das süßeste meines Lebens.« Die Beziehung zu T. erstreckt sich noch über viele Jahre. 1941 lesen wir: »Mein Verhältnis zu T. ist ausgezeichnet … Sie ist für eine Viertelstunde weggegangen, und ich schreibe mit Blick auf die Tür, denn sie darf diesen Brief auf keinen Fall sehen.« 1946 heißt es: »Allein die Existenz meiner Mutter und Tanjas hindert mich, sechs Monate des

Jahres mit Ihnen irgendwohin zum Arbeiten zu fahren.« In demselben Brief schreibt er: »Keine besonderen Vorkommnisse. Außer daß Dolores (eine amerikanische Freundin) mich beängstigend liebt. Im übrigen ist sie absolut reizend, und wir haben nie Krach ... Ich weiß nicht, wie ich Ihnen das schreiben soll, wenn ich ihr gegenüber kein Schuft sein will wegen der Kälte des Geschriebenen und Ihnen trotzdem ein Gefühl für die Dinge geben will.«

Hier spürt man, daß die Beziehung zwischen Sartre und Beauvoir sich geändert hat. Es ist jetzt trotz aller Offenheit Rücksicht dem Liebespartner Sartres gegenüber möglich. Die sexuelle Beziehung zwischen Beauvoir und Sartre scheint ihre Bedeutung immer mehr verloren zu haben. 1947 begann Beauvoir – während ihres Amerika-Aufenthaltes – eine Beziehung zu Nelson Algren, die ihr Glück brachte, aber auch viel Schmerz bereitete. Sie wurde 1951 vorläufig beendet, weil sich Simone nicht für Algren und die USA entscheiden konnte. In einer kürzlich erschienenen Biographie über Beauvoir stellt sich heraus, daß ihre Korrespondenz mit Algren sich über viele Jahre erstreckte, von 1947 bis etwa 1960, und erst nach dem letzten Besuch Nelson Algrens in Paris beendet wurde. Diese Korrespondenz ist umfangreich. Sie umfaßt 1682 Seiten, auf denen Beauvoir über ihr Leben mit Jean Paul Sartre, über ihre Freunde, ihre Arbeit, aber auch über ihre Liebe zu Nelson Algren, ihre Sehnsucht nach ihm und ihre Trennungsschmerzen berichtet. Die Gefühlsintensität Beauvoirs, die ihre Briefe manifestieren, wird für viele, die sie zu kennen glaubten, überraschend sein.

Die Autoren ihrer Biographie, Francis und Goutier, führten über die Dauer von etwa zehn Jahren Gespräche mit Beauvoir. Darin wurden Namen enthüllt und Ereignisse erwähnt, die in den Memoiren Beauvoirs nicht zu finden sind. Die Ironie des Beauvoirschen Buchtitels »Eine Tochter aus gutem Hause« wird dem Leser dieser Briefe in vollem Umfang bewußt. Nichts stimmte in der Familie de Beauvoir, die so stolz auf ihre Herkunft, ihren Adelstitel war. Der Vater Beauvoirs, ein Angeber und Versager, der Arbeit als ihm nicht gemäß ansah, heiratete eine reiche Frau. Als deren reicher Großvater bankrott machte, war es auch mit dem standesgemäßen Leben der Beauvoirs aus. Äußerste Sparsamkeit, elende Wohnverhältnisse, Untreue des Vaters, Unglück und Bigotterie der Mutter verdüsterten manche Kindheits- und Jugendjahre Simones.

Ganz anders die Familie Schweizer – Mutter und Großeltern Sartres –, bei denen er aufwuchs. Da gab es keine unerfüllten gesellschaftlichen Ansprüche, sie waren Akademiker von Rang und Namen. Dementsprechend war das Selbstbewußtsein Sartres – trotz des frühen Verlustes seines Vaters – weit ungebrochener als das von Beauvoir, die sich frühzeitig von ihrer Familie abwendete, sie verschweigt ihrer Mutter, daß sie den Glauben verloren hat, und vertraut sich nur ihrem Tagebuch an. Schreiben ist für sie, solange sie denken kann, von größter Bedeutung. Schon als Jugendliche verfaßte sie Romane, lange bevor ihr erster Roman »Sie kam und blieb« veröffentlicht wurde. Als sie Sartre begegnete, war er für sie der Inbegriff all dessen, wonach sie sich sehnte. Er war authentisch und ideenreich, von äußerster Lebendigkeit, neugierig auf alles, was es zu wissen und zu erleben gab. Und vor allem überzeugt davon, daß er der Welt Bedeutsames zu sagen habe.

Mit Tanja änderte sich die Beziehung Sartres zu Beauvoir schrittweise. Am Ende stand die Lösung der intimen Beziehung. Dolores, die amerikanische Freundin Sartres nach dem Kriege, war nur ein Zwischenspiel. Danach war Beauvoir frei, sich einem anderen: Nelson Algren zuzuwenden. Später war es Claude Lanzmann, mit dem sie sich verband. Nach dem Ende der sexuellen Beziehung hat sich zwischen Beauvoir und Sartre eine Freundschaft etabliert, die für den Rest des Lebens bestehen blieb und die gemeinsames Arbeiten und gemeinsame Reisen ohne Schwierigkeit zuließ.

Eifersucht im alltäglichen Sinn spielte keine bedeutsame Rolle mehr. Aber auch Gefühle der Rivalität zwischen ihnen, die so leicht nicht zu unterdrücken sind, werden von Beauvoir übergangen oder in Idealisierung verkehrt. Die Vorstellung von einem »Zwillingszeichen auf unserer Stirn« verhilft ihr zu solchen für sie notwendigen Verdrängungen und Verleugnungen von Gefühlen, die Konflikte in oder zwischen ihnen hätten aufkommen lassen oder an denen ihre Freundschaft hätte zerbrechen können.

In welchem Umfang die Beziehung dieses Paares von ihrer beider »Berufung« als Schriftsteller geprägt wurde, wird überaus deutlich. Was es an »kontingenten Leidenschaften« Sartres und Beauvoirs auch gab, sie dienten fast immer dem Lebensinhalt der beiden, der Herstellung von Literatur. Wenn Sartre in seinen Briefen an Beauvoir bis an die Grenzen des Geschmacklosen geht, so kann das nicht nur als eine Art literarischen Experiments seinerseits angesehen werden, sondern muß auch einem Bedürfnis Beauvoirs entsprochen haben. Beide brauchten für ihr Schreiben die Erfahrungen des anderen. Die »Durchsichtigkeit«, von der so oft die Rede ist, war gewissermaßen eine Art Egoismus à deux von zwei Hochbegabten, die sich lebenslang für mehr Menschlichkeit einsetzten. Die Leidenschaft zur literarischen und philosophischen Kreativität beherrschte jedoch beide offenbar weit mehr als die geschlechtliche Liebe.

Darunter allerdings litten die Liebesbeziehungen zu anderen Partnern. Nelson Algren hat es Beauvoir nie verziehen, wenn sie die gemeinsamen Erlebnisse zu Literatur machte. Er fühlte sich ausgebeutet, als sie ihn und ihre Liebe zu ihm in ihrem Roman »Die Mandarins von Paris« darstellte. Claude Lanzmann, mit dem Beauvoir über etliche Jahre zusammenlebte, hat sich das offenbar frühzeitig verbeten; er wird in ihren Memoiren jedenfalls nur kurz erwähnt. Das mag dazu beigetragen haben, daß die Freundschaft mit ihm bis an Beauvoirs Lebensende bestehen blieb, wie auch die zu der jungen Sylvie le Bon, eine Beziehung, über die Beauvoir weitgehend geschwiegen hat. Die Freundschaft mit Olga dagegen zerbrach an der Veröffentlichung der Briefe Sartres an Beauvoir. Tanja, so Beauvoir an Algren, stach mit einem Küchenmesser auf »Les mandarins de Paris« ein, wobei sie sich die Pulsadern aufschnitt und fast daran gestorben wäre.

Simone de Beauvoir und Jean Paul Sartre

Die Literatur und was sie damit erreichen wollten, das war also das Band, das Sartre und Beauvoir lebenslänglich zusammenhielt. Ihre anderweitigen Liebesbeziehungen und Freundschaften haben darunter gelitten oder sind daran zerbrochen. Das Paar Beauvoir / Sartre ist sicherlich einzigartig, ihre Art des Umgangs miteinander kann deswegen kaum zur Nachahmung empfohlen werden. Als Vorbild für andere, als Paradigma einer neuen Paarbeziehung, auch für kritische Generationen, die einen Weg aus der Sackgasse ungelöster und bedrückender Geschlechterverhältnisse suchen, eignen sie sich nur wenig.

Sartre lehnte die Existenz des Unbewußten ab, beide hatten nur geringe Neigung, sich mit ihrem Innenleben zu beschäftigen. Die schöpferischen literarischen Erzeugnisse, die beide uns hinterlassen haben, deren Reichtum an Gedanken, Erfahrungen und Theorien möchten wir heute gewiß nicht missen. Der private Umgang dieses Paares miteinander, ihre vermeintliche »Durchsichtigkeit« ist jedoch oft von Gefühlsabwehr geprägt. Manche der untergründigen Motive ihres Verhaltens blieben ihnen verborgen. Sie entgingen ihrer sonst so allgegenwärtigen Neugierde.

Bis an Sartres Lebensende kämpfte Beauvoir mit aller ihr zur Verfügung stehenden Kraft darum, die tiefe Verbundenheit mit ihm aufrechtzuerhalten. Sie schreibt alles auf, was sie in den Jahren seiner Krankheit mit ihm erlebt. Manche Menschen, insbesondere Männer, nehmen ihr das übel. Sie wolle sich dadurch noch einmal in eine größere Rolle hineinkatapultieren, als ihr in Sartres Leben wirklich gestellt war, so hieß es nicht selten. Man wirft ihr Taktlosigkeit und Grausamkeit vor, denn der kämpfende Mensch, geschweige denn die kämpfende Frau, ist nie beliebt. Diesen Kritikern entging zudem, daß das Gesetz, unter dem das Paar Beauvoir / Sartre stand, eben die Umsetzung ihrer Erfahrungen in Literatur war.

So schmerzlich die Alterstragödie Sartres berührt, die Art, wie Beauvoir den langsamen geistigen und körperlichen Verfall eines genialen und ungewöhnlich aktiven, an seiner Zeit intensiv partizipierenden Menschen darstellt, entspricht der gemeinsamen lebenslangen Absprache. Das Mitfühlen mit ihrem »Zwilling« kann aus der Logik ihrer Beziehung heraus nur so und nicht anders geäußert werden. Mit Hilfe ihres Schreibens, das wie immer die rigorose Forderung nach größtmöglicher Wahrhaftigkeit und Wirklichkeitsnähe zu erfüllen versucht, die das Paar sich lebenslang stellte, gelingt es ihr noch einmal in »Les ceremonies des adieus«, nicht völlig im Elend einer unabwendbaren Trennung unterzugehen, sondern, dem Gesetz dieser Beziehung folgend, auch deren trauriges Ende in Literatur umzusetzen.

Hans Jürgen Schultz

»Ich bin in ein neues Haus eingetreten, für immer«

Bella Rosenfeld und Marc Chagall

Von drei kleinen Amouren berichtet er: mit Nina, mit Anjuta, mit Olga. Sie gipfelten in ein paar – gleichermaßen neugierigen wie ängstlichen – Küssen, bei der letzten sogar »links und rechts«. Der Jüngling war schüchtern; der Mann blieb es zeitlebens. Obwohl er den Mädchen in Witebsk oder St. Petersburg zu gefallen suchte, seinen Lokkenkopf gern und häufig im Spiegel betrachtete und seine Wangen mit Rouge färbte, spielte er wie in Kindertagen »mit Stöcken« und hatte im übrigen mehr Bilder als Menschen im Sinn.

Dann gab es noch Thea Brachmann. Sie war Studentin, las französische, englische, deutsche ebenso wie russische Literatur und sammelte in ihrem Elternhaus einen Kreis aufgeklärter junger Leute um sich, die Puschkin auf den Schild hoben, Tolstoi verachteten und von Dostojewski nichts wissen wollten. Sie diskutierten zionistische und sozialistische Ideen, und einer saß kaum beteiligt dabei und zeichnete Verse über Stiefmütterchen und den Mond aufs Papier.

Bei der Freundin Thea hielt Marc sich auf, als ein ihm fremdes Mädchen erschien. Er hatte es noch gar nicht erblickt, als ihm die »singende Stimme wie aus einer andern Welt« vorkam. Im Nu war nichts mehr so, wie es bis dahin gewesen war. Auf der Stelle wußte er, daß ein Du zu seinem Ich existierte. Da war kein Zweifel, kein Zögern. »Ihr Schweigen ist mein

Schweigen. Ihre Augen sind meine Augen. Es ist, als ob sie mich schon lange gekannt hätte, als ob sie alles wüßte über meine Kindheit, meine Gegenwart, meine Zukunft, als ob sie mich durchschaute, mein Interesse erriete, wenn ich sie auch zum ersten Mal sehe. Ich fühle: Das hier ist meine Frau. Ihr blasser Teint. Ihre Augen: wie groß, rund und schwarz sie sind. Es sind meine Augen, meine Seele ... Ich bin in ein neues Haus eingetreten, für immer.«

Beide haben später, viel später das Erlebnis ihres Anfangs aufgezeichnet, Marc nach dreizehn, Bella nach fünfunddreißig Jahren. Noch nach all der Zeit stimmten sie in jedem Detail überein, schilderten, was geschehen war, als wäre es gestern gewesen: ein Rendezvous von anima und animus. Was Chagall hernach wieder und wieder gemalt hat, ein Liebes-, ein Brautpaar, hier hätte Thea Brachmann, die Zeugin, es mit eigenen Augen anschauen können – ehe es entschwebte.

Ab sofort waren Bella und Marc mit allen Fasern ihres Daseins aufeinander bezogen, ineinander verwoben. Um das Ereignis zu beschreiben, mußten sie sich geheimnisvoller Metaphern bedienen. Ihre Liebe, so erschien es ihnen, war entweder andernorts oder undurchschaubar tief in ihnen selbst beschlossen worden.

Bella Rosenfeld wurde gerade sechzehn, Marc war über zwanzig. Verläßliche Angaben über seinen Geburtstag liegen nicht vor. Es hat sich vermutlich um den siebten Tag des siebten Monats im Jahr achtzehnhundertsiebenundachtzig gehandelt. Der Vater dürfte die Daten verändert haben, um die Einberufung des Sohnes zum Militärdienst im zaristischen Rußland zu verzögern. Marc hatte zunächst als »totgeboren« gegolten. In einem ovalen Trog, den sein winziger Leib ganz ausfüllte, wurde er anfangs verwahrt: »Ich wollte nicht leben.« Als habe er die erste Zeit nicht anrechnen wollen, schätzte er sich immer jünger ein, als er war. Bella bot ihm die Erklärung an: »In dem Moment, in dem du auf diese Welt kamst, hast du einen großen Schreck bekommen und erst wieder zu dir gefunden, als ein paar Jahre vorüber waren.«

Marc interessierte das alles nicht. »Zuviel Wissen macht alt«, pflegte er zu sagen. Er hatte zur Zeit, zur Chronologie kein Verhältnis, wohl zum Sterben und zum Tod, aber nicht zur Vergänglichkeit. Bella und Marc waren ein Liebespaar, dessen Erinnerung an die ersten Begegnungen nicht verblaßte und versank, sondern gegenwärtig blieb und weiterhin erstrahlte. Sie wurde sogar heller und heller.

Bella statuiert einfach Marcs Geburtstag. Sie pflückt eines Morgens bunte Blumen, »ganze Arme voll«, rupft sie mit Wurzeln aus, »damit der Strauß nach Erde riecht«, sammelt ihre farbigsten Tücher, nimmt süße Plätzchen und ein paar gebratene Fische mit, zieht ihr Festtagskleid an und springt, »beladen wie ein Packesel«, zu ihm. Zuerst mag er die Glückwünsche nicht annehmen, nicht fixiert werden auf diesen Tag. Aber wie sie, die Braut, vor ihm in seiner Stube steht, fährt der Blitz in ihn, er sieht ein Bild, dem Bilder über Bilder folgen werden, eine unaufhörliche Reihe gemalter Liebeserklärungen, die er bis zuletzt, über ihren Tod hinaus, fortsetzen wird. Überall in seiner Kunst ist Bella.

Wie er malt, erzählt sie. Sie weiß Worte für seine Bilder. An Marcs siebenundfünfzigstem Geburtstag (sie hat nur noch sieben Wochen zu leben) schaut sie zurück und schreibt ihm auf: »Du bist über deine Leinwand hergefallen, daß sie unter deinen Händen erzittert, tauchst ein, drückst Farbe, rote, blaue, weiße, verschleppst mich mit einem Strom von Farben. Plötzlich fühle ich mich wie von der Erde weggehoben, du stößt dich mit einem Bein vom Boden ab, als sei es dir in deinem kleinen Zimmer zu eng geworden. Du schwingst dich empor, fliegst zur Decke hinauf. Dein Kopf verdreht sich, du verdrehst auch meinen, schmiegst dich hinter meine Ohren und flüsterst mir etwas zu. Ich lausche, als sängest du mit deiner weichen, tiefen Stimme ein Lied für mich, in deinen Augen sehe ich den Widerhall deines Liedes. Vereint schweben wir über dem geschmückten Zimmer, kommen zum Fenster, wollen hindurch. Draußen ruft uns eine Wolke, ein Stück blauer Himmel. Die mit den bunten Tüchern behängten Wände drehen sich, verwirren uns. Wir fliegen hinaus, über Felder voller Blumen, über verschlossene Häuschen, über Dächer, Höfe, Kirchen ...« Das Bild wird »Der Geburtstag« genannt. »Kommst du morgen wieder?« fragt – oder bittet – Marc. »Ich will noch ein Bild malen – wir werden weiterfliegen ...«

Natürlich kommt sie am nächsten Tag. Und am übernächsten. Und und und. Sie bringt jedes Mal Milch und Kuchen mit, aber auch Bretter und Stoffe, Arbeitsmaterialien. Wenn Marc ihr das Fenster, durch das sie einsteigt, öffnet, »strömen Himmelsblau, Liebe und Blumen mit ihr herein. Ganz weiß gekleidet oder ganz in Schwarz geisterte sie schon lange durch meine Bilder, als Leitmotiv meiner Kunst ... Ich fange kein Bild, keine Radierung an, ohne sie nach ihrem Ja oder Nein zu fragen.« Das blieb so.

Sie waren ein immunes Liebespaar. Lebenslänglich. Bella war für Marc das Inbild der Geliebten. Liebe hatte für ihn nur einen Namen: Bella. Sie wurden eins und blieben doch zwei. Selbstverständlich ist auch von Dissonanzen zu berichten, von Störungen und Spannungen, von Unglück, Sorgen und Problemen. Aber immer wieder trug ihre Liebe sie davon. Der Geburtstag, von Marc ins Bild, von Bella in Worte gefaßt, war kein einmaliges, kein zurückliegendes Datum, sondern ein dauerndes Ereignis, ein fortwährendes Geschehen. Ihr gemeinsames Leben – mit allen Stationen in Rußland, in Frankreich, in Deutschland oder in Amerika – beschreibt Chagalls Biograph Sidney Alexander als »einen einzigen langen Hochzeitsflug«. Was sie trennen will, lassen sie unter sich. Und Sidney Alexander ist kein Autor, der zur Idealisierung neigt, eher, im Gegenteil, zur Psychologisierung. Für den Romancier, der er auch ist, wäre diese love story wegen Mangels an Dramatik kein Sujet gewesen. Die Darstellung des völligen Zusammenklangs von Bella und Marc wäre wie eine Beschönigung, wie eine Erfindung, wie eine von Wunschdenken diktierte Mär zu lesen gewesen.

Chagall besucht die kaiserliche Kunstakademie in St. Petersburg. Er pendelt zwischen zwei Welten: der europäisch orientierten Metropole und seinem immer noch mittelalterlichen Schtetl. Dieser Wechsel bestimmt ihn. 1910 beschließt er, nach Paris zu ziehen, wo er sich ein Atelier einrichtet, rasch in die Kunstszene hineinwächst und erste beachtliche Erfolge erzielt. Beunruhigt beobachtet er nach einer Weile an sich, daß die Malerei ihn so fasziniert und absorbiert, daß er die Gedanken an seine Verlobte vernachlässigt. Zugleich meint er zu spüren, daß die Briefe, die zwischen ihnen hin- und hergehen, kühler werden, sachlicher. Marc eilt, es ist 1914, nach Witebsk, wo ihn Bellotschka – zur jungen Frau gereift und noch schöner und eleganter, als er sich ihrer erinnerte – stürmisch empfängt. Sie hat in der Zwischenzeit an einem Moskauer Mädcheninstitut studiert: Geschichte, Philosophie und Theater.

Am 25. Juli 1915 heiraten sie. Bellas Eltern sind rechtschaffen unglücklich. Ihr Vater besitzt drei bestens florierende Schmuckgeschäfte. Ihre Familie ist reich, Marcs arm. Sein Vater handelt mit Heringen, ihrer mit Juwelen. Aber nicht nur Chagalls Herkunft, vor allem seine vage Existenz als Künstler veranlaßt die Rosenfelds, der Hochzeit nur zögernd zuzustimmen.

Aber schließlich ist es soweit. Der Oberrabbiner von Witebsk führt sie zusammen. Er hat es eilig; ein fulminantes Mahl erwartet ihn und die ihn umgebende »Plejade kleiner Juden«, denen beim Anblick der Tafeln die Mägen vernehmlich knurren. »Armer Papa«, denkt Marc, dem er ansieht, daß er lieber daheim wäre und schliefe. Diese Groteske amüsiert und irritiert den Bräutigam gleichermaßen. Er sucht Halt bei Bella, von der er jedoch, »Gipfel ritueller Vollkommenheit«, nach dem Hochzeitssegen wieder getrennt wird. Hätte man ihn in einen Sarg gelegt, sein Gesicht wäre entspannter gewesen, meint er. Eine unbändige Lust regt sich in ihm, sich davonzustehlen, mit Bella »aufs Land zu flüchten, sie zu küssen und in schallendes Gelächter auszubrechen«.

So geschieht es denn. Sie suchen und finden ihre Idylle. Marc produziert aufs emsigste. Der Krieg beeinträchtigt ihr Leben zunächst nur geringfügig. Marc wird, ehe er sich's versieht, Soldat, allerdings ohne Uniform. Er kann abends von seiner Schreibstubentätigkeit heimkehren, zu Bella und zur Staffelei. Im Frühjahr 1916 gesellt sich die Tochter zu ihnen: Ida, Idotschka. Marc und Bella beginnen, von Paris zu träumen. Aber sie müssen sich noch viele Jahre gedulden, Jahre der Revolution und der Pogrome, der politischen Hoffnungen und der Rückschläge, des Verlusts der Eltern und des dauernden Wohnortwechsels. Chagall macht – gegen Bellas Rat übrigens – Karriere, als Direktor der Akademie der Schönen Künste in Witebsk oder als Bühnenbildner in Moskau. Doch er fühlt sich zunehmend fehl am Platz. Er ist kein Mann des Apparats. Er wird in Intrigen verstrickt und kommt zu dem Schluß: »Weder das zaristische Rußland noch das Rußland der Sowjets können etwas mit mir anfangen. Fremd und unverständlich bin ich ihnen.« Sein Buch »Mein Leben«, diese autobiographische Skizze aus dem Jahre 1922, ist ein

Marc Chagall im Pariser Atelier mit Bella und Tochter Ida, 1927

Abschiedsgruß, auch ein Versuch der Erklärung und Rechenschaft. Es endet mit dem Satz: »Ich bin sicher, daß Rembrandt mich liebt.« Und in einem Postskript fügt er den Wunsch hinzu, daß »Europa mich lieben wird und mit ihm mein Rußland«. Ein Liebender wartet auf Antwort.

Nach einem mehrmonatigen Abstecher in Berlin, wo Chagall seine vor der Rückkehr nach Witebsk hinterlassenen Bilder zu seiner enormen Enttäuschung nicht mehr auftreiben kann, weil sie unbefugt verkauft worden sind, trifft die kleine Familie 1923 in Frankreich ein. Auch hier sind sämtliche Gemälde und Zeichnungen aus den Jahren des ersten Aufenthalts verschwunden. Sein umfangreiches frühes Œuvre ist ihm abhanden gekommen. Der Schock wirkt demotivierend. Die geplante Anknüpfung kann nicht stattfinden. Aber »Chagall« bedeutet im Russischen: Nichtstehenbleiben, Schreiten, Ausschreiten. Also geht er an die Arbeit, mit dem einzigen Ziel, Bilder zu malen, welche »die Welt in Erstaunen versetzen«. Eine ganz und gar neue, überaus fruchtbare Periode seines Lebens und Schaffens tut sich auf, eine geradezu glückselige Zeit. Nicht der Himmel, die Erde ist voller Geigen. Und die sie spielen, haben Eselsköpfe.

Paris avanciert zum Paradies. Es ist, in jenem Jahrzehnt, die Stadt der Exzesse, die Intellektuelle und Künstler aus allen Himmelsrichtungen anzieht. Chagall merkt davon nichts. Er kann in der Anonymität frei sein, der Liebhaber von Kleinigkeiten kommt auf seine Kosten, das Kunterbunte lockt ihn, er nimmt es wachen Auges wahr und verteilt oder versteckt es danach in seinen Bildern, allenthalben taucht der Eiffelturm auf, doch er dominiert nicht, sondern es wird von ihm aus eine Leine gespannt für Windeln und sonstige Wäsche. In Wirklichkeit sieht er Witebsk, wenn er aus dem Fenster seiner Pariser Wohnung sieht. Witebsk, »du bist in mir«. Es ist seine innere, Paris die äußere Stadt. Chagall ist aus Rußland ausgewandert, Rußland niemals aus ihm. Einer der großen Meister der französischen Schule bleibt der chassidische Jude, der sich der Leinwand bedient, um Geschichten zu erzählen. Seine Bilder haben ihre Logik; aber sie ist poetisch.

Er malt mit verschwenderischer Präzision, spontan und durchdacht zugleich, explosiv, aber genau komponiert. Seine Phantasie scheint ohne Ende zu sein. Wer indes meint, er sei ein Phantast, dem erwidert er: Ich liebe die Erde. Das ist sein Realismus. Er entlockt der Erde mehr, als sie selber von sich weiß.

Den üppigen Angeboten lärmiger Geselligkeit geht Chagall aus dem Weg. Er liebt die Einsamkeit, sofern Bella sie teilt. Aber sind Freunde um ihn, so beherrscht er das Gespräch. Er besticht mit seinem Esprit und seinem Charme. Er parliert kenntnisreich über Philosophie und Literatur, auch über Film und Theater, obwohl kaum Bücher in seiner Nähe gesichtet werden. Er liest nicht, er »saugt«, sagt man ihm nach. Er ist in einem ungewöhnlichen Ausmaß mit Intuition begabt. »Er hypnotisiert jeden«, bewundert ihn, viel später, sein Sohn David: »Er ist ein Zauberer!« Während Marc vor Besuchern seine clownesken Kapriolen schlägt, hält Bella sich meist im Hintergrund auf. Sie wird als nachdenklich, liebenswürdig, vornehm und ein wenig melancholisch beschrieben, gekleidet und sich benehmend wie eine Dame aus dem letzten Jahrhundert. Überdies ist ihr praktisches Talent zu rühmen. Sie ist, mit Erfolg, Marcs Managerin und gleicht damit sein Manko aus.

Chagall hat Spaß an der Pointe, an der Schlagfertigkeit. »Mögen Sie Picasso?« wird er gefragt. »Mag er mich?« lautet die Antwort. Die beiden werden oft gemeinsam erwähnt, miteinander verglichen. Ihr Verhältnis ist gespannt, nicht frei von Eifersucht. »Picasso ist ein Goj, der alles kann«, stellt Chagall kühl, sich vor Wertung hütend, fest. »Der Unterschied zwischen ihm und mir ist der gleiche wie der zwischen seinem und meinem Vater.« Picasso spricht gern mokant über den Kollegen und Rivalen. Aber da er ihm mit rationalen Kriterien nicht beizukommen vermag, entfährt ihm eine Charakterisierung, die zu den trefflichsten gehört, die es über Chagall geben kann: »Er hat einen Engel im Kopf.«

Wenn Picasso ein Bild »in Angriff nimmt«, weiß er genau, was er will. Chagall dagegen steht verloren und hilflos vor der

Marc Chagall, 1928

leeren Fläche. Er wartet. Es ist so etwas wie neugieriger
Respekt vor dem, was wird, in ihm. Aber dann legt er mit
Ungestüm los. Ein Kritiker attestiert ihm »organisierte Inspiration«. Traum und Kalkül vertragen sich bei Chagall. 1908
entstand das Bild »Der Tote«. Die sechs Kerzen, die auf diesem Gemälde angezündet werden, veranlassen den Dichter
Abraham Sutzklever, Chagalls guten Freund, viele Jahre nach

dem Holocaust zu der Frage, ob darin womöglich eine Vorahnung zu erkennen sei auf die sechs Millionen Juden, die eine Generation danach sterben sollten. Chagalls Gesicht, so Sutzklever, »wird silbergrau, er zittert wie ein dunkler Vogel. Dies Bild, murmelt Chagall, ist so, wie es ist, zu mir gekommen.«

Bald nach Kriegsausbruch verlassen die Chagalls Paris. Sie mieten ein Bauernhaus an der Loire. Aber schon im Mai 1940 müssen sie weiterziehen in den von den Deutschen nichtbesetzten Teil Frankreichs. Sie kaufen in Gordes in der Provence ein ehemaliges Schulhaus, sind entzückt von der Abgeschiedenheit des Dorfes und wähnen sich sicher. Die Informationen über die Auswirkungen der von der Vichy-Regierung eingeführten Judengesetze, über Inhaftierungen und Deportationen, mehren sich. Doch Chagall zögert länger als andere mit dem Exodus aus Frankreich. Er wittert wenig Gefahr für sich und mag Warnungen von amerikanischer Seite keinen Glauben schenken. Erst als Bella, Ida und ihm die französische Staatsbürgerschaft, die sie seit 1937 innehaben, aberkannt werden soll, rückt die Bedrohung greifbar nah. Marc beantragt ein Ausreisevisum und begibt sich mit seiner Frau im April 1941 nach Marseille. Weil die Erledigung der Formalitäten sich nur schleppend abwickelt, werden sie in ihrem Hotel entdeckt und im Zug einer Razzia verhaftet. Durch Intervention von Freunden kommen sie alsbald wieder frei, können am 7. Mai die Grenze nach Spanien überqueren, um vier Tage später in Lissabon das Schiff nach New York zu besteigen. Den Weg ins Exil erleben die Chagalls als Weg in die Heimatlosigkeit. Vor allem Bella fürchtet die Fremde, die Entwurzelung, den zweiten Verlust alles Vertrauten. Sie fühle sich, das steht in einem ihrer letzten Briefe vor der Flucht, »zum Tode verurteilt«. Dies Gefühl wird sich nicht mehr verlieren.

Marc und Bella treffen an dem Tag in New York ein, an dem deutsche Soldaten die Sowjetunion überfallen. Jede Nachricht über den Krieg in Rußland intensiviert ihre Verbundenheit. Witebsk wird ein Trümmerhaufen, ein Leichenacker. Um so unabweisbarer stellt sich bei Bella und Marc die Reminiszenz ein. Sie werden, nach eigenen Worten, in Amerika »immer russischer«. Marcs Spaziergänge führen wie von ungefähr ins jüdische Viertel, nicht in die Synagoge, sondern zu dem Leben und Treiben der Menschen, die wie er sprechen, die wie er sind. Das übrige New York ist ein Moloch.

Gewiß, da sind Freunde, Claire und Ivan Goll zum Beispiel, auch Kollegen, Max Ernst, André Breton, Fernand Léger, dann der Verleger Kurt Wolff oder der Kunsthändler Pierre Matisse, Sohn von Henri. Ganz zu schweigen von famosen Galerien und Ateliers. Nach längerem Hotelaufenthalt finden Marc und Bella eine Wohnung in East 74th Street, Nummer 4, umgeben sich mit mitgebrachten Bildern und Wandbehängen, um Reste von Paris vorzutäuschen.

Während die Stadt New York ihnen kein Zuhause bieten will, kann die amerikanische Landschaft durchaus gelegentlich heimatliche Assoziationen in Chagall auslösen. In Connecticut oder in Cranberry Lake im Norden des Staates New York ergeben sich, zumal bei Schnee und Eis, urverwandte Anblicke. Deswegen fahren Marc und Bella möglichst häufig hinaus. So verbringen sie auch den Sommer 1944 in den Adirondack-Bergen. Nervös verfolgen sie die News aus Frankreich, die sie auf eine baldige Rückkehr hoffen lassen. Vor allem Bellas Heimweh ist immer quälender geworden. Ende August wollen sie zurück in die Stadtwohnung, um dann so bald wie irgend möglich in das befreite Paris zu reisen.

Aber am 2. September stirbt Bella. Die Berichte über ihren Tod sind uneinheitlich und verwirrend. Offenbar hat sie sich bei einem Bad im See eine Angina zugezogen. Die starken Halsschmerzen werden von so hohem Fieber begleitet, daß Marc sie unverzüglich ins Krankenhaus bringt. Bei der Aufnahme in das katholische Spital wird sie nach ihrem religiösen Bekenntnis gefragt. Weil Juden weithin als »unerwünscht« gelten, verweigert sie die Auskunft. Wie sie dann noch die weißgekleideten Nonnen erblickt, durchfährt sie eine panische Angst, und sie fleht ihren Mann an, er solle sie wieder mit zurücknehmen in ihr Sommerquartier, wo sie sicher rascher genesen werde als hier. Da ihr Zustand sich rapide verschlimmert, wird sie am nächsten oder übernächsten Tag erneut ins Krankenhaus eingeliefert. Das Penicillin, das sie retten könnte, ist noch eine Rarität. Es trifft erst nach ihrem Tod ein. Die Streptokokkeninfektion beendet ihr Leben. Wenige Tage zuvor hat Bella, so wird bezeugt, blühend und jung ausgesehen. Der Tod kam unangemeldet, erklärt Marc später.

Aber er erinnert sich auch, daß Bella in ihren letzten Wochen und Monaten in sich gekehrter erschien als je zuvor. Ihre »jüdische Seele« meldete sich verstärkt. Sie las, bis in die Nacht hinein, jiddische Texte, redete und schrieb in ihrer Muttersprache, tauchte in ihre Kindheit ein – in die Kindheit, die gänzlich »weggeglitten« war, doch »jetzt wiederkam, näher, immer näher, nun schon so nah, daß ich ihren Atem zu spüren glaube«. Als Bella eines Tages Papiere, Skizzen und Abschriften sammelte und stapelte, wollte Marc wissen: »Warum plötzlich so viel Ordnung?« Darauf sie: »Damit du weißt, wo du alles findest.« Sie wurde zu ihren Anfängen heimgeholt. Sie wollte dorthin, wo sie herkam, zu sich selbst. Und sie hatte festzuhalten, aufzubewahren versucht, was niemand wie sie mitteilen konnte. »Meine Hefte...« Das war das letzte, was Marc von ihr hörte.

Chagall war verzweifelt, verstört, betäubt. Er weinte und weinte. Claire Goll fand ihn beim Begräbnis in New York »gebrochen, außer sich, tragisch«. Daß ihm der Rabbi, rituellen Vorschriften zufolge, zum Zeichen der Trauer die Kleider einriß, nahm er nicht wahr. Nach dreieinhalb Jahrzehnten war plötzlich sein Du nicht mehr da. Er war nur noch ein Teil seiner selbst. Der Verlust machte ihn stumm, lähmte ihn. Es gab nichts mehr zu zeichnen, zu malen. Die Gouachen, die noch auf seinen Pinsel warteten, drehte er zur Wand. Er mochte an nichts anteilnehmen. Allein Bellas »Hefte« zogen ihn an. Er begann, sie aus dem Jiddischen ins Französische zu übersetzen. Im Nachwort zu ihren Erinnerungen »Erste Begegnung« schreibt er: »Vor meinen Augen ist es dunkel geworden.« –

Chagall lebte noch vierzig Jahre. Sieben davon mit Virginia Haggard, einer jungen Engländerin. Aus dieser Verbindung stammt David. Virginia verließ Marc. Sie hatte einen starken Drang nach Unabhängigkeit und mochte sich nicht entschließen, seinen suggestiven Erwartungen zu genügen. Die Trennung schmerzte Marc tief. Er reagierte mit Vorwürfen und einem seiner legendären Wutanfälle. Er war glücklich mit Virginia gewesen. Aber: War Bella nicht noch zu präsent? Ein alter Bekannter kam zu Besuch. Es war vier Jahre nach Bellas Tod, von dem er nichts wußte. Er vermißte sie und fragte nach ihr. »Da«, sagte Chagall und zeigte auf sein Gemälde »Der schwarze Handschuh«, das ihn und Bella in inniger Umarmung und Verschmelzung darstellt: sie sind ein Leib und eine Seele.

1952 heiratete er, ziemlich plötzlich, Valentina Brodsky, Vava, eine Jüdin aus Kiew, sie war etwa vierzig Jahre alt, hatte ein Modehaus in London geführt, kam aber gern nach Vence, um Chagalls Sekretärin und sehr bald seine Frau zu werden. Die Funktionen, die Ida von Bella übernommen hatte, wurden nun völlig durch Vava ersetzt. Sie verwaltete umsichtig und einfallsreich Marcs Leben und Werk. Sie hat es verstanden, seine Vergangenheit zu löschen, ausgenommen Bella. Alle Brücken zurück wurden abgebrochen. Marc, dessen narzißtische Tendenz zunahm, konnte sich seinem Elixier, der Arbeit im Atelier, ungestört und unermüdlich widmen, bis zu seinem letzten Tag. Diese späten Jahre, die ihm Ruhe bescherten, empfand er als einen »Rosenstrauß«.

Marc Chagall starb am 28. März 1985, siebenundneunzigjährig, in seinem Haus bei St. Paul de Vence. Berge von Blumen säumten den Weg zum Grab. Von Ritualen sollte, das war sein Wunsch gewesen, abgesehen werden. Aber als der Sarg in die Erde gelassen wurde, trat ein junger Mann vor, niemand kannte ihn, und sprach das Kaddisch, das Gebet der Juden für ihre Toten.

Sofia Margolina

»Ich, die niemals richtig weinen konnte, ich weine, ich weine«

Nadeshda Jakowlewna Chasina und Osip Mandelstam

M eine erste und einzige Begegnung mit Nadeshda Jakowlewna Mandelstam fand in einer kleinen Moskauer
Kirche statt, wo sie, umgeben von vielen Blumen, aufgebahrt
lag. Drei Kerzen brannten am Kopfende des Sarges. Der ganz
in Blau gekleidete Pope, schön wie ein Dämon, sang das »Bei
Gott findest Ruhe du« und schwenkte sein Weihrauchfäß-
chen. Schulter an Schulter drängten sich im Dämmerlicht der
Kirche jene zweihundert Menschen, die gekommen waren,
um Abschied zu nehmen von der Toten. Viele waren es, die
sich ihre Tränen vom Gesicht wischten. Moskaus Intelligent-
sia geleitete diese unbeugsame und streitbare Greisin, die, die
Zähne zusammenbeißend, dreißig Jahre der Bewahrung der
Gedichte ihres Mannes, des Gedenkens an ihn und an jene
schreckliche Zeit lebte, die sie für immer voneinander
getrennt hatte.

Auch ich weinte. Nicht, daß ich wegen der achtzigjährigen
Frau, die alle Höhen und Tiefen des Lebens durchschritten
hatte, besonders erschüttert war. Mich beeindruckte vielmehr die Schönheit und unverbrüchliche Aufrichtigkeit der
Zeremonie. Es kam mir damals in den Sinn, daß man allein
um der Kerzen und der sich zur Kuppel emporschwingenden
Sängerstimmen willen die Taufe hätte annehmen sollen. Hat
sich Nadeshda Jakowlewna, von Jugend an irgendwelchen
religiösen Neigungen fremd, an ihrem Lebensabend vielleicht

aus diesem Grunde dem Schutz der Kirche anvertraut? Läßt sich möglicherweise ihre Hinwendung zum orthodoxen Glauben nicht zumindest teilweise aus dem Bedürfnis nach einem schönen Tod als bewußte Antwort auf das schreckliche Ende ihres Mannes deuten? Man kennt weder das Grab noch gar die Stelle, an der der nackte Körper des ehemaligen Dichters Osip Mandelstam, mit einem Nummernschildchen am Bein, zusammen mit vielen anderen in einer Grube verscharrt worden ist.

Vom Tod Osips, der mit einem Gefangenentransport in ein Lager im Fernen Osten verbracht worden war, erfuhr sie keineswegs durch eine amtliche Benachrichtigung. Es war viel einfacher: Ein Paket war zurückgekommen. Nadeshda Jakowlewna, nunmehr Witwe, trat von diesem Augenblick an in eine neue, andere Wirklichkeit ihres Daseins ein.

Eine gute Freundin traf Nadja zwei Monate nach der Todesnachricht vor dem Konservatorium, wo beide Karten für das Konzert eines ausländischen Musikers zu ergattern suchten. Die Karten waren ausverkauft. Die Freundin erinnert sich: »Ich stellte mich in der Nähe des Eingangs in der Hoffnung auf, von irgend jemandem noch eine Karte kaufen zu können. In der festlich erregten Menge erblickte ich plötzlich Nadja. Eine Baskenmütze auf dem Kopf und mit einer Lederjacke bekleidet, glich sie nur entfernt jener Nadja, die ich kannte. Man konnte nicht sagen, daß sie schmaler geworden wäre. Nein, sie schien wie ausgetrocknet und in diesem Zustand zu Stein geworden. Die Haut umspannte ihr Gesicht. Sie sprach in einfachen, unregelmäßigen Sätzen. Der ausländische Gast interessierte sie nicht. Sie wollte die Musik hören, die › Osip geliebt hatte‹. Auf dem Plakat waren seine Lieblingsstücke angezeigt. Ich ging heim, um in der Jagd nach einer Karte Nadja keine Konkurrenz zu machen. Ich spürte, daß die Menschen, sobald sie allein geblieben, nicht an ihr vorübergehen würden. Der trockene Glanz ihrer Augen schien unerträglich.«

Seit dieser Zeit kehrte sie heim zum Lebensgefährten, der umgekommen war. Ihre wichtigste Aufgabe sah sie nun darin, zu überleben und seine Gedichte zu bewahren. Wozu das? Glaubte sie etwa an das Unwahrscheinliche, daran, daß man dereinst Mandelstams Verdienste zu würdigen wissen würde? Geschehen aber war mit ihr offenbar etwas ganz anderes. Sie entdeckte, was ihr in der Hektik des Alltags und der Unbeständigkeit des gemeinsamen Lebens entgangen zu sein schien: Der Mann Osip, der Dichter Osip, die Antriebskraft ihrer gemeinsamen Existenz wurzelte so tief in ihrem ganzen Sein, daß er untrennbar damit verwachsen war. Ein anderes Leben, ohne Osip, zu beginnen, ihn aus dem Herzen zu reißen, das wäre dem Tod gleichgekommen. Das, was Nadja mit ihrem Bemühen um die Bewahrung des Werkes ihres Mannes und des Gedenkens an ihn geleistet hatte, darf nicht nur als Ruhmestat der Selbstentsagung gesehen werden. Es verhielt sich damit eher umgekehrt: Es war der einzige Weg, die Finsternis, die über der Sowjetunion lag, zu überstehen, der sie sich – ohne Heim, mittellos, ihr einziger Reichtum ein Koffer voller Manuskripte – schutzlos ausgeliefert sah. Dieser Koffer begleitete sie überallhin: nach Mittelasien und an die Wolga, wo sie in verschiedenen Wohnheimen, immer auf der Wanderschaft, die Evakuierung überlebte. Sie erlernte einen Beruf, wurde Sprachwissenschaftlerin und unterrichtete an Pädagogischen Hochschulen Fremdsprachen. Doch der Schatten des der Feme anheimgefallenen Ehemannes verfolgte sie überall, wo sie sich auch aufhielt. Und es folgte ein zweiter Schatten: das stets wachsame Auge der Staatsmacht, vertreten durch die Spitzel des KGB und freiwillige Zuträger.

Der Koffer taugte auso als sicheres Versteck für die Manuskripte nicht. Er konnte gestohlen, bei einer Hausdurchsuchung beschlagnahmt werden. So lernte sie jede Nacht ein anderes Gedicht auswendig. Danach wiederholte sie es. In ihrem Gedächtnis bewahrte sie auf diese Weise gut tausend Texte mit Varianten, die Prosa eingeschlossen. Osip lebte fortan in ihrem Kopf, nehmen konnte ihn ihr nunmehr nur noch der Tod.

Nadeshda Jakowlewna hielt bis zur Rehabilitierung Mandelstams durch. Sie erlebte auch das Erscheinen des ersten sowjetischen Gedichtbandes, der, ein Torso, durch ein im höchsten Maße zynisches Vorwort fast als eine Beleidigung des Dichters bezeichnet werden muß. Ihr Archiv vermochte sie teilweise im Westen zu deponieren, wo eine vierbändige Werkausgabe erschien. Nach der Veröffentlichung der Texte sah sie ihre wichtigste Aufgabe in der Niederschrift von Erinnerungen. Dabei stellte sich heraus, daß Nadeshda Jakowlewna mit der Gabe eines scharfen Geistes gesegnet und eine ebenso begabte Erzählerin gewesen ist. Es war jene politische Schärfe, die möglicherweise das Persönliche im Zusammenleben von zwei zufällig sich begegnenden, aber keineswegs zufällig miteinander verbunden gebliebenen Kindern des Jahrhunderts verwischte.

Osip Mandelstam wurde 1891 in Warschau geboren. Sein Vater, der in Geschäften eine wenig glückliche Hand bewies, arbeitete in der Wildlederbranche. Die Mutter gab Musikunterricht. Er hatte zwei Brüder, einen älteren und einen jüngeren. Aufgewachsen ist Mandelstam in St. Petersburg.

Nadja Chasina, die Tochter eines reichen Kiewer Unternehmers jüdischer Herkunft, ist 1900 geboren worden. Die Mutter, eine Ärztin, hat seit der Verehelichung ihren Beruf nicht mehr ausgeübt.

Nadja konnte nicht gerade als eine Schönheit gelten: eine lange Hakennase, ein großer Mund mit vorstehenden Zähnen, außerdem krummbeinig. Doch besaß sie die Gabe des guten Geschmacks und einen scharfen Blick, eine gewisse sportliche Eleganz, war eine wunderbare Erzählerin und verstand es, ihren Geschichten Glaubwürdigkeit zu verleihen. Ihr älterer Bruder Jewgenij brachte bei seinen Ausflügen in das Kiewer Künstlercafé, in dem sich die lokale Bohéme zu versammeln pflegte, die sechzehnjährige Nadja mit. Bereits nach wenigen Tagen hieß es dort von ihm: Das ist der Bruder von Nadja Chasina. In diesem Kiewer Café lernte Nadja Chasina den aus Petersburg angereisten Osip Mandelstam kennen. Sie war damals, neunzehnjährig, im Begriff, eine künstlerische Laufbahn einzuschlagen, und hatte sich als Schülerin

Eksters dem Avantgardismus verschrieben. Er war mit seinen 29 Jahren bereits ein anerkannter Dichter.

Wie sah Osip aus? In der Erinnerung schildern ihn einige als hochgewachsen, andere wieder als von kleinem Wuchs. Doch bestimmte die Haltung den jeweiligen Eindruck, den Mandelstam gerade auf seine Gesprächspartner machte, und diese wiederum hing von seiner seelischen Verfassung ab. Er war der klassische Fall eines mittelgroßen Menschen. Das Besondere seiner Gestalt machte eine gewisse Disharmonie zwischen dem oberen und dem unteren Teil seines Körpers aus. Ein sehr gerader und wohlproportionierter Rücken mit gut angelegten Schulterpartien, ein ebenmäßig geformter, ovaler Kopf, ein zierlicher Nacken: Das alles saß auf einer durch breite Hüften geprägten unteren Körperpartie, deren äußere Plumpheit die falsche Fußstellung noch verstärkte – die Hacken stießen dicht aneinander, während die Vorderfüße weit auseinanderstanden. Dies erinnerte sehr an die Chaplinsche Gangart, während er den Kopf auffällig nach hinten warf, so daß der Eindruck von betont zur Schau gestelltem Stolz und Hochmut entstand.

Unbeschwert und bedenkenlos fanden sie schon am ersten Tag ihrer Bekanntschaft zusammen, ohne auch nur den geringsten Gedanken an ihre Zukunft zu verschwenden. Das Kiew des Jahres 1919 war ein Epizentrum des Bürgerkrieges. Seine Bürger stellten jeden Morgen, vom Schlaf erwacht, Vermutungen darüber an, wer sich wohl heute in den Besitz der Macht bringen würde: die Roten, die Weißen, die ukrainischen Nationalisten oder irgendwelche Banditen. Allein Judenpogrome und Gefangenenerschießungen drückten den Verhältnissen den Stempel der Beständigkeit auf.

Nadjas Kiewer Freunde zeigten sich über ihre Bindung an Osip wenig begeistert. Ehrenburg versuchte sogar, sie zu überreden, Osip gegen Max Woloschin einzutauschen, da ihr an seiner Seite eine sicherere Existenz beschieden sein würde. Solche Einstellungen waren damals nichts Außergewöhnliches. Zu diesem Zeitpunkt hatte sich in Rußland die institutionalisierte bürgerliche Ehe noch nicht so festigen können, alles befand sich im Auf- und Umbruch, und die Jugend sah in der Revolution ihre Befreiung von den Fesseln der Ehe, den Zwängen des Eigentums, von gegenseitigen Verpflichtungen, Heuchelei und Lüge.

Osip fuhr, kurz bevor Wrangel die Krim einnahm und sie damit vom Festland abschnitt, in den Süden. Dort, inmitten Hungersnot und allgemeinen Verfalls, ging das Samenkorn der Liebe zur Freundin auf, die er zurückgelassen hatte. Hier begriff er den tieferen Sinn dieses scheinbar zufällig geschlossenen Bundes, seine Unauflösbarkeit. Mandelstam sah in dieser Beziehung zur einzigen Jüdin in seinem Leben eine Rückkehr zu den eigenen Ursprüngen. Für ihn war es eine Ehe unter Verwandten, eine Vermischung des Blutes, ein Aufgehen im alten Stamm. Wohl aus diesem Grund begegnet in einem Nadja gewidmeten Gedicht das Motiv der Blutsvermischung als verbrecherischer Vereinigung von Vater und Tochter:

Fliehe, es rührt niemand dich an,
in stummer Nacht an Vaters Brust.
Ja, mag ihr Haupt wohl senken
die Tochter in blutschänderischer Lust.

Das Jahr auf der Krim war für ihn eine Zeit der Liebe und der Angst. Angst vor Gefängnis und Tod. Man hatte ihn wirklich in ein Gefängnis Wrangels gesteckt, aus dem er nur freikam, weil Maximilian Woloschin sich für ihn verwendet hatte. Er fürchtete auch um Nadjas Schicksal, die in dem pogromgeschüttelten Kiew geblieben war.

Auf Plätzen, in Theatern, an müßig-eitlem Ort
allda geschieht das Sterben, der Mensch, hier endet er.
Die Todesangst, die Liebe:
nichts, das den Zwein entkommt
der Ring Saturn wiegt schwerer als irgendein Gewicht.

118

Mandelstam muß es geahnt haben: Der Ring aus Todesangst und Liebe sollte zum Unterpfand ihres Lebensbundes
werden. Doch damals, auf der leidgeprüften Krim, war er jung
und kehrte im Herbst 1920 in das hungergeplagte, ausgestor-
bene, kältegeschüttelte Petrograd zurück. Gorki, der damit
beschäftigt war, die Reste der Intelligenz aufzulesen, um sie
vor Hungertod und Kälte zu bewahren, richtete dafür das
Haus der Künste ein, in dem auch Mandelstam unterkam.
Tief beeindruckt von dem gewaltigen Kontrast, den die son-
nendurchglühte Krim zur eisigen Petersburger Nacht bildete,
schrieb er hier einige wunderbare Gedichte über Liebe und
Tod, über die Unsterblichkeit der Kunst und das Theater. Ja,
über das Theater, weil es in der ausgestorbenen Stadt die einzige Erinnerung an frühere Zeiten war: Noch immer lief
»Orpheus und Eurydike« in einer Inszenierung Meierholds.
Solange in Chaos und Zerstörung der unsterbliche Frühling
eines Gluck zu blühen vermag und der Mensch nicht nur »auf
Plätzen, in Theatern, an müßig-eitlem Ort« stirbt, sondern
sich die Fähigkeit zu Leben und Liebe bewahrte, so lange ist
auch Hoffnung auf die Wiedergeburt des Lebens und der
Kunst.

Im Theater lernt Mandelstam die junge Schauspielerin
Olga Arbenina kennen. Der Liebe, die zwischen beiden entflammt, ist keine Dauer beschieden, sie scheint so unwirklich
wie Gluck im Petrograd des Bürgerkrieges.

Ihr widmete er eines der schönsten Liebesgedichte:
»Dafür, daß deine Hände zu halten ich nicht vermochte.«
Man kann nur bedauern, daß es dazu keine Übertragung ins
Deutsche gibt.

Auch in diese Zeit gehören Mandelstams Versuche, Verbindung mit Nadja aufzunehmen, von der er beinahe zwei
Jahre lang keine Nachricht hatte. Sie aber lebte nach wie vor
bei den Eltern in Kiew.

Er macht sich auf den Weg, um sie zu holen. Die Rückreise
können sie jedoch nur als offiziell beim Standesamt eingetra-
genes Ehepaar antreten, da anders keine Fahrkarten zu
bekommen sind. Genausoschnell, wie sie sie erhalten hatten,

kam ihnen die Eheurkunde auch wieder abhanden. In den fünfziger Jahren ist diese Eheschließung durch die Witwe des Dichters ein zweites Mal beurkundet worden, um das Urheberrecht an seinem Werk für sie zu sichern.

Ihr eigenständiges, unabhängiges Leben beginnen die Liebenden, jung, obdach- und mittellos, aber froh und glücklich, im Jahr 1921. Schon kurz darauf stempelt man Mandel'štam als klassenfremdes Element ab, so daß er seine Dichtungen nirgends publizieren kann. Was ihm bleibt, ist das undankbare und saure Brot des Übersetzers. In all den Jahren übertrug er aus dem Französischen, Englischen und Deutschen an die dreißig Romane. Die Armut heftete sich an ihre Fersen.

Wie aber gestalteten sich in diesen Jahren ihre Beziehungen? In der privaten Sphäre, in dem, was man gemeinhin unter Familienleben verstand, muß Mandelstam unerträglich gewesen sein. Eifersüchtig ließ er Nadja keinen Moment aus den Augen: Sie durfte weder allein das Haus verlassen noch sich eine Arbeit suchen. Ohne auch nur entfernt daran denken zu können, daß er es war, der den Unterhalt der Familie gewährleistete, gerierte er sich dennoch als ihr Oberhaupt. In den ersten Jahren ihres gemeinsamen Lebens weihte er sie auch nur höchst selten in seine künstlerischen Gedanken und Absichten ein. Ihr war vor allem die Rolle der Hausfrau und Gastgeberin aufgetragen, die sie im Wechsel mit der einer Sekretärin ausübte, da sie Mandelstams Gedichte auf dem Papier festhielt, wenn er sie zuerst im Kopf formulierte, um sie sodann zu diktieren. Es schien ihr bestimmt, der Schatten ihres Mannes zu sein.

Wie vermochte sie diese Unterdrückung ihrer eigenen Persönlichkeit zu ertragen? Zu einem nicht geringen Teil geschah dies gewiß auch deswegen, weil sie sich noch nicht zu einem vollentfalteten Menschen entwickelt hatte und noch immer einer gewissen Autorität bedurfte. Andererseits aber bestand zu jeder Zeit die Möglichkeit, diese Bindung zu lösen, was sie als Garantie ihrer Unabhängigkeit betrachtet haben dürfte. Im Laufe der Zeit aber verwandelte sie sich mehr und mehr in eine Augenzeugin seines kreativen dichterischen Schaffens, das sie voll erfaßte und magisch anzog, da sie die Einmaligkeit dieser Gabe begriff. Nicht zuletzt war ihrer Gemeinsamkeit das große Glück einer nicht erlöschenden Leidenschaft beschieden, die ihren Bund nur festigte. Leichtsinnig und unbekümmert, empfanden sie nur Spott für das eingefahrene Leben eines kleinbürgerlichen Alltags und konnten sich an Nebensächlichem – einer Konservendose, starkem Tee oder einem guten Gespräch im Freundeskreis – aufrichtig freuen.

Osip verliebte sich 1925, völlig unerwartet für sich selbst, in Olga Wachsel, Tochter einer ehemaligen Hofdame und erfolglose Schauspielerin, die im Restaurant als Kellnerin arbeitet, aber durch ihre außergewöhnliche Schönheit besticht. Ohne auch nur die geringste Rücksicht auf Nadjas Gefühle zu nehmen, trifft er in ihrer Gegenwart Verabredungen mit Olga, bringt sie sogar mit nach Hause und vernachlässigt seine Frau vollends. Heimlich mietet er ein Zimmer im Hotel »Angleterre«. Es entsteht die klassische Dreiecksbeziehung unter den besonderen Bedingungen der unkomplizierten Moralbegriffe der sowjetischen zwanziger Jahre. Olga fordert die Trennung von Nadja, das Schicksal ihrer Ehe hängt an einem seidenen Faden.

Nadja litt unendlich unter dieser Situation, unter Osips Rücksichtslosigkeit, und beschloß, ihn zu verlassen, um mit einem Mann zu leben, der sie liebte. Als Mandelstam wieder einmal eine Verabredung mit Olga wahrnahm, packte sie ihren Koffer, rief ihren Freund an und bat ihn, sie abzuholen. Osip aber hatte etwas vergessen und kehrte noch einmal nach Hause zurück. Als er den Koffer erblickte und die Abschiedsworte gelesen hatte, geriet er außer sich vor Zorn. Er wies dem Verehrer seiner Frau, als dieser verabredungsgemäß kam, die Tür und erklärte ihm: »Nadja bleibt bei mir!« Olga aber rief er an und verabschiedete sich von ihr in barschem Ton: »Ich komme nicht. Mein Platz ist bei Nadja, wir sehen uns nicht wieder.« Die Affäre mit Olga brachte Nadja neue Einsichten: Sie erkannte, welche gewaltige und unaufhaltsame Macht die Liebe über einen Menschen zu gewinnen vermochte. Viele Jahre später gestand ihr Osip, daß er in seinem Leben die Leidenschaft der Liebe nur zweimal empfunden hätte: mit ihr und mit Olga. Nadjas Tuberkulose, nicht zuletzt als Folge dieser Ereignisse, verschlimmerte sich, und Osip schickt sie auf die Krim, bleibt aber selbst daheim, um Geld für die Behandlung aufzutreiben. Es wird ihm plötzlich klar, welche Bedeutung Nadja in seinem Leben hat und wie schrecklich ihr Verlust für ihn wäre. Es sind Briefe Mandelstams an Nadja von so großer Zärtlichkeit und Intimität erhalten, daß man sich fast schämt, sie zu lesen: »Ich bete zu Gott, auf daß Du hörest, was ich sage: Kindchen, ich kann ohne Dich und ich will ohne Dich nicht sein. Du bist meine ganze Freude, Du bist Fleisch von meinem Fleische; es ist für mich wie der Tag des Herrn. Immerzu rede ich mit Dir, rufe Dich, teile mit Dir meine Sorgen. Alles, alles kann ich nur Dir allein sagen. Mit Dir fürchte ich nichts, ist mir nichts zu schwer. Dein kohlengeschwärztes Kinderpfötchen, Dein blauer Kittel – alles ist mir nahe, nichts habe ich vergessen ... Verzeihe mir meine Schwäche und daß ich es nicht immer vermochte, Dir meine Liebe zu zeigen. Nadjuscha! Wenn Du plötzlich vor mir stündest – ich würde vor Freude weinen. Du, meine kleine Bestie, verzeihe mir! Laß mich Deine süße Stirn kosen, Deine gewölbte kleine Kinderstirn! Mein Töchterchen, meine Schwester, ich lächele Dein Lächeln und in der Stille höre ich Deine Stimme. Nadjuscha, wir bleiben zusammen, koste es, was es wolle, ich finde Dich und werde für Dich leben, denn Du schenkst mir Leben, ohne es zu wissen ...«

Nach allem, was geschehen war, wandelten sich ihre Beziehungen zu einer wirklichen Ehe, einer Ehe, wie sie nur in himmlischen Höhen geschlossen wird. Es hatte sich zwischen den beiden nicht einfach nur eine psychologisch begründbare Annäherung vollzogen. Osip wurde Nadjas Lehrer, er verschaffte ihr Zugang zur Welt seiner Gedanken über alles, was sie umgab, was sie bewegte, über die Revolution. Aus einem kleinen Mädchen wuchs Nadja zu einer klugen Frau mit scharfsinnigem Urteil aus selbstgewonnenen Einsichten heran.

Nadeshda und Osip Mandelstam mit einer Unbekannten (links)

Viele Male legte sie ihm die Frage vor, warum gerade sie und nicht Olga? Und jedesmal antwortete er ihr: »Mit dir bin ich frei« und: »Du glaubst an mich.« In der Tat, den Glauben an sich brauchte der Dichter dann am meisten, als er sich praktisch aus dem literarischen Leben des Landes ausgeschlossen sah. 1928 siedelten die Mandelstams nach Moskau über, sahen sich aber auch hier gezwungen, ihr Vagabundenleben weiterzuführen und auf den Zufall angewiesen zu sein, um ein Obdach zu finden. Den Heutigen erscheint der Alltag der zwanziger und dreißiger Jahre fast unvorstellbar: Skandale auf der Straße, Wohnungsquerelen und Ungeziefer waren die unvermeidlichen Begleiterscheinungen jeden sowjetischen Gemeinschaftslebens. Nehmen wir beispielsweise eine alltägliche Geschichte, die sich in der Straßenbahn zutrug und Stoff für ein Gedicht lieferte. Während einer Fahrt arbeiteten sich Mandelstams unter Püffen und fröhlichem Schimpfen bis zum Ausgang der Trambahn durch. Das letzte Wort hatte dabei der Gegner: Er hieß Osip, der damals gerade vierzig Jahre zählte, ein zahnloser Alter. Bereits auf der vorderen Plattform des Wagens angelangt, wendet Mandelstam sich nochmals zurück, steckt seinen Kopf durch die Wagentür und erklärt triumphierend: »Die Zähne kommen noch!« Mit diesem Siegesschrei auf den Lippen sprangen sie von der Straßenbahn ab.

Armut, obwohl frohen Mutes ertragen, blieb dennoch Armut. Wie viele Frauen hätten wohl an der Seite ihres Mannes ein Wanderleben geteilt, das sie heute hierin, morgen dorthin wirft, allein mit dem Abschreiben von Versen beschäftigt, die keiner drucken will? Nadeshda Jakowlewna war nicht mehr nur Ehefrau, Hüterin des heimischen Herdfeuers oder gar Mutter. Ihre Bestimmung hieß vielmehr, eines armen Poeten leichtfüßige Gefährtin an schweren und an schönen Tagen zu sein. Mit zunehmender gesellschaftlicher Isolation vertiefte sich auch seine seelische und geistige Bindung an sie, fiel es ihm immer schwerer, ohne ihre ständige Gegenwart auszukommen. Zu Beginn der dreißiger Jahre sannen sie häufig über den Tod nach. Nadja hatte immer dem sinnlosen, entnervenden Warten auf die allnächtlich zu gewärtigenden Häscher den Freitod vorgezogen. Ebenso beharrlich suchte Osip sie von diesen Gedanken abzubringen, da er das Leben auch dann für das wertvollste Geschenk hielt, wenn es nicht mehr lebenswert erschien. In dieser Zeit beginnt das Angstmotiv in seinem Werk immer häufiger in den Vordergrund zu treten, die Vorahnung eines nicht mehr fernen Todes. Andererseits taucht zunehmend das Pronomen »wir« auf – Symbol einer vollendeten Verschmelzung ihrer Schicksale zu einer unzertrennlichen Einheit.

Die Angst ist bei uns, mit im Bund,
Gefährtin du – mit breitem Mund!
Ach, wie bröcklig der Tabak,
Du Freundinchen, Narr und Nüßchenknack!
Wir könnten lebenslang wie Stare pfeifen
und Torten essen, Nüsse greifen ...
unmöglich, geht nicht, weggepackt.

Übertragung von Ralph Dutli

Das Moskau dieser Tage trägt das Kainszeichen der Schauprozesse gegen eine angebliche politische Opposition; das Volk fordert die Erschießung der Volksfeinde, Verhaftungen treffen vor allem die Intelligenz. Dieser Mandelstam aber wünscht nichts sehnlicher, als in dem weiten Land unterzutauchen, sich ganz klein zu machen, zu verstecken oder gar in Luft aufzulösen.

In der Küche setzen wir uns hin –
Süß riecht hier das weiße Kerosin.
Scharfes Messer, ein Laib Brot ...
Mach daß der Primuskocher loht!
Sonst such Stricke in der Nacht,
Unser Korb dann zugemacht –
Fort zum Bahnhof das Gespann,
Wo uns keiner finden kann ...

Das Fortfahren steht ihnen allen bald bevor, allerdings keineswegs freiwillig. Noch kurz vor seiner Verhaftung verliebt sich Mandelstam, offenbar ohne Hoffnung auf Gegenseitigkeit, in die junge Dichterin Maria Petrowych. Ihr widmet er ein Gedicht, das Anna Achmatowa als das Beste bezeichnet hat, was die russische Liebeslyrik des 20. Jahrhunderts hervorbrachte.

Doch vermag diese leichte Abweichung von der Schicksalslinie den Lauf der einmal gelegten Patience nicht mehr aufzuhalten. Erschüttert über die Auswirkungen der Kollektivisierung und die Repressalien gegen die Intelligenz, verfaßt Mandelstam ein Epigramm auf Stalin, das er immer wieder vorträgt. 1934 holt man ihn aus der ersten eigenen Wohnung seines Lebens in die Lubjanka, wo er sich mehrere Wochen in Untersuchungshaft befindet und gemütskrank wird. Unter der Bewachung von drei Begleitposten bringt man ihn an die Kama, den Ort seiner Verbannung. In einem Anfall von Angst springt er dort aus dem Fenster in der zweiten Etage und bricht sich die Hand. Er leidet an Verfolgungswahn und Furcht vor Vergiftung. Er verweigert die Mahlzeiten. Nadja bombardiert indessen mit der ihr eigenen Energie verzweifelt den Kreml, Stalin und Bucharin, mit Telegrammen. Sie bleiben nicht ohne Wirkung, und Mandelstam darf sich den Verbannungsort selbst aussuchen.

In Woronesh, wohin sie übersiedeln, leben sie von Spenden der Freunde und Verwandten ohne die leiseste Hoffnung, ihre Schulden je begleichen zu können. Der erst 45jährige Mandelstam scheint um Jahrzehnte gealtert. Immer schwerer erträgt er das Alleinsein und mag das Haus ohne Begleiter nicht mehr verlassen. Nadja ist stets um ihn. Ihre äußerst seltenen Fahrten nach Moskau, um Geld aufzutreiben oder in der Hoffnung, einige von Osips Gedichten unterzubringen, verursachen ihm starke Ängste. Doch gerade in Woronesh vermag Mandelstam seine tiefe seelische Not, die Todesangst, zu überwinden und schreibt im Angesicht des eigenen Unterganges überwältigende Gedichte. Er bestellt sein Haus und legt letzte Hand an sein künstlerisches Vermächtnis, bestimmt seinen Platz in der russischen und in der Weltliteratur. Dieser dem Wahnsinn nahe bettelarme Poet sagt von sich selbst: »Ich bin der letzte christlich-hellenische Dichter.« Was vielen damals wie absurde Phantasiegebilde vorkam, hat sich den Jetztlebenden bewahrheitet. Mandelstam fragt während eines Spaziergangs durch einen Park, in dem den in Woronesh geborenen russischen Dichtern ein Denkmal errichtet wurde, unvermittelt seinen verblüfften Gesprächspartner: »Was meinen Sie, wird man mir hier in Woronesh ein Denkmal setzen?« Heute würde diese Frage niemanden mehr überraschen, denn es gibt diesen Plan für ein Denkmal wirklich.

So wie Mandelstam um seinen frühen Tod wußte, ahnte er auch seine Bedeutung für die russische Kultur. Es war die Gewißheit des eigenen Wertes, die ihm die Bewahrung seiner ungebrochenen künstlerischen Gestaltungskraft bis an das Ende seiner Tage ermöglichte; aber sie beschleunigte auch seinen Untergang.

Nach Ablauf der Verbannungsfrist begaben sich die Mandelstams nach Moskau, um dort ihr Recht zu suchen. Ihm lag an einer Klärung seiner Beziehungen zu den Schriftstellerorganisationen, er forderte die Genehmigung für den Druck seiner Gedichte oder doch zumindest die Gewährung materieller Unterstützung. Aber Mandelstam hatte zu seinem Unglück für seinen Kampf um Gerechtigkeit das Jahr 1937 gewählt, als der Massenterror am heftigsten wütete. Sein Ziel erreichte er: Man genehmigte dem unbequemen Schriftsteller mit dem zweifelhaften Ruf eines sozial fremden Elements einen Sanatoriumsaufenthalt in einer der bei Moskau gelegenen Kuranstalten, um die angegriffenen Nerven zu beruhigen. Dort ist er im Frühjahr 1938 verhaftet worden. So, wie er war, ohne die notwendigen Gegenstände des persönlichen Bedarfs, in einem ungefütterten Mantel, transportierte man ihn in einem Viehwagen in ein Lager im Fernen Osten, wo er unter ungeklärten Umständen starb: ob an Typhus oder infolge einer Herzinsuffizienz, wie es im Totenschein hieß, bleibt wohl für immer ein Geheimnis.

Nadja, die noch nichts vom Tode Osips wußte, schrieb ihm im Oktober einen Brief. Einem Zufall ist es zu danken, daß er nicht verlorenging, obwohl er seinen Empfänger nicht mehr erreichte:

»Osja, mein ferner Freund! Mein Lieber, ich habe keine Worte für diesen Brief, den Du vielleicht nie lesen wirst. Ich schreib' ihn irgendwo im weiten Raum. Kann sein, Du kommst zurück, und da bin ich schon nicht mehr. Dann wär dies das letzte Andenken.

Osjuscha, was war mein kindliches Leben mit Dir für ein großes Glück. Unsere Streitgespräche, unsere Zänkereien, unsere Streitereien, unsere Spiele und unsere Liebe. Heute mag ich nicht einmal mehr zum Himmel hinaufschauen. Wem sollte ich es denn zeigen, wenn ich eine Wolke sehe?

Du erinnerst Dich, wie wir in unser armseliges, zigeunerähnliches Nomadenzelt-Haus unsere winzigen Festlichkeiten hineinschleppten? Weißt Du noch, wie gut das Brot war, als es vor einem wirklich wie ein Wunder lag und wir es zu zweit aßen? Und dann der letzte Winter in Woronjesch. Unser ganzes glückliches Nichts, unsere Armut und die Gedichte. Ich weiß noch genau, als wir aus dem Bad kamen, wußten wir nicht, sollten wir jetzt Eier oder Würstchen kaufen. Da fuhr ein Fuhrwerk mit Heu vorbei. Es war noch kalt, und ich fror in meiner kurzen Männerjoppe (so steht uns die eisige Kälte bevor: Ich weiß, wie Dir's jetzt kalt ist). Und ich erinnere mich genau an diese Tage: Bis in den tiefsten Schmerz war es mir klar, wußte ich es, daß dieser Winter, diese Tage und die Angst unser bestes und letztes Glück waren, das unserm Schicksal zugeteilt wurde.

Jeder Gedanke gilt Dir. Jede Träne und jedes Lächeln auch. Ich preise jeden Tag und jede Stunde unseres bitteren Lebens, mein Freund, mein Weggefährte, mein Blindenführer ... Wir stießen einander an wie junge Hunde – und es ging uns gut dabei. Und dann Dein armer glühender Kopf und all der Wahnsinn, mit dem wir unsere Tage versengten. Was war das für ein Glück – und wie wußten wir doch stets, daß gerade das unser Glück war.

Dieses Leben ist lang. Wie schrecklich lang und mühsam für einen, wenn er und wenn sie allein zugrunde gehen müssen. Ist uns beiden Unzertrennlichen wirklich dieses Los beschieden? Waren wir nicht junge Hunde, Kinder, und Du, der Engel, der sich meiner würdig erwies? Und alles geht weiter. Ich weiß nichts mehr. Und doch weiß ich alles, und jeder Tag ist Dein und jede Stunde, und wie im Fieber ist mir alles überdeutlich klar.

In jeder Nacht bist Du zu mir im Traum gekommen, und ich fragte immer, was passierte – aber Du hast nicht geantwortet. Und dann dieser letzte Traum: Ich kaufe an einem schmutzigen Büfett einer dreckigen Wirtschaft irgendwas zu essen. Mit mir waren irgendwelche fremden Leute, und wie ich einkaufe, da begriff ich, daß ich ja gar nicht weiß, wohin ich das Gute denn nun bringen soll, denn ich weiß ja nicht, wo Du bist. Als ich aufwachte, sagte ich zu Schura: Osja ist gestorben. Ich weiß wirklich nicht, ob Du noch lebst, aber von diesem Tag an verlor ich Deine Spur. Ich weiß nicht, wo Du bist. Hörst Du mich vielleicht? Weißt Du, wie sehr ich Dich liebe? Ach, ich hab' es nicht geschafft, Dir zu sagen, wie sehr ich Dich liebe. Ich kann es auch jetzt nicht sagen. Ich sage nur eins: Du, Du ... Du bist immer bei mir, und ich, die Böse und Wilde, die niemals richtig weinen konnte, ich weine, ich weine.

Das bin ich, Nadja. Und Du?
Leb wohl. Nadja.«

Übersetzung des Textes von Bernd Funk

Pieke Biermann

»Mein Königreich für dies Weib!«
Wallis Simpson und Edward VIII.

D er Bräutigam betrat den Raum um 11.32 Uhr, die Braut
einige Minuten später. Er kam im schwarzen Cut mit
gestreifter Hose, dazu ein grau-weiß gestreiftes Hemd und
eine graue Krawatte. Das Brautkleid war zweiteilig, knöchel-
lang und enganliegend, aus puderblauem Crêpe. Die Linien-
führung sehr schlicht. Darüber trug die Braut eine ebenso
knappe kurze Jacke aus demselben Stoff. Der blaue Strohhut
hatte einen Schleier, der über die hohe Krempe geschlagen
war. Ihr einziger Schmuck bestand aus Ohrringen aus Diamanten und Saphiren sowie einem Armband aus Diamant-
und Saphir-Karrees, ein Geschenk des Bräutigams. Anläßlich
der Hochzeit sollen zweitausend Telegramme und zwanzig-
tausend Briefe aus aller Welt eingetroffen sein.«

Fangen wir also an mit dem, was vermutlich auch die Tele-
gramm- und Briefschreiber aus aller Welt für ein glänzendes
Happy-End hielten. Mit jener opulenten Hochzeitsfeier in
einem – übrigens geliehenen – französischen Schloß am
3. Juni 1937. Sie zementierte den Beginn einer wunderschönen Feindschaft, deren nahezu fünfzigjährige Dauer Generationen von romantischen Seelen und Neidhammeln gleichermaßen gelabt hat. Nein – keine Feindschaft zwischen »ihm«
und »ihr«, bewahre! Diese »größte Romanze des zwanzigsten
Jahrhunderts« mündete tatsächlich nicht bloß vorübergehend im »Hafen der Ehe«; sie blieb der – oft probierte, aber
selten erreichte – »Bund fürs Leben«.

131

»Er« – das ist Edward Albert Christian George Andrew Patrick David, der spätere Prinz von Wales, Inhaber diverser anderer Adelsprädikate und bei seiner Geburt am 23. Juni 1894 dritter in der Thronfolge des englischen Königshauses. Auf dem Thron sitzt Königin Viktoria, und das seit 57 Jahren. Nach ihr werden ihr Sohn als König Edward VII. und dessen Sohn als König Georg IV. das Szepter übernehmen, bevor »David« dran ist, wie er in der Familie genannt wird. Viktorias Schatten und die Bannstrahlen der anglikanischen Staatskirche bilden einen bedeutenden Aspekt seiner Lebensentwicklung, und er selbst gibt in seiner Autobiographie »Eines Königs Geschichte« Anfang der fünfziger Jahre – wahrscheinlich unbewußt – ein Bild von dieser Unheiligen Allianz:

»Als ich etwa einen Monat alt war, wurde ich getauft. Meine Urgroßmutter (Viktoria) kam von Schloß Windsor herüber, um bei der Taufzeremonie zu präsidieren. Sie schrieb darüber: ›Das teure zarte Kindlein wurde im (traditionellen) Spitzenkleidchen … hereingebracht und mir in den Arm gelegt. Dann reichte ich es dem Erzbischof und empfing es von ihm zurück … Das Kind war sehr gutartig. Es gab keinerlei Musik, was ich sehr bedauerte. … Dann wurden wir fotografiert, ich mit dem Baby auf dem Schoß, Bertie und Georgie (Sohn und Enkel) stehend dahinter, so daß wir vier Generationen bildeten.‹«

Das kleine Blaublut wird hineingeboren in eine mustergültige Pflichtehe, in die auch nach jahrelanger Gewöhnung keine Liebe eingekehrt sein soll und in der Kinder grundsätzlich dem zahlreichen Personal überlassen werden. Der kleine hübsche Prinz mit den vielen Namen und Titeln bekommt – ebenfalls in Erfüllung der royal-familiären Pflicht – drei Brüder und eine Schwester. Abgesehen von Stuben- und Küchenmädchen sieht er während seiner Kindheit und Jugend fast ausschließlich Männer, die ihn beherrschen. Er wird vortrainiert von Hauslehrern, weitergereicht an Eliteschulen für Knaben, deren Schüler und Lehrer den bekannten Hang zum Sadismus zeigen, sobald ein Junge Empfindsamkeiten nicht verbergen kann. Er erhält den Grobschliff in

Form jedweder möglichst rauhen Sportart inklusive Jagd und durch Armee und Marine und den schließlichen Feinschliff als Azubi für den dräuenden Thronjob in Form von Händeschütteln mit künftigen Untertanen, paradiplomatischen Missionen nach Übersee und durch jahrelanges Büffeln von Zeremoniell und Ritual.

Hineingeboren wird David auch in eine Epoche größter Umwälzungen, und sie wirken vermutlich als weiterer bedeutender Aspekt seiner Entwicklung. Nicht nur rafft es während seiner frühen Jugend nahe Anverwandte mit Leib und Leben hinweg – Nikolaus, der Zar aller Reußen, war sein Großonkel »Nicky« – oder bringt sie um Krone und Konto. In den Kolonien rumort der Freiheitsdrang, im Mutterland gleichfalls. Es ist die Hoch-Zeit der Frauenwahlrechtsbewegung, und Englands Suffragetten gehören zu den radikalsten Kämpferinnen, und ebenso eine Phase rabiaten Arbeiterbewußtseins. Streiks von Bahn-, Hafen-, Fabrik- und Bergarbeitern sind an der Tagesordnung. Der Erste Weltkrieg schließlich hat Königin Viktorias Idee, ihr Weltreich, das die halbe Erdoberfläche bedeckt, und dessen Nachbarn durch geschickte Heiratspolitik dauerhaft zu befrieden, auf grausame Weise in Senfgas erstickt. »Tu felix Anglia« war als schöner, aber ausgeträumter Traum enttarnt. Hinzu kommt, daß sich die Monarchie als politische Kraft radikal verändert. Sie bestimmt – als konstitutionelle Monarchie – schon lange nicht mehr, was die Regierung tut, aber die Verwandlung der Ehrerbietung, die man den Angehörigen der Königsfamilie entgegenbrachte, in jene Art von Anbetung und Verehrungskitsch, die Filmstars zuteil werden, erfolgt exakt parallel zur Lebensentwicklung von David alias König Edward VIII. alias Herzog von Windsor.

Er findet sich wieder in einer noch nicht ganz ausgegorenen »Moderne«, die er gleichzeitig und vermutlich ebensowenig ausgegoren, verkörpert. Das heißt, wahrscheinlich findet er sich eben gerade *nicht* wieder.

Keir Hardie, einer der Gründer der Labour Party und als »Gewissen des Parlaments« geschätzt, hält anläßlich von

Davids Geburt eine seltsam visionär anmutende Rede. »Es ist anzunehmen, daß der Neugeborene eines Tages zur Herrschaft über dieses große Empire berufen wird. Wir wissen aber im Augenblick noch nichts über seine Eigenschaften oder Fähigkeiten für dieses Amt. Der junge Herr wird von Kindesbeinen an von Sycophanten und Schmeichlern umgeben sein, und man wird ihn glauben machen, er sei ein höheres Wesen. Man wird zwischen ihm und dem Volk einen Trennungsstrich ziehen. Wie üblich wird er nach bewährtem Muster auf Weltreise geschickt; alsbald wird man von einer morganatischen Ehe munkeln, und das Ende vom Lied wird sein, daß das Land die Rechnung bezahlen muß.«

Der Prinz von Wales *war* umgeben von »Sycophanten und Schmeichlern«, und er wurde in den zwanziger Jahren fester Bestandteil einer Society, die ihn als »höheres Wesen« umschwärmte. Hier allerdings geschieht etwas, das auch Hardie nicht vorhersehen konnte. Niemals vor David-Edward hat sich ein Thronfolger so »herabgelassen« und »gemein gemacht« mit Vertretern und Vertreterinnen einer ganz bestimmten Art von »Volk«. Er gehört zu einem »charming circle« aus altem Adel und neuem, vorzugsweise amerikanischem Geld, aus Theater- und Literaturmachern, aus halbseidenen und hoffnungslos ungesetzlichen Liebschaften. Engste Freunde und Verwandte probieren von Homosexualität über Affären mit Schwarzen, flotten Dreiern und serienmäßigem Ehebruch alles durch, was anglikanisch-gutbürgerlichem Empfinden als Untergang des Empires sozusagen heilig ist. Nicht zufällig waren das nicht nur David-Edwards »wilde Jahre«; die Zwanziger heißen bis heute so, und den Kulminationspunkt erreichten die »Roaring Twenties« – in den USA, genauer gesagt: in New York. Moderne Zeiten.

Und damit sind wir bei »ihr«. Bessiewallis Warfield wird – eigenen und boshaft angezweifelten Angaben nach – geboren am 19. Juni 1896. Die boshaften Zweifler behaupten, sie sei in Wirklichkeit noch vor der Eheschließung ihrer Eltern Alice Montague und Teackle Wallis-Warfield zur Welt gekommen, also unehelich. Wie dem auch sei, Frauen besaßen – noch lange nach Einführung der Moderne in die Kulturgeschichte – das Recht, ihr wahres Alter schamhaft zu verschweigen, und auf »typisch weibliche Vorrechte« hat sich die junge Dame bis in ihre alten Tage gern und erfolgreich berufen. Daraus erklärt sich zum Beispiel, daß – wann immer von ihr die Rede ist, in Klatschspalten und Gesellschaftsnachrichten – ausführliche Beschreibungen ihrer persönlichen Kleiderordnung zu lesen sind. Irene Brin, die brillante Feuilletonistin der italienischen Gesellschaftspresse und scharfe Kommentatorin der Kulturgeschichte zwischen 1920 und 1940 in Europa und den USA, widmet ihr folgende spöttische Zeilen:

(Während) »die jungen Debütantinnen in Amerika ... eingedenk der Leiden Europas schlichte Abendkleider« (tragen wollen, erschien) »Miss Wallis Warfield ... in weißer Seide und perlenbesticktem *Chiffon*. ›Eine Wolke aus *Chiffon* umhüllte ihre Schultern‹, schrieb ihre Biografin ..., › und aus dieser Wolke fiel, ebenfalls aus *Chiffon*, eine Art Tunika herab, die bis zum Knie herunterreichte und an den Rändern wiederum durch Perlen betont war. Das Kleid war im Empire-Stil gehalten, und zwei einzelne Rosen, *American Beauties*, bildeten Wallis' ganzen Schmuck.‹ In derselben Saison trug Miss Warfield noch eine weitere aufsehenerregende Abendtoilette ...«

Aber bis wir sie als stets kostbar gekleidete Debütantin sehen, hat sie einige harte Jahre hinter sich zu bringen. Ihre Eltern vererbten ihr zwar literweise altes englisches und vor allem blaues Blut – aus Edwardianischen Monarchiezweigen und Adel von der Isle of Man –, aber als Wallis das Licht der Welt in Baltimore erblickte, hatte sich der gesellschaftliche und erst recht der finanzielle Himmel verdüstert. Der Vater stirbt früh an Tuberkulose, die Mutter Alice zieht mit dem Kind von Pension zu Pension und eröffnet schließlich selbst eine, mit der sie es zu einem halbwegs gediegenen Auskommen bringt. Den schon erwähnten boshaften Beobachtern zufolge hatte ihre Pension »einen schlechten Ruf«, mit anderen Worten: Es handelte sich wohl um ein Stundenhotel. Das müßte uns nicht weiter interessieren, hätte es nicht – in späteren Zeiten – ganze Einsatzkommandos von Geheimdienstlern jeder Couleur so nachhaltig fasziniert.

Sobald Fräulein Warfield alt genug ist, heiratet sie. Zum ersten Mal. Wiederum gibt ihr Outfit Anlaß zu breiten Erörterungen. Der Gatte heißt Earl Winfield Spencer und ist acht Jahre älter sowie Offizier der amerikanischen Marine. Er entstammt einer wohlhabenden Börsenmakler-Familie aus Chicago und kann seine junge Angetraute nur kurzfristig überzeugen. Seine Alkoholexzesse und sein Hang zur Gewalttätigkeit und zu anderen Frauen sprechen dagegen. Sie flieht nach Washington, wo sie die ungebundene und attraktive junge Frau gibt und zügig zum festen Bestandteil des dortigen Smart-set avanciert. Ihre Liebhaber sind stets illustre Vertreter von Politik und Cosmo-Politik. Wallis Warfield-Spencer scheint entschlossen, nichts anbrennen zu lassen, und warum sollte sie auch.

Offizier Spencer versucht mehrere Male, sie zurückzuholen. Es gelingt ihm mindestens einmal, und passenderweise wird er zur selben Zeit, 1924, ins Südchinesische Meer strafversetzt. In China herrscht Bürgerkrieg, auch eine Art von »Wende«, eine radikale Umwälzung. Wallis, die sich bereits in Europa umgetan hatte, stürzt sich ins chinesische Abenteuer und gerät wiederum – wie schon in Paris, wo sie sich das Leben durch die lukrative Begleitung vermögender Herren finanziert haben soll – ins Visier der professionellen Voyeure.

1926 kehrt sie zurück nach Washington, reicht die Scheidung ein und lernt Ernest Aldrich Simpson kennen, einen New Yorker Reeder-Sohn, der ebenfalls noch verheiratet ist. Nach der erfolgreichen Doppelscheidung 1928 gehen beide nach London und schließen die Ehe. Ihre zweite. Es dauert nicht lange, und Mrs. Wallis Simpson hat auch dieses Entree bravourös geschafft. Dank Schwägerin Maud, in deren Haus der prinzliche »charming circle« ein- und ausgeht, und hochrangiger Angestellter der amerikanischen Botschaft gehört sie bald zum äußerst beweglichen Inventar der englischen Gesellschaft mit ihren »house-parties«, Dinners und Jagdausflügen. Hellseher hätten die Uhr danach stellen können, denn es war tatsächlich nur eine Frage der Zeit, daß jener Kurzschluß erfolgte, der ab 1936 die Emotionalienhändler von der Regenbogen-Presse mit immer neuen, immergrünen Schreibanlässen versorgen sollte. Es geschah im Winter 1930 / 31, während der traditionellen Fuchsjagd in Melton Mowbray, Leicestershire. Aber lesen wir noch einmal eine Beschreibung durch Edwards (von Geisterhand geführte) Feder:

»Es war eines jener Weekends, für die die britischen Winter mit Recht berüchtigt sind – kalt, feucht, neblig. Mrs. Simpson ritt nicht und interessierte sich offenbar weder für Pferde, Hunde noch für Jagd überhaupt. ... Da man von einem Prinzen im allgemeinen erwartet, daß er Ausländer ins Gespräch zieht, und da man mir gesagt hatte, sie sei Amerikanerin, fühlte ich mich zu der Bemerkung veranlaßt, sie vermisse wohl sehr die Zentralheizung, die in meinem Land bedauerlicherweise so selten, in ihrem Land aber selbstverständlich war. Unter normalen Umständen rechnete ich mit einer zustimmenden Antwort ..., statt dessen aber tat sich buchstäblich ein Abgrund vor mir auf. Mrs. Simpson vermißte keineswegs die große Wohltat, die ihr Land der Welt gebracht hatte. ... Ihr Blick wurde leicht spöttisch. ›Bedaure, Sir‹, sagte sie, ›aber Sie enttäuschen mich.‹

›Wieso?‹

›Diese Frage wird an jede Amerikanerin gestellt, die in Ihr Land kommt. Ich hatte vom Prinzen von Wales mehr Originalität erwartet.‹

Ich zog mich zurück und unterhielt mich mit den anderen Gästen, aber der Satz klang mir im Ohr nach.«

Der wahrhaft herzerwärmende Dialog scheint den Prinzen bald darauf in ein Feuer versetzt zu haben, das einen traditionellen englischen Kamin vor Neid erkalten läßt. To make a long story short – er sieht sie noch einmal vor seinen Eltern im Palast knicksen, dabei fällt ihm »ihre graziöse Haltung und die natürliche Würde ihrer Bewegungen« auf. Bald darauf serviert er kurzerhand seine beiden weiblichen Vertrauten ab, die ihm jahrelang Mut zugesprochen hatten, wenn er wieder

»die Nase voll« hatte von diesem »princing«. Beide übrigens verheiratete ältere Damen. Junge, standesgemäße, die die kommende Krone samt den dazugehörigen Juwelen hätten auf sich laden können, waren in seiner Umgebung nie gesichtet worden.

Der Prinz und die Spencerin, pardon: Mrs. Simpson, werden *das* Liebespaar des »charming circle«. Nie wieder muß Wallis amerikanische Rosen als einziger Schmuck tragen; sie erregt vielmehr Aufsehen – inmitten der Wirtschaftskrise – durch Berge von neuen Kleidern und Pretiosen, die sie der Einfachheit halber im Fort Belvedere deponiert, dem Junggesellensitz des Prinzen. Gatte Ernest hütet derweil – gehörnt zwar, aber ohne Murren – die eheliche Wohnung. Die königlichen Eltern kommentieren immer wieder: »We are not amused«, aber ein Politikum ist die Liaison nicht. Als am 20. Januar 1937 Georg V. stirbt und David als Edward VIII. den Thron besteigt, ändert sich auch zunächst nichts. Das Traumpaar fährt weiter gemeinsam in Urlaub und verbringt jede freie Minute miteinander, wie sich das für Verliebte gehört. Stanley Baldwin, ein Tory, ist Premierminister und vollauf mit der neuen europäischen Lage beschäftigt. Seit vier Jahren gibt es – neben Italien – auch in Deutschland eine Partei und einen Führer, die eine höchst aggressive Expansionspolitik propagieren und dann auch praktizieren. England hat – wegen Afrika – zunächst mehr Ärger mit dem Duce. Stößt man den vor den Kopf, treibt ihn das womöglich noch näher an Hitler. Signalisiert man Stillhalten, nehmen womöglich der Duce *und* dieser »Führer« die Chance wahr und greifen nach mehr. Die – heftig umstrittene – *Appeasement*-Politik wird erwogen. Argument für diese Strategie der Beschwichtigung ist, daß England aus einem möglichen Krieg herausgehalten werden muß. Edward VIII. ist für *Appeasement* um nahezu jeden Preis, Baldwin bevorzugt einen gemäßigten Konfrontationskurs. Sie geraten das erste Mal aneinander, als Edward ein Vierteljahr König ist. Zur selben Zeit marschieren die Nazis in einer entmilitarisierten Zone namens Rheinland ein.

Edward hat keine wirkliche politische Macht, sein Handeln und sogar öffentliche Äußerungen von ihm sind gebunden an die Erlaubnis des Kabinetts. Aber ihn beschäftigt eine andere Frage ohnehin weit mehr: Die Frage, wie er König bleiben *und* Wallis Simpson, geschiedene Spencer, geborene Warfield zu seiner Königin machen kann. Nach der Verfassung ist er als König auch weltlicher Statthalter der Staatskirche, die aber kennt keine Scheidung und erkennt sie folglich nicht an. Zwar werden bei Hof Geschiedene inzwischen empfangen, aber nur *unschuldig* Geschiedene. Angesichts der skandalträchtigen Traditionen vieler Individuen des englischen Hofes eine absurde Moral. Dabei böte ein bißchen amerikanischer Pragmatismus, ein bißchen formvollendete Modernität in diesem Fall den Vorteil, endlich mal ein *verliebtes Paar* auf dem Thron zu haben ...

Edward ist kein Macher, eher ein Zauderer. Vielleicht ist auch die romantische Diagnose die beste: Dieses Liebesglück hält ihn im selben Zustand, den alle Verliebten kennen – in einem Schwebezustand, bei dem die schlichten, kühlen Mechanismen der Realität nur stören. Überhaupt: Realität! Was ist das schon? Die einzige Realität, die Verliebte interessiert, ist die unglaubliche Realität der Liebe. Dieses: »Daß ich das noch erleben durfte!« Dieses Häwelmann-Syndrom: »Mehr, mehr!«

Wallis scheint eher zum Problemlösen geboren, mehr auf dem Boden der Tatsachen. Aber sie hat *dieses* Problem nicht zu lösen. Und noch ist sie verheiratet ...

Die Scheidung gerät zur schmutzigen Inszenierung. Selbstverständlich muß Ernest Simpson sich schuldig bekennen, obwohl seine Hörner selbst beim besten Willen nicht zu übersehen sind. 100 000 Pfund – so wird gemunkelt – überzeugen ihn davon, sich mit einer ebenfalls großzügig abgefundenen Dame »in flagranti erwischen« zu lassen. Am 27. Oktober 1936 ist der Scheidungsprozeß. Wallis wird geschieden, muß aber noch ein halbes Jahr auf die Rechtskräftigkeit des Urteils warten. Das ist üblich.

Noch immer ist die Presse nicht eingestiegen ins Skandalgeschäft. Edwards Freund Lord Beaverbrook, der die monarchie-freundlichen Zeitungen kontrolliert, garantiert Stillschweigen. Ein weiterer guter Freund rät ihm, auf Zeit zu spielen. Es ist ein gewisser Winston Churchill, damals »Enfant terrible« innerhalb der Tory-Partei und Gegenspieler von Baldwin, den er bald als Premierminister ablösen wird. Es ist Baldwin persönlich, der die Konfrontation sucht. Zu einem Zeitpunkt, als eine mögliche Eheschließung des Königs mit einer geschiedenen Frau noch das sprichwörtliche ungelegte Ei ist, weil die Frau noch gar nicht geschieden ist und der König keine Ankündigung gemacht hat, im November 1936, setzt Baldwin Edward massiv unter Zugzwang. Falls der König beabsichtige, so erklärt er ihm, »diese Frau« zu heiraten, müsse er abdanken. Wolle er König bleiben, und das sei ja wohl seine Pflicht, dann müsse er »diese Frau« aufgeben. Edward will beides. Und Edward ist sehr beliebt und bekannt im Volk. Lord Beaverbrook und Churchill raten zum Abwarten. Wenn Edward erst einmal gekrönt ist – im Mai 1937 – und fest auf dem Thron sitzt, dann könne er es schaffen. Edward zögert. Baldwin will eine schnelle Entscheidung, und er selbst hat damals wohl die »morganatische Ehe«, von der Keir Hardie 1894 gesprochen hatte, in die Debatte geworfen. Edward könnte nach dieser Idee Wallis zwar heiraten, aber weder sie noch die aus der Ehe hervorgehenden Kinder hätten irgendwelche Standes- und Thronfolgerechte.

Edward gibt widerwillig seine Zustimmung, über die morganatische Lösung im Parlament zu beraten. Eine Verfassungsänderung wäre dafür nötig, und die setzt auch die Einwilligung der Dominien voraus. Die Dominien allerdings – Länder wie Australien, Kanada und Südafrika – hat Baldwin fest im Griff. Die morganatische Lösung, so stellt sich bald heraus, war nur ein Schachzug des Premierministers, um den König zur Botmäßigkeit oder zum Abdanken zu zwingen. Vermutlich von Anfang an zu letzterem. Baldwin traut dem neuen König nicht, er ist ihm zu wenig kontrollierbar, hat politische Ansichten und mischt sich – ein »Unding« in der konstitutionellen Monarchie – in die Angelegenheiten der

Politik ein. Überhaupt, er ist zu modern, kümmert sich um streikende Bergarbeiter ...

Baldwin, auf seine Weise ein Überhang an Viktorianismus, schickt Edward den Erzbischof von Canterbury ins Haus. Und er tut etwas quasi Illegales, woraus Churchill und andere später politisches Kapital schlagen werden: Er trifft mit den Parteien im Parlament eine Absprache, daß – falls der König nicht abdankt und die Regierung Baldwin daraufhin zurücktreten muß – keine andere Partei eine Regierung bilden wird. Sein Kalkül dabei ist folgendes: Es käme damit zum Chaos, denn es müßten Neuwahlen stattfinden. Die Situation könnte von der Labour Party genutzt werden, um endlich die republikanische Staatsform durchzusetzen. Es könnte sogar zum Bürgerkrieg kommen. Und die »ungeordneten Verhältnisse« würden womöglich einer kleinen, aber lauter und frecher werdenden faschistischen Bewegung Auftrieb geben, die auch in England vorhanden ist. Baldwin spielt geschickt mit dem Pflichtgefühl des Königs. Edward sucht Rückendeckung bei seiner Familie, aber seine Mutter Mary und vor allem sein Bruder Bertie, der im Fall der Abdankung selbst auf den Thron müßte, sind absolut gegen die Ehe und damit gegen die Abdankung.

Dann setzt Baldwin die Presse ein. Die regierungsfreundlichen Blätter mit ihrem Flaggschiff »Times«, deren Herausgeber ein enger Vertrauter Baldwins ist, beginnen eine Kanonade aus Schlagzeilen am 3. Dezember 1936 gegen eine gewisse Mrs. Simpson. Ihre Fensterscheiben werden eingeworfen. Wallis flieht heimlich in derselben Nacht nach Südfrankreich zu Freunden. »Mit acht Truhen und fünf Koffern«, wie genüßlich vermerkt wird. Edward bleibt allein mit der Pflicht, eine Entscheidung zu treffen, fern der »unabhängigsten Frau, die ich je getroffen hatte«, wie er später beschreibt und ausführt: »Diesen erfrischenden amerikanischen Zug an ihr betrachtete ich als eine der glücklichsten Folgeerscheinungen der Unabhängigkeitserklärung von 1776.«

Als sie ihn – aus ihrem Exil – schließlich freigibt, damit er König bleiben kann, entscheidet er sich.

Am Morgen des 10. Dezember 1936 unterzeichnet Edward VIII., König von Großbritannien, Irland und den Britischen Dominien in Übersee und Kaiser von Indien, in Gegenwart seiner drei Brüder die Abdankungsurkunde. Am selben Abend erklärt er über den Rundfunk »seinem Volk« den Schritt. »Glaubt mir, wenn ich euch sage, daß es mir unmöglich war, die schwere Bürde der Verantwortung auf mich zu nehmen und meine Pflichten als König, so wie ich wollte, zu erfüllen *ohne die Hilfe und die Unterstützung der Frau, die ich liebe.* Und ihr sollt auch wissen, daß die ... Entscheidung ganz allein von mir abhing. ... Die andere Person, die am nächsten betroffen ist, hat bis zum Äußersten versucht, mich zu einem anderen Weg zu überreden.«

Edward Herzog von Windsor zusammen mit
Wallis Simpson in Palm Beach, USA, 1951

Und dann läßt Edward, der jetzt wieder David ist und von seinem grollenden Bruder Bertie den Titel »Herzog von Windsor« überlassen bekommt, 43 Truhen vollpacken und fährt auf den Kontinent. Noch vier Monate, und seine geliebte amerikanische Unabhängigkeitsgöttin ist frei, sich mit einem anderen als dem zuvor mal angetrauten Ehemann einzulassen.

Damit könnte die Geschichte enden, happy-enden. Zwar erscheint zur Hochzeit niemand aus der Familie, zwar wird Wallis lebenslänglich das Prädikat »Ihre Königliche Hoheit« vorenthalten, das Edward als Herzog führen darf, zwar müssen 35 Jahre vergehen, bis – auf Edwards Sterbebett – eine neue Königin, seine Nichte »Lillibet«, genug Anstand besitzt, die unerwünschte Amerikanerin einiger höflicher Floskeln über Teegebäck für würdig zu halten. Auch darf die »Unperson«, die als »diese Frau« in die Konversation der Braven und Anständigen einging, später sogar zu Edwards Beerdigung nach London und bekommt einen Platz im Grab neben ihm, auf königlich englischem Boden, den sie 1986, vierzehn Jahre nach ihm, auch einnimmt. Aber wirklichen Frieden hat es nie gegeben.

Das hohe Paar amüsiert sich dennoch, wie zu lesen ist. Gleich nach den Hochzeitsfeierlichkeiten brechen Seine Königliche Hoheit und Seine Bürgerliche Freiheit auf in die Flitterwochen, und die scheinen, wenn man der Regenbogenpresse glauben darf, nicht zu enden. Sie sind die Goldkinder der Jet-set-Society zwischen der Riviera und der Karibik. Wallis ist eine begnadete Gastgeberin und hält hof, Edwards und ihren Hof. Und an dem steht selbstverständlich auf Wallis' Tischkärtchen ein dickes HRH – Her Royal Highness ...

Stellen wir sie uns ruhig vor, zwei Turteltäubchen bis ins hohe Alter. Geben wir doch zu, daß das der Stoff ist, der auch unsere heutigen romantischen Sehnsüchte kitzelt und aus dem auch wir uns nur zu gern ein Stückchen Realität schneidern würden. Wenigstens manchmal. Ja, ja klar, wenden wir ein, aufgeklärt und rational, wie wir sind: Das ist doch bloß eins der klassischen romantischen Klischees. Liebespaare, heterosexuelle zumal (aber homosexuelle sind meist nicht allzuweit davon entfernt), pflegen einem von drei Mythen zu entsprechen. Mythos eins ist »Die Schöne und der Geist« (oder, wahlweise, »die Bestie«), schmackhaft gemacht von Cocteau und »King Kong«. Mythos zwei sind die »zwei Königskinder, die zusammen nicht kommen dürfen«, Romeo und Julia. Mythos drei, obwohl uralt, vielleicht der modernste, ist der von »Samson und Delila«. Der formal mächtige Mann, der dadurch schwach wird, daß er einer Frau, die er liebt und *weil* er sie liebt, sein Geheimnis offenbart, und die starke Frau, die ihre Stärke über inszenierte Weiblichkeit und Verführung erringt. Die Samson-und-Delila-Variante paßt am besten auf unser Traumpaar hier, mit kleinen modernen Abweichungen. Wallis ist kein gespieltes »Weibchen«, und Edward war wohl nie ein »männlich-mächtiger« Mann. Womöglich hat das die beiden, wie auch viele andere Paare, nie gestört. Womöglich war er einfach glücklich mit dieser Frau, die ihm zeigte, wo's langgeht, und der er sein Leben unterstellte. Warum sollte einem Mann schaden, was Frauen angeblich die Erfüllung bringt? Und womöglich war auch sie einfach glücklich in dieser »Herrscherrolle«. Lieben wir Heutigen sie nicht gerade dafür – alle beide? Für die Dickköpfigkeit, mit der sie sich *unüblich* benehmen, und zwar öffentlich? Für den »Verrat an der Geschlechtsrolle«? Lieben wir nicht insbesondere diesen wunderbar »unmännlichen« Mann, der sich im entscheidenden Augenblick seines Lebens als umgekehrter Richard III. präsentiert und nach der Devise handelt: »Mein Königreich für dies Weib!«? Ach, wenn sie doch alle so wären! Oder wenigstens die, mit denen wir eine Liebesgeschichte haben möchten, wenn wir denn eine mit einem Mann haben möchten! Wenn doch dieses Risiko, das jeweilige »Königreich« wegen einer Frau, wegen einer Liebe, wegen *uns,* verdammt nochmal!, aufs Spiel zu setzen, für jeden Mann zum Entreebillett in die Welt der Frauen erklärt würde! Totales Risiko als Mindesteinsatz. Gibt's romantische Liebe zu einem billigeren Preis? Ha!

Herzog und Herzogin von Windsor, 1961.
Fotografie von Cecil Beaton

Vorbildlich ist er, dieser Ex-König. Vorbildlich diese ganze Geschichte. Vorbildlich – wenn da nicht ein paar Haken wären. Schlimmer noch: ein paar Haken*kreuze*. Und auch um die kommen wir nicht rum. Es ist nun einmal schwarz auf weiß dokumentiert, daß er und sie, und vor allem wohl sie, entsetzlich innige Beziehungen zu Faschisten und Nazis und deren Gesinnungsgenossen, Finanziers und Förderern unterhielten. Verschiedene Geheimdienste haben erst Mrs. Simpson und dann auch den Herzog durch die Jahrzehnte verfolgt, Polizei-Stenographen haben ihre untergründige Lebensgeschichte geschrieben, Hitler hat sie für thrillerartige Szenarien verplant, von denen sie sich nie distanziert haben. Ihre erste große Reise taten sie ausgerechnet nach Nazi-Deutschland, 1937, wo sie sich feiern ließen. Sie ließen sich auch allzu gern einbauen in den Plan, falls Hitlers Wehrmacht England einnähme, als neue alte Monarchen auf den Thron zurückzusteigen. Wallis pflegte beste Beziehung zu Ribbentrop, dem deutschen Botschafter, der eigens aufgrund dieser Beziehungen nach London versetzt worden sein soll. Bereits 1935 / 36 gab die englische Regierung dem Geheimdienst Dossiers über »diese Frau« in Auftrag, und darin standen nicht nur krude Männerphantasien über angebliche wüste Nächte in chinesischen Bordellen, die die damalige Mrs. Spencer hinter sich gebracht hatte, auch ihre Kontakte mit politisch gefährlichen Personen waren minuziös verzeichnet. Es ist wahrscheinlich, daß Premierminister Baldwin aus *diesem* Grund auf Abdankung drängte. Edward erschien als unsicherer Kantonist für jede Art von Deutschlandpolitik außer der des totalen und wohlwollenden *Appeasement*.

Auch nach der Abdankung riß die Serie der Fettnäpfchentritte nicht ab. Die Gesellschaft, in der das glückliche Paar verkehrte, war hoffnungslos versippt mit Nazis und Faschisten. Auch von den anderen »Schönen und Reichen« blieb damals kaum jemand sauber, und kaum jemand hielt es für nötig, sich wenigstens nach 1945, als das ganze Ausmaß des Terrors und Massenmordens, das die Nazis angerichtet hatten, in die Öffentlichkeit drang, zu distanzieren, zu schämen, explizit zu widerrufen. Auch Edward und Wallis nicht. Sie fügten dem ohnehin anrüchigen Personenkreis, in dem sie hof hielten, auch noch die Prominenz des syndikalisierten Verbrechens hinzu, verwickelten sich – während Edwards Dienst als Generalgouverneur auf den Bahamas – in Spielbankenaffären, bei denen Meyer Lansky die Fäden zog, der zweite Mann hinter Lucky Luciano ...

Sie scheinen das alles nie für ehrenrührig gehalten zu

haben. Vielleicht, weil sie so gnadenlos isoliert und demontiert worden waren von denen, deren Unterstützung und Nähe sie erhofften, und sich einfach an alle Leute hielten, die ihnen »den Hof« machten. Vielleicht auch, weil sie einfach kriminell kindlich waren in ihrer Illusion, ein glückliches Liebespaar zu sein, sei ein Lebenswerk, das einen von allen anderen Aspekten der Realität entbindet.

Das stört. Wir wünschen uns romantische Vorbilder immer als absolut – absolut rein, absolut schön, absolut makellos. Im wörtlichen Sinn, nämlich losgelöst: von der Realität, von der wir ja wissen, daß man sich schmutzige Hände an ihr holt. Aber müssen wir eigentlich wirklich glauben können, die idealen romantischen Liebenden seien überirdisch, also un-menschlich, sozusagen Engel? Anders gefragt: Haben wir uns selbst je wirklich hindern lassen, die totale Liebesgeschichte für machbar zu halten, bloß weil auch Schergen und Mörder, Tyrannen und Demagogen den Wunsch danach verspüren, ja vielleicht sogar fähig sind, sie zu erleben? Hat irgend jemand ernsthaft vor, nicht mehr zu lieben, weil auch Nazis und deren Sympathisanten geliebt haben könnten?

Gisela Albrecht

»Der Gedanke an dich
zündet tausend Feuer in mir an«

Winnifred Madikizela und Nelson Mandela

»Robben Island, 29. Juni 1976

Ich wünschte, ich könnte Dich auf eine lange, lange Fahrt
mitnehmen – so wie ich es am 12. Juni 1958 getan habe, nur
mit dem Unterschied, daß ich es dieses Mal lieber hätte,
wären wir allein. Ich war nun so lange fern von Dir. Könnte
ich zurückkommen, das erste, was ich gern täte: Ich würde
Dich nehmen und Dich herausführen aus dieser Atmosphäre, die Dich erstickt, würde Dich herumfahren, voller
Behutsamkeit, damit Du frische Luft holen und wieder frei
atmen, die Schönheit des Landes Südafrika anschauen könntest, das Grün seiner Weiden und Bäume, die Farben der wilden Blumen, die schäumenden Flüsse und die auf dem offenen Feld grasenden Tiere. Und Du könntest reden mit den
einfachen Menschen, die wir treffen würden am Wegrand.
Zum ersten Mal anhalten würden wir dort, wo Ma Rhadebe
und CK schlafen (Winnie Mandelas Eltern). Ich hoffe, sie liegen dicht nebeneinander. Dann könnte ich meinen Dank
abstatten an die, die es möglich gemacht haben, daß ich so
glücklich bin und so frei, wie ich es jetzt bin.

Vielleicht würden die Geschichten, die ich all die Jahre
hindurch so sehr gewünscht habe, Dir erzählen zu können,
dort beginnen. Die Atmosphäre würde wahrscheinlich Deine
Ohren schärfen, und mich würde sie davon abhalten, mich

vor allem auf die Dinge zu konzentrieren, die erbaulich sind, leicht eingehen und positiv und konstruktiv sind. Danach würden wir weiterfahren und haltmachen bei Mbhakanyiswa und Nosekeni, wo die Umstände ähnlich wären. Danach, glaube ich, würden wir frisch und gestärkt zurückfahren in unser Haus 8115 ...«

Ein Brief, ein Liebesbrief, mit den klassischen Elementen der Mitteilung an die ferne Geliebte: der Erinnerung an glückliche Augenblicke aus der Vergangenheit, dem vorsichtigen Ton der Trauer um die entbehrte Gegenwart und den sehnsuchtsvollen Wünschen für die Zukunft, obwohl doch der Schreibende dieser Zukunft noch weniger mächtig ist als andere Liebende. Denn der, der in diesem Brief Vergangenheit und Zukunft beschwört, wie um seine Gegenwart daran festzuhalten – Nelson Mandela –, der ist, als er diesen Brief schreibt, Gefangener auf der Zuchthausinsel Robben Island und ist von der Frau, für die er die zärtlichen Bilder gemeinsamen Lebens entwirft, seit vierzehn Jahren durch ein stürmisches Meer getrennt. Das ist beinahe wie in den Liebesgeschichten der Poesie; beinahe wie bei Hero und Leander und den liebenden Königskindern des Volkslieds – »und sie konnten zueinander nicht kommen, das Wasser war viel zu tief«.

Nur daß es nicht eigentlich die Tiefe des Wassers war, die Winnie und Nelson Mandela trennte, sondern Gefängnismauern und Wachtürme und Zäune des Hochsicherheitstrakts eines Zuchthauses auf einer Insel, sieben Meilen vor Kapstadt, umgeben von Felsenklippen und rauher See. Und die Fahrt, an die Mandela in seinem Brief erinnert – die lange Fahrt vom 12. Juni 1958 –, das war die Fahrt mit der glückstrahlenden jungen Braut Nomzamo Zaniewe Winnifred Madikizela zur Hochzeit im Kraal des Vaters der Braut in Bisana in der Transkei, wo das gemeinsame Leben von Winnie und Nelson Mandela mit der Trauung am 14. Juni 1958 begann.

Ein voneinander getrenntes gemeinsames Leben von Anfang an. Die abgebrochene Hochzeitszeremonie – der traditionelle Ritus, der im Heim von Mandela in Qunu hätte fortgesetzt werden müssen, konnte nicht zu Ende geführt werden; der Bräutigam war schon damals, 1958, gewissermaßen Gefangener auf Urlaub; er war gebannt, angeklagt wegen Hochverrats, und die ihm zugestandene Frist für die Hochzeit reichte nicht aus – diese nicht beendete Trauung war wie ein Bild für die Ehe, die mit dieser Hochzeit begann und die ein Zusammenleben in Trennung und Abschiednehmen war. Wie ein roter Faden taucht dieses Abschiedsmotiv in fast allen Gefängnisbriefen von Mandela auf:

»Robben Island, 1. Oktober 1975

Ich hatte den Besuchsraum kaum verlassen – am 30. August –, da dachte ich schon an Dich, als ich zur Zelle zurückging. Ich sagte mir: Da geht Msuthu, sie ist wie ein Vogel in der Hand, der in die Wälder zurückkehrt, in den wilden Dschungel und die weite Welt.

Ich vermisse Dich, Mhlope, und liebe Dich!

In liebender Zuneigung – Dalindyebo«

»Ich war nun so lange fern von Dir ...«, als Mandela dies schreibt, liegt eine Ferne von fast anderthalb Jahrzehnten zwischen den beiden, überbrückt nur ab und zu durch einen Besuch, in den ersten Jahren jedes halbe Jahr einmal, eine halbe Stunde lang. Getrennt voneinander sind sie auch im Besucherraum des Gefängnisses, durch die gläserne Trennscheibe sehen sie ihre Silhouetten nur unklar, hören den Klang ihrer Stimmen durch die Sprechanlage verzerrt, sagen sich Worte, die der Wärter registriert und deren inhaltliche Beschränkung er überwacht. Nur private Mitteilung ist erlaubt. Über die Familie. Und über die Liebe. Das ist mit den Briefen genauso.

»Robben Island, 15. April 1976

Dadewethu,

in der Nacht zum 24. Februar träumte ich, daß ich bei unserem Haus Nr. 8115 ankam. Das Schlafzimmer war voll mit Angehörigen und engen Freunden, Du sahst jung aus und schliefst, an die Wand gelehnt.

Als ich am Morgen des 25. Februar aufwachte, habt Ihr mir – Du und die Kinder – wie immer sehr gefehlt. Was Du vielleicht nicht weißt, ist, wie oft ich an Dich denke und mir im Geist all das vorstelle, was Dich körperlich und seelisch ausmacht – die Form Deiner Stirn, Deiner Schultern und Glieder, die liebevollen Bemerkungen, die täglich von Dir kamen, und das zugedrückte Auge gegenüber den zahllosen Irritationen, die jede andere Frau frustriert hätten.

Fast hätte ich vergessen, Dir zu sagen, daß es Siege gibt, deren Glanz in der Tatsache liegt, daß sie nur denen bekannt sind, die sie errungen haben. Aber es gibt Wunden, die tiefe Narben hinterlassen, wenn sie heilen.

Beim Schreiben dieses Briefes sehe ich Dein schönes Foto, zwei Fuß über meiner linken Schulter stehen. Ich staube es jeden Morgen sorgfältig ab; denn es gibt mir das angenehme Gefühl, als ob ich Dich streichle, wie damals, ich berühre sogar Deine Nase mit meiner. Um den gleichsam elektrischen Funken wieder einzufangen, der mein Blut früher jedesmal in Wallung brachte ...

Ich liebe Dich – hingebungsvoll – Dalibhunga«

Auch dieses sehnsuchtsvolle Bekenntnis ist zensiert, auf fünfhundert Worte beschränkt, gezeichnet mit den Hieroglyphen der Gefangenschaft, der Häftlingsnummer 466 / 64, die fast zwanzig Jahre lang Mandelas Identitätszeichen war, bevor er 1982 ins Gefängnis Pollsmoor aufs Festland verlegt wurde.

Kann man, darf man es trotzdem als Liebesbrief lesen? Und die vielen anderen Briefe, die Mandela aus dem Gefängnis geschrieben hat – kann man es dabei belassen, sie zu lesen, als Mitteilungen, aufs Private reduziert, wie die Gefängnisregel es vorschreibt? Darf man die Worte so nehmen, wie sie da stehen, ohne den Worten zwischen den Worten auf die Spur gekommen zu sein, dem Code, der doch, denkt man, die eigentliche Mitteilung vor den Augen des Zensors verbirgt?

Damit fangen die Fragen an und die Skrupel, mit denen man sich auf der Stelle herumzuschlagen beginnt – und ich schlage mich immer noch damit herum –, wenn man sich dieser Geschichte zu nähern versucht und sich fragt, wie man davon erzählen kann; von dieser ungewöhnlichen Liebesgeschichte, die die Geschichte einer jetzt 26jährigen Trennung, einer nur in Briefen und Blicken gelebten Liebe, einer Liebe ohne Berührung ist. Die aber auch die Geschichte eines politischen Kampfes ist, für den beide ihr Leben, auch ihr Leben zusammen, ihr Lieben, als Preis in die Waagschale geworfen haben; der aber in den Briefen, in den kurzen, überwachten Gesprächen, nicht vorkommen darf. Seit 26 Jahren nicht.

»Er hat mir einmal einen Brief von der Insel geschrieben. Er hatte damals ein paar Tomatenpflanzen gezüchtet; einmal passierte es ihm, daß er eine der Pflanzen aus Versehen verletzte. Er beschrieb die Schönheit dieser Pflanze, wie sie wuchs, wie er sie hatte zum Leben erwecken können, weil er sie pflegte und liebte; wie er sie dann verletzte. Er beschrieb, wie er sie vorsichtig aus dem Boden genommen, ihre Wurzeln gewaschen, das Leben herausgewaschen hatte, das daraus hätte entstehen können. Und er beschrieb die Gefühle, die er hatte, als sie starb.

Politik darf er in seinen Briefen an mich nicht berühren. Aus solchen Briefen aber kann ich entnehmen, was er über bestimmte Ereignisse denkt und fühlt. Was er über die sterbende Pflanze schrieb, konnte man vergleichen mit einem glücklich aufwachsenden Kind, das aber in dieser politischen Situation von Südafrika aufwachsen muß, dem du als Vater oder Mutter alles gibst, um dieses Leben zu pflegen und großzuziehen. Und dann plötzlich wird es niedergemacht durch Umstände, die du nicht in der Hand hast.«

Man ahnt, daß hier das Geheimnis liegt, der Code, wenn man so will; daß das Lieben und das politische Kämpfen nicht zwei Geschichten sind in dieser Lebensgeschichte, sondern ein und dieselbe; daß sich Lieben und Kämpfen ein und demselben Impuls verdanken, ein und derselben Vision; der Vision von der Lebendigkeit – der Vielfalt und Möglichkeit, auch der Freiheit und Unzerstörtheit – von menschlichem Leben; daß sie sich verdanken vor allem dem Traum vom Hinüberretten dieser Lebendigkeit in die soziale, in die politische Existenz. Das ist wichtig. Es ist dieser Impuls, der die Trennung von privatem Glück und Politik in dieser Lebens- und Liebesgeschichte nicht erlaubte, weil sie sich abspielte in der auf den Tod von Lebendigkeit und Vielfalt fixierten Apartheidgesellschaft.

»... könnte ich zurückkommen – das erste, was ich gern täte: Ich würde Dich herumfahren, damit Du die Schönheit des Landes Südafrika anschauen könntest, das Grün seiner Weiden und Bäume, die Farben der wilden Blumen, die schäumenden Flüsse und die auf dem offenen Feld grasenden Tiere ...« Geschrieben hat Mandela diese Zeilen am 29. Juni 1976, zwei Wochen nach dem 16. Juni, jenem Tag im Jahr 1976, an dessen Abend die toten Leiber der erschossenen Schulkinder auf den Straßen Sowetos lagen, dem Getto bei Johannesburg, dessen Name dann zum Sturmzeichen des Aufstands wurde; denn in Soweto schlug der Protest der schwarzen Jugendlichen gegen die minderwertige Bantu-Erziehung im besinnungslosen Zorn über die Ermordung der Gefährten um in die politische Revolte gegen das Apartheid-regime und breitete sich von dort über das ganze Land aus.

»... könnte ich zurückkommen, das erste, was ich gern täte ...« –, schreibt Mandela, der legendäre Führer des schwarzen Widerstands; er schreibt nicht, auch nicht in ver-schlüsselter Form, von Kampf und Widerstand; keine An-deutung, daß er sich in die brennenden Townships begäbe, keine Andeutung von Massenkundgebung, Demonstration oder Streik – und erinnern wir uns: Der 16. Juni ist noch brandgegenwärtig, das ganze Land in Aufruhr, die Toten sind kaum beerdigt, die Trauernden werden noch an den offenen Gräbern der Opfer niedergeschossen, und die Mütter und Väter irren auf der Suche nach ihren verschwundenen Kin-dern in den Leichenschauhäusern umher.

Aber Mandela, dessen Name als Graffiti auf den Mauern Sowetos zu lesen ist, dessen Name im heiseren Schrei der Freiheitsgesänge skandiert wird von den Jugendlichen, die sich taumelnd mit Mülltonnendeckeln gegen die Kugeln der Polizei verteidigen, dessen Name auf den Plakaten steht, die

die demonstrierenden Kinder den schießenden Polizisten beschwörend entgegenhalten – Mandela entwirft im Brief an die Frau, die er liebt (es ist ein Brief zu ihrem achtzehnten Hochzeitstag), die undramatischen Bilder der Utopie seines Lebens, für die er das alles auf sich genommen hat: das Leben als einer, der verfolgt, gejagt und heimatlos war, der Abschied nehmen mußte von seiner Frau, seinen Kindern und ein Vierteljahrhundert lang allein in einer Gefängniszelle verbrachte.

Er spricht von den wilden Blumen und Bäumen, von dem Funkenregen der schäumenden Flüsse, den grasenden Tieren und den einfachen Menschen am Wegrand – und ich glaube nicht, daß diese Bilder eine Parabel sind, sondern daß er meint, was er sagt: daß diese Bilder die Träume seiner Kindheit sind, Träume von Heimat, auf die er sein ganzes Leben lang zugegangen ist. Man kommt nicht umhin, sich des Blochschen Heimatbegriffs zu erinnern: ». . . was jedem in die Kindheit scheint, worin noch niemand war: Heimat.«

Im Sinn dieser Dialektik erinnert Mandela seine Frau – in dem Augenblick, als es aussieht, als gingen die schwarzen Gettos in Flammen auf – an das, was Grund ist und Ziel ihres Kämpfens, Grund und Ziel auch der Opfer, die gebracht wurden, Grund und Ziel des Sterbens, das gerade stattfindet: keine Idee, keine Ideologie nämlich, nur das Hängen an der in der Kindheit geahnten Welt, die von Zerstörung verschont (oder geheilt?), die von Angst frei ist; und die Verantwortung für die Verwirklichung dieser Welt in der Zukunft.

». . . vielleicht würden die Geschichten, die ich all die Jahre so sehr gewünscht habe, Dir erzählen zu können, dort beginnen.« Dort, also im Reich der Kindheit, bei den einfachen Menschen auf dem Land, den weisen alten Männern im Kraal, deren Geschichten er seine Utopie, die eigensinnige Hoffnung auf die lebbare Existenz, auf die »radikale Demokratie«, die er anstrebt, verdankte, bei den Wurzeln, bei dem Beginn der eigenen Geschichte. Hatte er ahnen können, was sie kosten würde, diese Hoffnung auf die reale Zukunft seiner Utopie? Wie verletzbar ihn der Versuch zurücklassen würde, Südafrika zur Heimat für alle Südafrikaner zu machen? Daß man ihm gerade das aus seiner Existenz würde wegzunehmen versuchen – die uneingeschränkte Lebendigkeit des Lebens –, um deren Rettung er kämpfte? Daß man ihm die Trennung von dem Menschen abverlangen würde, der doch der Garant dieser Lebendigkeit in seiner persönlichen Existenz war?

Die Briefe Mandelas aus dem Gefängnis wischen das nicht als notwendige Begleiterscheinung des politischen Kampfes beiseite. Mit großem Ernst und großer Trauer stellt er sich dem traumatischen Erlebnis der Trennung und des Verzichtenmüssens auf die Nähe des Menschen, mit dem alles verbunden war, was in seinem Leben Glanz bedeutete und Freude und Glück; durch dessen Verlust er sich buchstäblich hinausgeschleudert fühlte aus dem Zentrum des Lebens, weil die Liebe zu diesem Menschen das Konkrete in seinem Leben war, das Faustpfand in seiner Hand.

»Dein bloßer Anblick – ja, sogar nur der Gedanke an Dich – zündet tausend Feuer in mir an ...«, schreibt er Winnie im Januar 1979. »Manchmal fühle ich mich wie jemand, der immer draußen steht, neben dem Leben, der das Leben selbst versäumt hat. Mit Dir morgens zur Arbeit zu fahren. Dich tagsüber anzurufen, Deine Hand zu fassen oder Dich zu umarmen, wenn Du im Haus hin- und hergingst, und dann die unvergeßlichen Stunden in unserem Zimmer – all dies hat mein Leben glücklich gemacht, und ich kann es nicht vergessen.«

Geht man zu weit, wenn man meint, daß die Liebe zu Winnie für ihn gewissermaßen die Metapher war für die Wirklichkeit seiner Utopie, für das Leben, das sie versprach? Daß sie ihn festhielt bei diesem Leben , ihn nicht abgleiten ließ in die politische Ideologie? Und daß es die Anwesenheit dieser Liebe in seinem Leben war, die ihn wie durch einen Stromkreis verband mit der Kraft, die ihn aufrechterhielt?

»... hätte ich nicht Deine Besuche, Deine wundervollen Briefe und Deine Liebe gehabt, ich wäre schon vor vielen Jahren zusammengebrochen«, schreibt er im Mai 1979. Und immer wieder die Erinnerung an den Tag – an den Hochzeitstag –, mit dem das gemeinsame Leben begann.

»Robben Island, 29. Juni 1980

Mit Wehmut erinnere ich mich an den 14. Juni, obwohl die Zeiten so schwer waren, als wir vor den Altar traten – der Hochverratsprozeß, meine Einschränkung auf Johannesburg, die Schuldenberge, die immer höher wurden, die Verpflichtungen, die nicht erfüllt werden konnten, und immer wieder die Zeiten, wo sie im Hintergrund bleiben mußte, obwohl sie doch alles Recht hatte, im Rampenlicht zu stehen. All dies stürzt auf mich ein und bedrängt mich, wie nichts zuvor es je tat. Das war unser Kreuz, und ich hoffe, daß wir es einigermaßen gut getragen haben.

Ich habe in diesen Tagen viel Zeit damit verbracht, an Dich zu denken. Immer, wenn ich das tue, fange ich buchstäblich zu glühen an, und ich sehne mich danach, Dich zu umarmen, die gleichsam elektrischen Funken zu spüren, die Deine Berührung in mir auslöst, die Berührung Deines Körpers und das Fühlen Deines Herzschlags. In drei Jahren feiern wir unsere Silberhochzeit – wo und wie? Bis wir uns wiedersehen.«

Angefangen hatte diese Liebe fast wie eine normale Romanze, nur daß die beiden, um die es geht, keine ganz normalen Leute sind in einer ganz normalen Situation. Aber ausgestattet sind sie mit allen Attributen, denen sich die Faszination der berühmten Liebespaare verdankt, und ihre Geschichte, liest man sie äußerlich, verläuft zunächst ganz nach dem Muster der klassischen Liebesgeschichte, die durch die Trennung der Liebenden nur noch romantischer wird.

Nomzamo Winnifred Madikizela, ein zauberhaft schönes junges Mädchen, Tochter eines Lehrers aus der Transkei, kommt aus einem kleinen Dorf aus dem hintersten Pondoland in die südafrikanische Metropole Johannesburg, läßt sich aber vom Glitzer und Glamour der Stadt des Goldes nicht einfangen, sondern studiert mit leidenschaftlicher Bekümmerung um ihre schwarzen Landsleute Sozialarbeit, wird die erste diplomierte schwarze Sozialarbeiterin Südafrikas und wird – obwohl scheu und zurückhaltend –, weil sie

Nelson Mandela, um 1962

klug ist und wunderschön, zum viel abgebildeten Star der
Johannesburger Zeitungen. Und dann verliebt sie sich – sie ist
24 Jahre alt und ist gerade ausgerissen vor einer drohenden
Zwangsheirat mit einem Häuptlingssohn aus der Transkei –
in, ja, man könnte wohl sagen: in ihren Märchenprinzen – in
Nelson Rolihlahla Mandela, Mitglied des königlichen Hau-
ses der Tembu, aus der Transkei wie sie, vierzig Jahre alt, ein
attraktiver Mann von großer Eleganz und mitreißendem
Charme.

Winnie Mandela, 1977

Er ist hochgebildet, Rechtsanwalt der erniedrigten und beleidigten schwarzen Landsleute, die die Apartheid zu Vogelfreien erklärt hat, er ist Präsident der schwarzen Befreiungsbewegung, des Afrikanischen Nationalkongresses in Transvaal, ein namhafter Mann, der das Charisma des großen politischen Führers schon damals besitzt – geliebt, verehrt und bewundert vom ganzen schwarzen Volk, von der jungen Winnie Madikizela auch, schon bevor sie ihn jemals traf.

»Meine Gefühle waren völlig verwirrt«, erzählt sie später, »er war doch für mich eine ›Vaterfigur‹, er war uns so himmelhoch überlegen, ein so berühmter ›Name‹, ein Mensch, den wir alle verehrten – nicht einmal im Traum wäre mir in den Sinn gekommen, daß mit jemandem wie ihm eine Liebesgeschichte beginnen könnte.«

Aber dann beginnt diese Liebesgeschichte doch, auch wenn, wie sich Winnie Mandela erinnert, keine Zeit für die »klitzekleinste Romanze« blieb. Die Augenblicke der Romanze muß es trotzdem gegeben haben – der Augenblick allein auf dem »offenen Feld« – mit wehmütigem Ton wird dieser Augenblick einige Male in Mandelas Briefen erwähnt; auch die Augenblicke, in denen beide allein, Hand in Hand, durch die Wiesen wanderten, tauchen später in seinen Träumen auf, und schon bei der ersten Begegnung, die verabredet war, um Geldsammlungen für den ANC zu besprechen, nimmt er sie, als auf dem steinigen Spazierweg ihre geborgte Sandale reißt, bei der Hand – »wie ein kleines Mädchen«, so Winnie später. Und in dieser Geste – so interpretiert – schwingt etwas mit, das eine Rolle gespielt hat in dieser Beziehung, das aber nicht nur durch den Altersunterschied bedingt war: die überschattende Autorität des an Führung gewöhnten Mannes, gegen die sie sich wehren mußte.

»In der kurzen Zeit, die ich mit ihm lebte, habe ich nur zu bald entdeckt, wie schnell ich mich selbst in seiner übermächtigen Persönlichkeit würde verlieren können; du verschwandest ganz einfach und wurdest sein Anhängsel, ohne Namen oder eigene Individualität außer der von Mandela – Mandelas Frau, Mandelas Kind, Mandelas Nichte. Sich in seinem Ruhm zu sonnen und mitzusegeln, das war die einfachste Art, sich vor der zudringlichen Öffentlichkeit zu schützen oder dem erloschenen Ego Auftrieb zu verschaffen. Ich schwor mir, daß beides für mich nicht in Frage kam.«

Kleine Bemerkungen in Winnies Erinnerungen, Hinweise auf seine »sanft dominierende Art«, voller Humor, mit ein bißchen Selbstironie und viel gelassener Toleranz, lassen ahnen, wie schwer der jungen Frau manchmal der Widerstand gegen den Sog der übermächtigen – ja nicht nur gefürchteten, auch verehrten – Autorität ihres Mannes war; wie schwer es gewesen sein muß in diesem getrennten Leben, die Form zu finden, die Raum für Auseinandersetzung ließ, die Raum für Entwicklung und Veränderung ließ, ohne den anderen aus dem Auge zu verlieren, und daß dies bisweilen auch in schmerzhafte Ängste geführt haben mag.

Am 16. Juli 1978 schreibt Mandela seiner Frau: »Ich träumte, ich wäre zusammen mit den jungen Männern in unserem Kraal. Sie gaben mir Kräuter, um mich stark zu machen gegen Dich. Sie sagten mir, ich sollte kämpfen mit Dir, damit Du weglaufen würdest. Und Du riefst mir zu, ich solle die Kräuter wegwerfen. Es sei böse Medizin. Viele Leute hörten uns zu. Und ich warf die Kräuter weg.«

So attraktiv war die junge Winnie Madikizela, daß der Kommentar eines politischen Freundes von Mandela war: »Sie ist zu verführerisch schön für einen Revolutionär.« Und dann die Hochzeit, Winnie ganz in weiße Seide und Spitzen gehüllt, mit Tüllschleier und Diadem im Haar und weißen Blumen im Arm, so glücklich, daß sie gegen alle Konventionen verstößt, daß sie in dem Augenblick, in dem sie ihrem Bräutigam von ihrer Familie feierlich übergeben wird – ein Augenblick, der von der Braut nach alter Sitte niedergesenkte Augen und den Ausdruck von Trauer verlangt –, daß sie in diesem Augenblick alle Riten über Bord wirft und Mandela mit erhobenem Kopf offen und beseligt anlächelt und damit die ganze Zeremonie durcheinanderbringt.

Die Hochzeitstage – die vier oder fünf Tage der Hochzeitsfeier, für die Mandela von seinem Bann befreit worden war, das waren die einzigen Tage, die beide wirklich und ununterbrochen zusammengelebt haben, hat Winnie Mandela einmal gesagt. Immer war sonst einer von ihnen entweder gefangen, gebannt oder vor Gericht. Kein Wunder also, daß sich die Hochzeitsrede von Winnies Vater als prophetisch erwies: Sie habe nicht nur den Mann geheiratet, sagt er ihr, sondern auch den Kampf, und fügt noch hinzu, die Ehe werde kein Beet von Rosen sein.

Fast zwanzig Jahre später nimmt Mandela diese Wendung in einem Brief an seine Tochter Zindzi im September 1977 beinah wörtlich wieder auf, mit einigen Sätzen, mit denen er ihr in einer Krise beistehen will; es sind schmerzliche Sätze, die das Erleben von Momenten tiefer Depression preisgeben und das Wissen von der Möglichkeit der Zerstörung und des Selbstverlusts. »Es gibt Augenblicke im Leben, in denen Menschen ihre kostbarsten Gaben, die sie als Menschen haben, vergessen, die Vorzüge, durch die sie strahlen, wo immer sie sein mögen und mit welchen Schwierigkeiten sie auch konfrontiert sind. Es gibt Zeiten, wo die, die sich ihrer selbst immer sicher sind, plötzlich zu zögern beginnen, wo etwas einstürzt und Menschen, die sonst stark und dynamisch sind, sich plötzlich auflösen in eine weiche bewegungslose Masse ohne Konturen, zusammengepreßt von dem, was sie einschließt. Das ist gemeint, wenn man sagt, daß das Leben kein Beet voller Rosen ist.«

Nach der Hochzeit beginnt eine wie in Atemlosigkeit gelebte Ehe zweier Liebender, die auch Gefährten in einem politischen Kampf sind; ein Leben, in dem oft keiner der beiden weiß, wo der andere gerade ist; in dem Mandela zwischen ANC-Versammlungen, Anwaltspraxis, Gerichtsterminen im Hochverratsprozeß und seinem Zuhause in Soweto hin- und herhastet und auch Winnie neben ihrer Sozialarbeit im Krankenhaus von einer Demonstration zur anderen hetzt, bis sie – schwanger mit ihrem ersten Kind – verhaftet und ins Gefängnis gesperrt wird.

Es ist die Zeit der großen Protestkampagnen, die Zeit des Massakers von Sharpeville, wo 69 Menschen bei einem Protest erschossen wurden, die Zeit des Ausnahmezustands, in die diese paar zusammen gelebten Ehejahre fallen. Und das Leben vor allem Mandelas geht weiter in einem Tempo, das ihn nicht zur Besinnung kommen läßt, bei dem die Füße kaum die Erde berühren, obwohl er durchaus nicht in den Wolken schwebt, sich aber die Zeit nicht lassen kann, die Berührung seiner Füße auf dem Boden zu spüren; es ist wie ein nicht endender Marathon zwischen Versammlungen und

Sitzungen, Nacht für Nacht, zwischen Beruf, politischer Arbeit, Gefängnis oder Gericht und den paar gestohlenen Augenblicken privaten Lebens dazwischen – aber auch die gibt es selten allein, in ungestörter Intimität.

Es gibt zärtliche Erinnerungen von Winnie Mandela daran, und vor allem gibt es die Brief für Brief wiederholte Beschwörung dieser Augenblicke durch Nelson, aber der Grundton dieser Ehe, dieser Zeit zusammen, als Mandela noch frei war, ist Winnie Mandelas Fazit: »Das Leben mit ihm war immer ein Leben ohne ihn. Es gab buchstäblich kein Leben, das ich als Familienleben bezeichnen könnte, ein Leben, wo du mit deinem Mann auch mal zusammensitzt und Träume spinnst. Dafür war schlicht und einfach keine Zeit.«

Jetzt, im Rückblick aus einem Abstand von dreißig Jahren, kommt einem das vor wie ein Leben, das nicht alles fassen konnte, was da hineingepackt werden sollte, in einer zu kurzen Spanne Zeit; dessen Essenz aber nicht weggeschüttet oder verdrängt, sondern wie auf Flaschen gezogen, zugestöpselt, verwahrt blieb, in so hoher Konzentration, daß der Duft nicht verflog; ein Leben, das wiederkehrt und nachgelebt wird in Mandelas Träumen mit dem nicht vergehenden Schmerz, daß die Wärme, die sinnlich anfaßbare Wirklichkeit, daraus gewichen ist und nur noch als geträumte erlebbar ist.

»*Robben Island, 1. Juni 1980*

... in der Nacht, als ich aus Kapstadt zurückkam, hatte ich einen meiner ewig wiederkehrenden Träume. Ich kam spät nach Hause, tatsächlich war es schon Morgengrauen, ich lief durchs Haus und fand Dich, wie Du schwankend durch die Tür kamst; Du sahst krank und niedergeschlagen aus. Ich habe Dich umarmt und hielt Dich eine ganze Zeit fest. Ich fühlte mich schuldig und konnte Dir nicht ins Gesicht schauen. Im Traum war Zindzi noch ein Baby, etwa achtzehn Monate alt, und ich war wie gelähmt, als ich entdeckte, daß sie eine Rasierklinge hinuntergeschluckt hatte. Und so unendlich erleichtert, als sie sie ausspuckte. Ich habe in den darauffolgenden Tagen oft von Dir und den Kindern geträumt. Diesmal bat Zindzi mich, sie zu küssen. Und als ich es tat, beklagte sie sich, mein Kuß sei nicht warm. Zeni bestand auch auf einem Kuß und schien zufrieden damit zu sein.«

Mandelas illegales Leben 1961, ein Jahr vor seiner Verhaftung, kennen wir aus Winnies Erinnerung als eine Zeit geradezu abenteuerlicher Episoden konspirativer Zusammentreffen im Untergrund; mit Täuschungsmanövern, Verkleidungsszenen und wilden Verfolgungsjagden, immer im Zustand höchster Erregung, immer haarscharf am Abgrund des Gefaßtwerdens durch die Polizei. Mandela, von den Zeitungen »schwarze Pimpernel« getauft, wurde zum meistgesuchten Mann Südafrikas. Wieder eine Zeit also, deren Übererregtheit das Leben kaum ins Bewußtsein dringen ließ, deren Schwere eher die Frau zu tragen hatte, die sichtbar blieb für die Polizei, verwundbar und angreifbar, deren Erregung nicht gleichermaßen wie die Mandelas in der Hitze des Gefechts erstickt werden konnte, in der beflügelnden Euphorie der Aktion, sondern durchgehalten werden mußte in der Stille, in den Phasen des passiven Wartens.

Aber merkwürdig genug – auch das gehört zu der in die Flasche gesperrten Essenz, aus der später geschöpft werden wird –, gerade in dieser Phase der Illegalität gab es Augenblicke, wo das Gehetztwerden, das Verfolgtwerden umschlug in die Ruhe mitten im Sturm; wo gewissermaßen unter Wasser gelebt wurde, geschützt vor den Wellen des Aufruhrs; wo ein paar Tage, fast beschauliche Tage, Familienleben gelebt wurde auf der Rivonia-Farm; Tage, die, da im Untergrund, auch Rückzug von Öffentlichkeit waren, so intensiv, daß Mandelas Kinder sich jahrelang dieser Zeit in Rivonia als ihrer Heimat erinnert haben.

Daß Winnie Mandela vom Untertauchen Mandelas in die Illegalität aus der Zeitung erfuhr, daß er aus ihrem Leben als »legales Familienmitglied« verschwand, ohne daß diesem Abschied vom gemeinsamen Leben eine gemeinsame Entscheidung – auch nur eine Mitteilung an sie – vorausging, mag durch die Regeln konspirativer politischer Arbeit bedingt gewesen sein, bei der es um Tod und Leben ging. Aber trotzdem, man erschrickt über das Ausmaß des Mangels, des erzwungenen Mangels an privat gelebtem Leben in dieser Liebe, das Fehlen von Offenheit, den ein solcher Schritt signalisiert.

Mag sein, daß der hektische Rhythmus, der emotionale Ausnahmezustand, die psychische Hochspannung Mandela damals vor der sofortigen, vollen Erkenntnis der Folgen seines Schritts für sein persönliches Leben bewahrt haben. Später im Gefängnis überfiel sie ihn um so heftiger. Wie im Negativabzug erscheint ihm in manchen Träumen diese Phase des zur Flucht gezwungenen Lebens; er träumt sich als einen, der abgeschnitten ist von jenen, die er liebt, die er greifbar vor sich sieht, die sich ihm spurlos entziehen, wenn er sie nahe wähnt, die ihn zurücklassen im Alptraum der panischen Angst der erfolglosen Suche.

»Robben Island, 29. Juni 1980

Am 20. Juni wachte ich auf und sah, wie Ngutyana mit ihrem Mann von Brandfort nach Johannesburg fuhr. Sie trafen auf zwei im Streit liegende Gruppen von Jungen, die, den Fluß zwischen sich, einander gegenüberstanden und auf Kampf aus waren. Aus Sicherheitsgründen trennten wir uns, aber ich ließ nicht ab, Dich zu beobachten, die ganze Zeit. Es war eine atemberaubende Szene, als ich beobachtete, wie der Wasserfall auf den Fluß tief unten herabstürzte. Plötzlich packte mich das Entsetzen, als ich bemerkte, daß Du verschwunden warst, und ich raste durchs Tal, auf der Suche nach Dir. Und da warst Du – und badetest unbekümmert mit zwei Mädchen im Fluß. Aber als ich bei Dir ankam, sah ich, daß die drei Gestalten Jungs waren, mir alle fremd, und Dich konnte ich nirgends finden. Panik stieg in mir hoch, und als ich die Gegend nach Dir absuchte, sah ich Dich flach auf der anderen Seite des Flusses liegen, geschüttelt von Fieber ... völlig aufgewühlt wachte ich auf.«

165

Am 5. August 1962 wird Mandela, verraten an die Sicherheitspolizei, verhaftet; am 12. Juni 1964 verschwindet er, verurteilt zu lebenslanger Haft, auf Robben Island, hinter den Mauern des sichersten Gefängnisses Südafrikas. »Ein Stück meiner Seele ging damals mit ihm«, hat Winnie Mandela gesagt, und dieser Satz ist berühmt geworden. Es wäre verführerisch, hier den Schlußstrich zu ziehen, nur den romantisch-heroischen Ton zu hören, die Tragweite der Zerstörung, die er auch anklingen läßt, aber beiseite zu lassen.

Es wäre verführerisch, staunend stehenzubleiben vor dem Bild zweier Liebender, deren Leidenschaft, auf dem Höhepunkt voneinander getrennt, gewissermaßen erstarrt, mitten in der Bewegung; die quasi anhält wie eine Welle, die durch einen Kälteschock plötzlich gefriert; sich gefangennehmen zu lassen von diesem Bild der gefrorenen Welle, die die Kraft vor dem höchsten Punkt zu verewigen scheint, in Erwartung, daß die Erstarrung sich löst und sie in die Bewegung zurückstürzt.

Aber diese Geschichte ist nicht zum Stillstand gekommen an dem Tag, an dem Mandela auf Robben Island verschwand, weder die persönliche noch die politische. Mandela hatte Augenblicke der schmerzhaftesten Erfahrung noch vor sich – die Konfrontation mit der Verfolgung der Frau, die er liebte. Die er nicht schützen konnte vor der Feindseligkeit der Regierung, den Anschlägen auf ihr Leben, der Diffamierung und Demütigung; die er nicht schützen konnte vor der Haft in der Todeszelle, den Verhören bei Tag und bei Nacht bis zum Zusammenbruch in die Bewußtlosigkeit; die er auch nicht schützen konnte vor der Verbannung nach Brandfort, der Einsamkeit des rund um die Uhr von Sicherheitspolizei überwachten Exils.

»Robben Island, 26. Juni 1977

Ich hatte gehofft, Dir einen Ort der Zuflucht zu bauen, wie klein auch immer; einen Platz, an dem wir hätten ausruhen und überleben können vor Anbruch der traurigen, dürren Zeiten. Aber ich bin abgestürzt und konnte das alles nicht tun. Ich war wie jemand, der Luftschlösser baute.«

Die Geschichte ist nicht zu Ende, weder die persönliche noch die politische, die kollektive Leidensgeschichte des schwarzen Volkes, in die diese persönliche Geschichte hineingehört, von der sie nicht ablösbar ist, da sie von ihr, von der Geschichte der Befreiung, den Impuls zum Durchhalten hat.

Der Zwang zur Distanz, der Verlust der sinnlich erfahrenen Nähe, die Erfahrung, daß einem der Boden unter den Füßen weggezogen wird – das Grundmotiv im Leben der Mandelas –, das alles ist wie eine Spiegelung, eine Wiederholung der historischen Erfahrung der schwarzen Gesellschaft, die sich seit drei Jahrhunderten im Kampf um eine Zukunft befindet, die sich der Vergegenwärtigung zu entziehen scheint; die durch eine Niederlage nach der anderen gegangen ist, die die Hoffnung auf die politische Befreiung jedoch niemals aufgegeben hat.

Ich denke, daß man im Leben der Mandelas etwas Ähnliches entdecken kann. Es gibt so viele Aussagen von Winnie, so viele Briefe von Nelson Mandela, in denen diese unbezähmte Hoffnung schwingt, die ganz konkrete Hoffnung auf Wiederherstellung der Gemeinsamkeit und auf den Sieg des politischen Kampfes auch.

Daß Mandela die Hoffnung auf diesen Sieg ganz und gar nicht aufgegeben hat und seine persönliche Geschichte von dieser Hoffnung nicht trennt, wurde besonders deutlich 1985, als er das Angebot Präsident Bothas auf bedingte Freilassung aus dem Gefängnis ablehnte. Seine Botschaft an Botha schloß mit dem siegessicheren Satz: »Ich werde zurückkommen.«

Der Brief, den er in den gleichen Tagen an seine Frau Winnie geschrieben hat, die gerade ihre Lieblingsschwester verloren hatte, zeigt, daß er die siegessichere politische Hoffnung und die Trauer um den persönlichen Preis, den er in seinem Leben dafür gezahlt hat, immer zusammen durchgehalten hat. Ich möchte zum Schluß aus diesem Briefwechsel der beiden von 1985 zitieren; denn das eigentliche Wunder dieser Liebesgeschichte ist ja, meine ich, daß sie nicht aufgehört hat, eine gemeinsame Geschichte zu sein, eine eben nicht erstarrte, sondern lebendige, ein Gespräch miteinander, offen für Auseinandersetzung.

»Pollsmoor, 4. Februar 1985

Bei solchen Gelegenheiten frage ich mich, wieviel schwerer mir damals vor Jahren die Entscheidung, Dich allein zu lassen, gefallen wäre, wenn ich genau gewußt hätte, welchen unzähligen Gefahren und welchem Kummer und welcher Not Du in meiner Abwesenheit würdest ausgeliefert sein. Ich glaube aufrichtig, ich hätte die gleiche Entscheidung getroffen, aber ganz sicher mit sehr viel mehr Zweifeln und Zögern, als es vor 24 Jahren der Fall war. So, wie ich es sehe, bedeutet die wahre Ehe nicht nur gegenseitige Liebe, die die Partner miteinander verbindet. Zur Ehe gehört auch die treue Unterstützung, die die Ehepartner einander versprechen und die in kritischen Augenblicken voll und ganz dasein muß. Deine Liebe und Deine Unterstützung, die Wärme Deines Körpers, die Kinder, die Du der Familie geschenkt hast, die Hoffnung, diese Liebe und Wärme wieder zu genießen, das ist es, was für mich Leben und Glück bedeutet.

Doch es hat Augenblicke gegeben, in denen diese Liebe und dieses Glück, dieses Vertrauen und diese Hoffnung für mich zur reinen Qual wurde, wenn das Gewissen und ein Gefühl von Schuld mein Innerstes erschütterten, wenn ich mich fragte, ob je irgendein Engagement, dem man sich ganz hingibt, es rechtfertigen kann, eine junge und unerfahrene Frau in einer mitleidlosen Wüste allein zu lassen, sie buchstäblich in die Hände von Wegelagerern fallen zu lassen.

Ich wünschte, ich könnte bei Dir sein und könnte Dir dabei helfen, hinwegzukommen über die Tragödien, die immer wieder über die Familie hereingebrochen sind.«

Und aus Winnie Mandelas Antwort: *»Brandfort, 20. Februar 1985* ... im Gegensatz zu den Vermutungen, die Du am Anfang Deines Briefes äußerst, glaube ich nicht, daß ich das Rückgrat entwickelt hätte, das alles zu ertragen, wenn ich Dich bei mir gehabt hätte. Du sprichst von Augenblicken, in denen Liebe und Glück, Vertrauen und Hoffnung zur Qual geworden sind, wenn Gewissen und Schuldgefühl jede Faser Deines Innersten erschüttert haben.

Es ist wahr, Liebling: Ich habe in den Jahren unserer Trennung so viel von dem verloren, das mir das Teuerste ist. Wenn man so allein gelebt hat, wie ich es als junge Braut getan habe, wenn man nie erfahren hat, was das überhaupt ist – das Leben in einer Ehe –, dann klammert man sich an winzig kleine, greifbare Tröstungen, Atempausen, die die Demütigungen, die in uns tiefe Spuren hinterlassen haben, ein wenig lindern ... Ich war so stolz auf Deine Botschaft an uns. Ich habe mich oft gefragt, wie ich wohl reagiert hätte, wenn ich mit Dir und den anderen auf der Treppe vor dem Pollsmoor-Gefängnis zusammengetroffen wäre und wenn man mir gesagt hätte, ich könnte Dich mitnehmen – nach Hause.«

Isabel Bayer

»Ah! Ich habe dich erschaffen!«

Eleonora Duse und Gabriele D'Annunzio

Asche ... Asche ... Asche ... vor den Augen ... auf den Lippen ... in der hohlen Hand.« Mit diesen Worten hat Eleonora Duse das Ende ihrer unglücklichen Liebesgeschichte mit Gabriele D'Annunzio umschrieben – so behauptet es jedenfalls eine verklärende Biographie aus den zwanziger Jahren. Greift denn eine Liebende in ihrer Verzweiflung zu solchen Versen? 1904 war das: Hübsch ziseliertes Wortgerank umkränzt den Schmerz wie Lianengirlanden. Oder handelt es sich um Splitter aus D'Annunzios »Lobgesängen des Himmels, des Meeres, der Erde und der Helden« – eine der meistverehrten italienischen Dichtungen, die damals entstanden ist – vom Biographen etwas auf die Situation zugeschnitten, der wiederum ohnehin nur aufschrieb, was ihm eine Freundin der Duse, Olga Signorelli, erzählte?

Aber auch der Anfang dieser Geschichte ist kaum zu glauben, so wie ihn eben jene Freundin kolportiert: »Bei einem flüchtigen Aufenthalt 1895 in Venedig geht Eleonora Duse nach schlafloser Nacht am frühen Morgen aus und begegnet Gabriele D'Annunzio, der einer Gondel entsteigt.« Venedig! Schlaflose Nächte! Eine Gondel am Beginn einer welterschütternden Romanze!

Was sich wie lieblos zusammengeklitterte Herz- und Schmerzversatzstücke liest, wie der wenig einfallsreiche Einstieg in eine der üblichen Fin-de-Siècle-Schnulzen, entspricht

171

jedoch durchaus den Tatsachen: Im Herbst 1895 legte die Duse zwischen zwei Tourneen in Venedig Station ein, wo sie im Jahr davor das oberste Stockwerk des kleinen Palazzo Barbaro-Wolkoff angemietet hatte.

Gleichzeitig war D'Annunzio in die Stadt gekommen, um dort seinen französischen Übersetzer zu treffen. Die beiden kannten sich seit langem. Bereits zehn Jahre zuvor hatte der damalige Journalist D'Annunzio die schon berühmte Schauspielerin in der römischen »Tribuna« mehrfach erwähnt, zuletzt 1886 mit der tadelnden Bemerkung: »Madame Duse grüßt zu affektiert.« Durch gemeinsame Freunde und Bekannte wurden sie später bei diesem oder jenem Empfang einander vorgestellt.

Es ist also durchaus möglich, daß sich die zwei im Morgengrauen an der Rialtobrücke begegnet sind, als dort die großen Barken eintrafen, voll beladen mit frischem Fisch, mit Obst und Gemüse. Die Duse litt nämlich mitunter an Schlafstörungen, während D'Annunzio wiederum zwischen Mitternacht und Frühtau zu dichten pflegte – um dann, bevor er sich zur Ruhe begab, noch einmal frische Luft schöpfen zu gehen. Für den weiteren Verlauf der Geschichte ist es nun gleichgültig, ob er oder sie oder beide in diversen Gondeln saßen, wie orakelt wird. Fest steht, daß der Dichter am 26. September in seinem Tagebuch notierte: »Liebe. Und Schmerzen. Mir heilig.«

Dichtung und Wahrheit oder Klamotte und Kolportage? Die Tragik dieser Liebesgeschichte liegt auch darin, daß das eine vom anderen nie zu unterscheiden war. Die Perfektion, die diese kunstvolle Melange erreichte, ist aber nur zum Teil der souveränen Professionalität geschuldet, die jeder von beiden in seinem Rollenfach an den Tag legte. Kunst und Leben hochdramatisch zu amalgamieren: das verlangte nicht nur der Zeitgeist, sondern das war schließlich auch der Job der großen Tragödin und des gerne großen Dichters.

Entscheidend dürfte aber auch gewesen sein, daß beide vom ersten Tag an kaum eine Gelegenheit ausließen, ihre Beziehung zum fiebrigen Gesamtkunstwerk aufzustylen. Der

Grund dafür war erst einmal kühl kalkuliert: Die Schauspiele-rin benötigte dringend neue Stücke, ihr Salonrepertoire mit all den Frou-Frous und den Kameliendamen hing ihr gründlich zum Hals heraus. Sie fragte also D'Annunzio, ob er nicht fürs Theater schreiben wollte. Der wiederum sah sich dem ersehnten Durchbruch näher, würden seine Verse erst einmal von so berühmtem Munde wie dem ihren verkündet.

Warum sollte man daraus keine Affäre machen? So etwas gefällt dem Publikum, es belebt das Geschäft und es beflügelt. »Der Dichter und die Muse«: Diese im neunzehnten Jahrhundert übliche Bezeichnung für ein so geartetes Verhältnis trifft also nur die halbe Wahrheit. Die Muse Eleonora wollte D'Annunzio ja keineswegs ausschließlich inspirieren, sondern sie wollte – als Interpretin seiner Dichtung, deren aufgeladener Symbolismus ihr ausnehmend gut gefiel – von dem Unternehmen auch profitieren. Eine Fotografie aus diesen Tagen bildet die Duse in irgendeiner Rolle als »große Liebende« ab und führt eindrucksvoll jene rätselhafte Mischung aus Unebenheit im klassischen Sinne und sinnlicher Expressivität vor Augen, die die umwerfende Faszination dieser Schauspielerin mitverursacht hat: Ein Gesicht, als habe es Picasso entworfen – die rechte Hälfte ist insgesamt größer und kräftiger entwickelt als ihr Gegenstück. Die Augenbraue sitzt rechts ein, zwei Zentimeter höher als links, das darunterliegende Auge wirkt offener und runder, und auch der Mund scheint genau in der Mitte in eine lachende und eine weinende Hälfte auseinanderzufallen.

Wie kompromißlos die damals 37jährige – Kind von Wanderschauspielern – immer schon amouröse und berufliche Ambitionen verbunden hatte, läßt sich leicht an ihrer Vita ablesen: 1885 verließ sie ihren Mann wegen eines bildschönen Kollegen, mit dem sie auch auf der Bühne leidenschaftlich zu tun hatte – obwohl sie dadurch das Sorgerecht an der geliebten Tochter Enrichetta aufs Spiel setzte.

Zum Zeitpunkt der folgenreichen Begegnung mit dem fünf Jahre jüngeren D'Annunzio, der aus einer reichen abruzzischen Bauernfamilie stammte, war sie mit dem Komponisten und Schriftsteller Arrigo Boito liiert. Boito, ein liebevoller und treuer Freund, mit dem sie jeweils immer nur wenige Tage zwischen den aufreibenden Tourneen verbrachte, hatte sich vor allem als Verdis Librettist von »Othello« und »Falstaff« einen Namen gemacht. Er war aber nicht nur ein glühender Opernverehrer, sondern er verband diese Liebe seltsamerweise mit einer tiefen Verachtung für das Theater. Zwar hatte er für die Duse Shakespeares »Antonius und Cleopatra« übersetzt, damit sie wenigstens einmal etwas anderes als immer nur Boulevard spielen konnte. Im Grunde genommen hätte er es jedoch am liebsten gesehen, sie würde die Schauspielerei ganz aufgeben, und träumte allen Ernstes von einem gemeinsamen Häuschen mit Garten. Träume, die sie zwar nachempfinden konnte, wenn sie völlig erschöpft von einer Gastspielreise zurückkam und obendrein womöglich wieder mit ihrer Tuberkulose zu kämpfen hatte. Aber auch nur dann.

Was für überwältigende Aussichten bot hingegen das soeben behutsam eingefädelte Zweckbündnis! Ein regelrechter Pakt wurde geschlossen: Der Dichter würde Theaterstücke schreiben, und sie würde sie herausbringen. Den Anfang sollte – der Titel fiel dem Dichter immer zuerst ein – »La Citta Morte« machen. »Die tote Stadt« – dieser »vage Traum eines Dramas« habe nun Gestalt angenommen, so der unübertroffene Arrangeur prächtig schillernder Seifenblasen, als er in Mykene unter dem Löwentor Aischylos und Sophokles wieder gelesen habe.

Außerdem sollte südlich von Rom, im Schatten von Olivenbäumen am Albaner See, ein italienisches Bayreuth erstehen, ein Kunsttempel für »wahre Dichtung«, der tragischen Muse geweiht, Stichwort »Fenster öffnen« für »echte Dramatiker« zwecks »idealer Verklärung« und »Wiederbelebung des dionysisch-ländlichen Ursprungs des Dramas« – so ähnlich verriet es der Dichter wenig später in einem Interview.

Ridiküle Steilheiten nach heutigem Gusto, die den damaligen Zeitgeschmack aber nicht nur wunderbar karikieren – sie trafen ihn auch. Es wäre jedenfalls ungerecht, Eleonora Duse kurzerhand für reichlich beschränkt zu erklären – obendrein noch typisch Frau und typisch Schauspielerin. Warum sonst hat sie sich von diesem windbeuteligen Decadent mit dem Allerweltsgesicht auf dem kurzen Rumpf herumkriegen lassen? Aber sie bestachen ja nicht nur diese trächtigen Tiraden, sondern mindestens genausosehr der Gedanke: Ein eigenes Theater, wo die beiden Künstler in gegenseitiger Befruchtung die Kunst zu nie gekannten Höhen würden führen können! Heutiger formuliert: Endlich nur noch das machen, was einen schon immer interessiert hat. Nicht mehr zwei- oder dreimal im Jahr mit immer denselben Salonalbernheiten um die halbe Welt touren müssen, sondern neue Ideen und Inhalte selbstbestimmt im eigenen Theater ausprobieren dürfen. In Briefen aus diesen ersten Tagen bedankt sich die Schauspielerin überschwenglich bei D'Annunzio und beteuert, wieviel Kraft ihr sein Glaube geschenkt habe.

Dann: Gastspiel im Theater an der Wien, Treffen mit D'Annunzio Anfang Januar 1896 in Florenz, danach die ersten vorsichtigen Liebesbriefe. Liebe? Eingeplant war das eigentlich nicht. Schließlich gab es immer noch Boito. Und D'Annunzio – längst getrennt von Frau und Kindern – lebte in Francavilla mit der sizilianischen Prinzessin Maria Gravina und der gemeinsamen Tochter zusammen. Allerdings kostete ihn die in jeder Hinsicht feurige Freundin zunehmend Nerven.

In Paris für lange Zeit zum letzten Mal das jährliche Einkaufsritual der Duse bei »Worth«. Hier ließ sie sich, der Idee des bequemen Reformkleides um Jahre voraus, mit weichen, fließenden Stoffen einkleiden – ohne die atemraubenden Zwangskorsetts mit ihren bedrückenden Haken und Ösen, wie sie die herrschende Frauenmode vorschrieb. Dann triumphale Erfolge in New York, in Boston, Philadelphia und wieder New York. Verzweiflung bis zur Depression über das ewig selbe Repertoire und das Publikum, das unerbittlich immer wieder die »Kameliendame« verlangte. Telegramme und Briefkarten an D'Annunzio voll stammelnder Sehnsucht und Hoffnung auf die versprochenen neuen Stücke.

Eleonora Duse

Der jedoch dachte währenddessen darüber nach, wie er die »Tote Stadt« am günstigsten starten könnte – geschrieben hatte er nach wie vor noch keine Zeile. Da ihm das italienische Publikum zunehmend kritischer gegenüberstand, er aber gleichzeitig in Frankreich zum Star zu werden versprach, schien es ratsam, mit dem Stück dort herauszukommen. Und in Paris saß doch die andere legendäre Tragödin, die sich mit der Duse den Weltruhm teilte: Sarah Bernhardt.

Im Juni wieder Venedig, über den geplanten Vertragsbruch verlor D'Annunzio der Duse gegenüber kein Wort. An Sarah

Bernhardt hatte er sich bereits gewandt, und sie schlug im Juli begeistert ein. Von der Verbindung ihrer Rivalin zu dem Dichter hatte sie schon gehört – was also gäbe es Prickelnderes, als die Uraufführung seines ersten Theaterstückes zu übernehmen?

In nur sechs Wochen schrieb D'Annunzio nun die Geschichte von Ehebruch und Inzest herunter – gängige Topoi seines Gesamtwerks, diesmal geadelt durch die schicksalhafte Verschränkung von düsterer Vorgeschichte und alles überstrahlender hellenischer Klassik. Gleichzeitig ging ein hastiger Brief an die Duse, sie möge das Stück binnen weiterer acht Wochen in Italien aufführen. Sie hatte über Freunde mittlerweile erfahren, daß die Uraufführung ihre Konkurrentin in Paris besorgen würde. Ihre Reaktion? »Ja!« und »Du!« und »Ja!« und : »Gott! Welche Freude!«

Gut, sie hatte Verpflichtungen; aber sie war bereit, sämtliche Verträge zu brechen und die dabei entstehenden Kosten zu übernehmen. Wenn ihr D'Annunzio nur die Zeit ließe, eine geeignete Truppe für die Inszenierung zusammenzustellen. Denn: »Dein Werk ist etwas Heiliges!«

Die Briefe, die zur selben Zeit an Boito gehen, sind immer verzagter: »Mein Leben ist eine Farce – den Atem einer Schiffbrüchigen verlängern!« Während nun keine Post mehr von ihr an Gabriele geht, wieder Liebesbriefe an Boito: »Ich sterbe vor Sehnsucht – vielleicht wirst du nach Berlin kommen und mich eine ganze Nacht lang festhalten?!«

Das »Zweckbündnis« entwickelte sich beängstigend anders als geplant. Im September 1897 scheint die Duse einen eigenen Weg gefunden zu haben: Sie gibt ihre schöne Stadtwohnung auf und mietet in der Nähe von Florenz, in Settignano, ein schlichtes Bauernhaus mit weißgetünchten Wänden – fernab von beiden. »La Porziuncola« nennt sie die neue Bleibe nach der Klause des heiligen Franz von Assisi. »Schwalben sitzen auf dem Dach, an der Hauswand ranken Reben und Glyzinien, weites Bauernland mit Getreide und Zypressen zieht sich hügelauf und hügelab. Friede, hier könnte Friede einziehen!« schreibt sie einer Freundin.

Entgegen der Legende, daß sie dem Dichter in die Hügel-
landschaft um Fiesole nachgezogen sei, um näher bei ihm zu
sein, war es umgekehrt. Ein halbes Jahr später machte er
Anstalten, in eine großzügige Villa direkt neben dem Bauernhaus umzusiedeln. Maria Gravina hatte das zweite Kind zur
Welt gebracht, er bestritt die Vaterschaft und suchte auch
räumliche Trennung. Im Juni war es dann soweit: Mit finan-
zieller Hilfe der Duse wurden die durchsichtigen Fensterscheiben des hellen florentinischen Gebäudes durch kost-
spielige geschliffene Gläser ersetzt, die Türen mit schweren
Samtportieren verhängt, die lichten Wände mit Seide und
Brokat bespannt. Acht Reitpferde und vierzig Windhunde
gehörten zum Hausstand ebenso wie persische Teppiche,
japanische Teller und natürlich die unverzichtbaren Räucher-
fäßchen, die Kissen, Rosen und Leckereien, die Likörs und
Zigaretten, mit denen D'Annunzio jeder neuen Wohnung ein
gehörig kuscheliges Liebesnest-Design verpaßte.

Ob der Wäschevorrat bescheidener war als zwanzig Jahre
später in seinem berühmten Zenotaph am Gardasee, im »Vit-
toriale«? Damals führte der ihm treu ergebene Diener Anton-
gini Buch über »mindestens dreihundert Seidenhemden,
ebenso viele Frackhemden, etwa fünfzig Hüte der verschie-
densten Form, mindestens zweihundert Stiefel und Schuhe,
dreihundert Paar Socken, etwa fünfzig meist malvenfarbene
oder hellblaue Seidenkombinationen und ebenso viele Pyja-
mas. Dazu kommen noch etwa fünfzig kuttenähnliche Schlaf-
röcke, außerdem fünfhundert Krawatten sowie Frack- und
Smokingkrawatten.«

Über die Tür hatte er in roten Buchstaben malen lassen:
»Bist du allein, so bist du ganz selbst!« Dem Geist dieser
Losung widersprach es keineswegs, daß ein mit Buchsbaum-
hecken gesäumter Pfad zur unterhalb gelegenen »Porziuncola« der Freundin führte.

D'Annunzio war damals Abgeordneter – im Parlament saß
er auf der äußersten Linken, um sich »dem Leben zuzuwenden«, wie er unterstrich. Die innenpolitische Lage Italiens
war 1898 zum Zerreißen gespannt, eine himmelschreiende

Korruption in Regierungskreisen stand dem wirtschaftlichen Kollaps des Landes gegenüber, Streiks und Demonstrationen standen auf der Tagesordnung. Der Dichter verbrachte seine Zeit in Rom jedoch vorzugsweise mit Affären, nicht im Abgeordnetenhaus. Ein Zeitungsartikel jener Tage mit dem Titel »Blutiger Frühling« illustriert anschaulich seine politischen Prioritäten: Während der gewalttätigen Auseinandersetzungen in Florenz habe ein Stein Cellinis Perseus-Statue in der Loggia dei Lanzi getroffen! – So klagt er.

Gabriele D'Annunzio, Principe di Montenevoso

179

Im Herbst dann ein trister Abschied. »Es ist wie der Tod – genau so«, schreibt Eleonora Duse an Arrigo Boito. Seine Antwort hat er wohl nicht abgeschickt, sie wurde viele Jahre später bei seinen Briefen gefunden: »Es ist schlimmer als der Tod. Es war nämlich mehr als das Leben.«

Am 15. April 1899 stand die Duse zum ersten Mal mit einem größeren Stück von Gabriele D'Annunzio auf der Bühne, mit »La Gioconda«. Es nutzte nichts, daß der Dichter so viel Aufhebens um die Ausstattung des Stückes gemacht hatte – statt erfahrener Bühnenbildner hatte er nach veritablen Künstlern verlangt. Bei der Uraufführung im Teatro Bellini von Palermo fiel das Stück dennoch durch.

Die meisten Dramen D'Annunzios taugen nicht für das Theater; auch die großartige Interpretin Duse mußte an ihnen scheitern. Gehandelt wird in der Regel hinter der Bühne, zu sehen gibt es lediglich endlos erläuternde Monologe oder Dialoge. In »La Gioconda« spielt die Duse die grenzenlos liebende Gattin eines Bildhauers, der im Kampf mit der betörenden Muse ihres Ehegespons beide Hände abgeschlagen werden. Sie versucht nämlich, im Getümmel eine Statue zu retten – sein Meisterwerk aus Carrara-Marmor – alles im off, versteht sich. Im Rededuell der beiden Rivalinnen beteuert die Muse, ein Werkzeug des Künstlers zu sein; die Natur habe sie ihm geschickt, sie habe sein Leben gesteigert. Sie gehorche und erwarte ihn, um ihm zu dienen. Und der Künstler-Genius, von seinem Freund gefragt, ob er sie liebe, erwidert: »So wie ich mein Pferd oder meinen Hund liebe.« Klamotte und Kolportage?

Bemerkenswert, daß D'Annunzio nicht die lockende Muse, sondern die hochstehende Gemahlin von der Duse verkörpern ließ. Vollends perfide dann die Widmung, die er der Tragödie voranstellt: »Eleonora Duse mit den schönen Händen.« Und gerade auf dieses ausdrucksstärkste Medium ihrer Kunst mußte die Schauspielerin während des gesamten vierten Aktes verzichten. Das Publikum war empört über den plumpen Trick, mit dem der Dichter die volle Aufmerksamkeit auf seinen Text lenken wollte.

Knapp zwei Wochen später brachte die Duse – diesmal mit Hilfe eines Regisseurs, sonst führte sie die Regie oft selber – »La Gloria« heraus, das am seltensten aufgeführte Stück D'Annunzios. Die Zuschauer waren entsetzt über die in elegante Prosa verpackte Story eines modernen Diktators. Macht- und Führervisionen, wie sie der Dichter knapp zwanzig Jahre später bei der Einnahme von Fiume in die Tat umsetzen sollte, gehörten zeitlebens zum Einmaleins seines nietzscheanischen Geniekultes.

Während die Duse die aufgebrachten Neapolitaner von der Bühne herab zu beschwichtigen suchte, vergnügte sich D'Annunzio in der Garderobe mit einer jungen Schauspielerin. Sobald seine Dramen geschrieben waren, interessierten sie ihn nicht mehr, selten wohnte er einer Aufführung bei.

Den umwerfenden Erfolg des feisthüftigen und schmalschultrigen Poeten mit den seifenwasserfarbenen Augen, den unappetitlichen Zähnen und der angenehmen Stimme bei Scharen von wunderschönen Frauen erklärt eine Zeitgenossin mit seiner brillanten Eloquenz: »Muß ich die diabolische Macht näher erklären, die die Sprache auf meine Geschlechtsgenossinnen ausübt?«

Eleonora war von Anfang an sehr eifersüchtig und darüber verzweifelt, daß Gabriele – »Gabri«, wie sie ihn nannte – nicht die geringste Anstrengung unternahm, seine Amouren vor ihr zu verbergen. In »La Gioconda« hatte er ja seine felsenfeste Überzeugung deutlich gemacht, daß ein Genius mannigfaltiger Anregungen bedürfe, um schöpferisch arbeiten zu können. In Settignano, wie er in seinem Tagebuch stolz vermerkt, verbrachte er die Nachmittage des öfteren bei zwei in perversen Spielen sehr erfahrenen Schwestern.

»Habe ich nicht all die Jahre hindurch auf eine große Liebe geharrt, die mich retten und mich zerstören soll? fragte die Foscarina.« D'Annunzio las der mit ihrer Truppe nach Rom zurückgekehrten Duse seinen Roman »Feuer« vor, an dem er vier Jahre lang gearbeitet hatte: »ihre« Geschichte – von der alternden Schauspielerin Foscarina und dem jungen Genius Stelio Effrena, der Verse schmiedet oder komponiert.

Stelio als Alter ego D'Annunzios – wie ein Buchhalter listet der Schriftsteller sämtliche Ingredienzien auf, die um 1900 einen Dichterfürsten auszeichneten: Maßlos ehrgeizig träumt er von einer noch größeren Kunst, die in seinen Händen zum Werkzeug der Unterjochung wird. Der schroffen Nichtachtung alles Mittelmäßigen korrespondiert die unersättliche Begierde, die aus »Grausamkeit, Groll, Eifersucht, Poesie und Sucht nach Herrschaft, Ruhm und Genuß« besteht. Meistgebrauchter Gemeinplatz ist in diesem Zusammenhang der Alleskleber der Décadence, das Wörtchen »Rausch« in sämtlichen nur denkbaren Verbindungen mit mystisch / orgiastisch / fieberhaft / hymnisch / wollüstig / reinigend / brünstig / göttlich / glühend und so weiter und so weiter. Selbstverherrlichung und Verherrlichung des eigenen Traumes von – man beachte die Reihenfolge – Schönheit und Herrschaft gelten als die hilfreichsten Mittel, um über Menschen und Dinge zu obsiegen. Stelio wird von einem »unreinen Verlangen zu dem nicht mehr jungen Körper mit den verblühten Gliedern« von Foscarina getrieben, der wissenden und verzweifelten Frau, deren Fleisch von tausendfachen Liebkosungen welk geworden und erschlafft ist – eine in allen Lüsten erfahrene, vergiftete und verderbte Versuchung.

Das saß, denn um 1900 galt eine Frau von vierzig Jahren als »verblüht«. Und für Eleonora, trotz ihrer legendären Erfolge wenig selbstbewußt, war die Altersfrage in der Beziehung mit dem fünf Jahre Jüngeren, den sie manchmal »Sohn« hieß, mit sehr viel Unsicherheit und Ängsten verbunden.

Völlig unerträglich ist jedoch die galoppierende Selbstvernichtung und hundertfache Demütigung, die der Autor der Schauspielerin maliziös in den Mund legt und mithin die Freiwilligkeit ihrer Selbstaufgabe penibel auf Hochglanz poliert: Foscarina sieht sich in einem durch den »Herrn des Feuers« – also durch Stelio alias Gabriele – festverschlossenen Glassarg tief unten auf dem Grund der Lagune von Venedig wie in einem opalschimmernden Schrein. »Fosco« heißt auf deutsch dunkel, trübe. Stelio, der nicht aufhört zu beteuern, sich mit ihr keineswegs des sinnlichen Genusses wegen, sondern allein aus Gründen des zu mehrenden Ruhms liiert zu haben, nennt sie anfangs »Perdita«, die Verlorene, dann vorzugsweise »Fosca«. Das klingt nach »Tosca«: jener rundum betrogenen Sängerin und Schauspielerin Floria Tosca, der Objektfrau par excellence, die sich schließlich in die Tiefe stürzt, weil sie keinen Ausweg mehr weiß.

Eleonora Duse

»Sie sah den Tod«, heißt es über Fosca. »Dienen! Dienen! sprachen ihre Augen.« Und nachdem Stelio unter Hinweis auf sein Genie ebenso wie der Bildhauer in »La Gioconda« zu verstehen gibt, auf nichts verzichten zu können, »führt« sie ihm eine junge Freundin »zu«, wie es heißt. Denn obwohl sie namenlos leidet, kommt sie zu dem Schluß, zufrieden zu sein, wenn sie ihn genießen sieht.

Klamotte! – möchte der schon längst nicht mehr geneigte Leser voll Wut und Scham aufbegehren. Aber hier handelt es sich nicht um peinliche Phantasien. Es scheint wirklich so gewesen zu sein. Das ist das Schreckliche.

In einem Interview mit der Wiener Neuen Presse äußerte die Duse wenig später, ein früher Tod sei die beste Lösung aller Lebensrätsel. Eine Frau sollte nicht alt werden. Ihr Impressario Schurmann drängte darauf, daß sie die Drucklegung des Romans verhindere. Sie telegrafierte jedoch dem Verleger, ein Kunstwerk zähle mehr als das Leiden eines einzelnen. An Schurmann kabelte sie: »Ich bin vierzig Jahre alt. Und ich liebe.«

Erst drei Jahre später, nachdem sie ihre ganze Kraft – die bei immer schlechterem Gesundheitszustand ständig abnahm –, ihre gesamte Arbeit und ihr ganzes Vermögen für das vergötterte Werk des Geliebten eingesetzt hatte, brach es aus ihr heraus: »Was hast du nicht alles versprochen nach dem Buch! Du hast mir versprochen, dein Leben vollständig zu ändern!«

1904, als D'Annunzio wieder einmal ein ihr versprochenes Stück einer anderen gibt – diesmal, weil die Duse krank geworden war –, schreibt sie in einem Brief, der sich jede Antwort verbittet, daß sie künftig keine Stücke mehr von ihm aufführen wird. Jetzt, wo er erfolgreich geworden sei, brauche er sie ja nicht mehr.

Nun klingen diese Worte mit einem Mal gar nicht mehr so lianengleich: »Asche ... Asche ... Asche ... vor den Augen ... auf den Lippen ... in der hohlen Hand.«

Peter Stephan Jungk

»Mit F. war ich nur in Briefen vertraut«
Felice Bauer und Franz Kafka

Fünf Minuten nach Mitternacht, im Autoradio des Groß-
stadttaxis. Eine junge Männerstimme verkündet: ». . . weil
nämlich Kafka eine so lautere Sprache hat . . .« Der Chauffeur
dreht das Rad der Senderpalette rasch weiter, Hip-Hop-
Musik, Millimeter von Kafka entfernt, gefällt ihm besser.
Kafka ist zum Allerweltsbegriff geworden, ähnlich Gott,
Goethe, Liebe. Kafka ist Enigma geblieben, ein Schloßbe-
wohner ohne Dach über dem Kopf. Je näher der Leser, der
Sprachwissenschaftler, der Germanist ihm zu sein glauben,
desto versteckter, einsamer, menschenferner lebt Franz Kafka
sein Unsterblichkeitsdasein.

Er widerrief jeden seiner Schritte. Er widersprach jeder seiner Erkenntnisse. Bereute seine Freudemomente, genoß die
Selbstqual, mühte sich mit der Sehnsucht nach Glückselig-
keit. Bat seinen engsten Freund, Max Brod, all jene Schriften
zu vernichten, die bis zum Tage seines irdischen Todes nicht
veröffentlicht worden waren: das Gesamtwerk nahezu. Und
wußte doch, Brod würde diesem Wunsch niemals stattgeben.
Eine Bitte aber, auch sie testamentarisch verankert, war ohne
Zweifel so gemeint, wie Kafka sie hinschrieb – und niemals
hätte er für möglich gehalten, diese Anweisung würde nicht
befolgt werden: Man möge jene mehr als fünfhundert Briefe
ungelesen vernichten, die er in den Jahren 1912 bis 1917 an
seine Geliebte Felice Bauer geschrieben hatte. Max Brod, von

der Überzeugung geleitet, jede Silbe seines Freundes sei publikationswürdig, versuchte, mehr als zwei Jahrzehnte nach Kafkas Tod, Felice Bauer – sie war mittlerweile in die Vereinigten Staaten emigriert – zu überreden, das Briefkonvolut zum Druck freizugeben.

Jahre hindurch blieb sie bei einem hartnäckigen »Nein«, dachte nicht daran, Kafkas Briefe der Öffentlichkeit preiszugeben. Und ließ sich, nach und nach, dennoch umstimmen; Brods Einfluß setzte sich durch. Felice Bauers Wankelmut gewährt uns Nachgeborenen Einblick in einen Kampf um Leben, Liebe und Arbeit, wie er selten geführt, wohl niemals aber publik gemacht worden ist. Wir dürfen teilnehmen an Seelenschlachten, die uns nicht das mindeste angehen. Wie können wir es wagen, wir Fremden, innigste Gedankengänge und Gefühlsäußerungen eines Menschen zu durchforsten, zu entweihen, der in der sicheren Annahme Brief um Brief absandte, ausschließlich seine Adressatin werde seine Worte jemals zu Gesicht bekommen. Wir haben den Toten ausgegraben, wir wühlen in seinen Knochenresten, von Wyoming bis Peking, von Finnland bis Kapstadt rotten sich Germanisten und ihre Helfershelfer zusammen, stürzen sich ameisengleich auf die kleinsten Kafkabrocken, zersäbeln und zerstäuben, was ihnen zwischen die Zähne gerät.

Wir Bewohner des zwanzigsten Jahrhunderts haben hinter jeden Schleier der Isis zu blicken versucht, wir kennen kein Pardon vor den Torhütern und Geheimnisbewahrern, zur Not würden wir mit gezückter Waffe auf die Jagd nach Information, Aufklärung, Nachrichten gehen. Die Zahl der Tabus, die wir, Überlebende des zwanzigsten Jahrhunderts, schon gebrochen haben, ist kaum mehr zu überblicken. Und ich selbst beteilige mich an diesen Enthüllungs- und Entheiligungsausschweifungen? Lese jeden erhaltenen Brief Franz Kafkas an Felice Bauer, notiere, halb neugierig, halb verlegen, Schmerz um Schmerz, Kuß um Kuß? Ich bin ein Kind dieses Alptraumjahrhunderts, in seiner Mitte geboren, von seinem Gift gefüttert – längst schon ein Mitschuldiger geworden an der angeprangerten Sünde. Und warne gerade deshalb nicht zuletzt mich selbst: Vernichten wir, soweit uns dies noch möglich ist, unsere geheimen Tagebücher, vernichten wir unsere privatesten Briefe, sonst fallen sie, Augenblicke nach unsrem Tode, Forschern und Literaturfreunden, kunstsinnigen Intellektuellen und beflissenen Autogrammjägern in die Hände.

Als »Nachrichten aus der Unterwelt« bezeichnete Franz Kafka seine über weite Zeitstrecken täglich, oft auch zwei bis drei Mal pro Tag ausgesandten Briefe. Die Geburtsstunde seiner Beziehung zu der um vier Jahre jüngeren Berlinerin Felice Bauer fiel auf einen Sommerabend des Jahres 1912. In der Wohnung des Vaters von Max Brod begegnete Kafka der Unbekannten zum ersten Male. Sie war ihm damals gänzlich gleichgültig erschienen, erst im Laufe des Abends bemerkte er, daß sie ihn doch ein wenig reizte: Als sie die Runde kurz verließ, flüsterte Kafka die Worte ». . . sie gefällt mir zum Seufzen . . .« vor sich hin.

In seinem Tagebuch schilderte Kafka den ersten Eindruck von jener Frau denkbar profan: wie ein Dienstmädchen sei sie ihm vorgekommen, eine knochige, großgewachsene Person, deren Gesicht er sogar als »leer« empfunden habe. Man sprach an jenem Abend von einer eventuellen gemeinsamen Reise nach Palästina, eine Idee, die wahrscheinlich durch den im Hause Brod oftmals diskutierten zionistischen Traum aufgetaucht war.

Erst fünf Wochen nach seiner ersten Begegnung mit Felice schrieb Kafka ihr den ersten Brief, lud sie, noch etwas scheu, dazu ein, mit ihm in Korrespondenz zu treten. Warum aber knüpfte er diese Beziehung überhaupt an? Hatte Fräulein Bauer ihm in Wirklichkeit doch besser gefallen, als er dies, sich selbst gegenüber, behauptete? Wirkten ihrer beiden Gespräche im Rückblick doch heftiger nach als erwartet, mußte Kafka nun doch immer wieder an jenen Abend zurückdenken?

Eine Woche, bevor er sich endlich durchgerungen hatte, Felice zu schreiben, hielt sich sein Lieblingsonkel Alfred Löwy aus Madrid zu Besuch in Prag auf. Löwy nannte seinem

187

Neffen den wichtigsten Grund dafür, warum er – trotz großem beruflichem Erfolg – mit seinem Leben nicht zufrieden sei: Dem Junggesellen erscheine das Alleinsein so gänzlich sinnlos, darunter leide er insbesondere allabendlich, wenn er nach Hause komme, in seine liebesleere Wohnung. Der Onkel – neben der Schwester Ottla das einzige Familienmitglied, auf dessen Ratschlag Kafka hörte – warnte wohl den 29jährigen Franz, es ihm gleichzutun, legte ihm nahe, sich zu verheiraten, eine Familie zu gründen.

Zu diesem Zeitpunkt war Kafka erst ein einziges Mal verliebt gewesen, in eine Frau, die ihn, sechs Jahre zuvor, verführt hatte. Sie war die einzige geblieben, mit der er – als er Felice begegnete – je ein intimes Verhältnis erlebt hatte. Angst prägte seit jeher seine Beziehungen zum anderen Geschlecht.

Als Verliebter nahm er den Kontakt zu Felice Bauer jedenfalls nicht auf, vielmehr wie jemand, der einer gesellschaftlichen Pflicht, einer Konvention nachkam. Nach dem wochenlangen Zögern, ihr zu schreiben, benötigte er auch noch mehr als zehn Abende, den ersten Brief aufzusetzen, legte jede Silbe in die Waagschale. Als ihm auf seine ersten drei Briefe nur sehr zögernd Antwort gegeben wurde, drängte Kafka bereits auf Erwiderung seiner Sendungen, mehr noch, er bemühte die Schwester Max Brods, ihm dabei behilflich zu sein, Felice zu unbedingtem Zurückschreiben zu bewegen. Die Intervention glückte, Fräulein Bauer antwortete dem ihr kaum bekannten Prager Beamten tatsächlich etwas regelmäßiger. Doch kaum hatte sie sich auf seinen innigen Wunsch versuchsweise eingelassen, als sich Kafkas sporadisches, noch eher vorsichtiges Kontaktnehmen in Wellen aufdringlicher Hartnäckigkeit verwandelte, in das ununterbrochene Ausschütten monate-, vielleicht jahrelang aufgestauter Gedanken, Gefühle, Beobachtungen. Ein Mitteilungsbedürfnis, das keine Grenze hinnahm: Unter Hochdruck zurückgepreßt, hatte es endlich jene Lücke gefunden, aus der es entweichen mußte. Die Flut tausender, zehntausender Sätze ergoß sich über die überraschte und zweifellos überforderte Felice Bauer.

Einen ersten Umschwung ihrer Gefühle gegenüber dem seltsamen Verehrer bewirkte Kafka wohl dadurch, daß er, noch zehn Wochen nach dem Kennenlernen, nahezu jede Minute ihres damaligen kurzen Beisammenseins in seiner Erinnerung aufbewahrt hatte: Er gab, schriftlich, jedes Wort wieder, das damals gesprochen worden war. Jedes Detail der Kleidung, die Felice getragen hatte, jeder Augenblick des Abschieds in der Halle des Hotels, in dem sie abgestiegen, war ihm gegenwärtig geblieben. Mit ähnlicher Intensität hatte sich wohl noch niemand mit ihr auseinandergesetzt, spätestens nach diesem zwanzig Seiten langen Brief mußte ihr klargeworden sein, daß ihr Korrespondenzpartner zu den ungewöhnlichsten Menschen zählte, denen sie je begegnet war.

Als sie ihm nun aber einen weiteren Schritt entgegenkam, begann er, immer entschiedener, Auskunft über die minimalen Einzelheiten ihres Lebens zu fordern, jeder ihrer Atemzüge schien ihm interessant genug, um wenigstens eine Andeutung darüber zu erfahren. Felices Beruf als Prokuristin bei einer Firma, die Parlographen herstellte (eine Vorform heute üblicher Tonbandgeräte), beschäftigte ihn ebenso wie die Zusammensetzung ihres Frühstücks, ihre Besuche im Theater. Er fragte nach dem Aussehen ihres Büroraumes, nach der Art und Weise, in der sie ihrer Mutter abends das Zeichen gab, ihr das Haustor aufzusperren. Immer intimer wurden seine Fragen, immer bereitwilliger gab Felice Auskunft. Selbst Kafkas wiederholte Warnung vor seiner Traurigkeit, Kraftlosigkeit, Lebensunfähigkeit schienen die Briefpartnerin nicht abzustoßen, im Gegenteil, ihr Ton wurde gütiger, wärmer, freundschaftlicher. Ihre Antwortschreiben gelten zwar in der Gesamtheit als verschollen, doch lassen sich von Kafkas Reaktionen auf Felices Briefe immerhin recht deutliche Rückschlüsse auf deren Inhalt ziehen.

Zwei Monate nach seinem ersten Brief fiel zum ersten Mal das Du-Wort, einige Tage später sandte er ihr den ersten, wenigstens brieflichen Kuß: »... erlaube mir, doch nur in der Ahnung, doch nur dieses eine Mal, Deinen geliebten Mund zu küssen.« Wie fremd klingen solche Worte aus seiner Feder!

»In der Ahnung« küßte er sie fortan nahezu täglich, er liebkoste die Freundin, gab ihr Liebeserklärungen, legte sich mit ihren Fotografien stundenlang zu Bett, eilte an den Schreibtisch zurück, um sie erneut innig zu küssen, und durchlebte all diese Paradiese ausschließlich auf dem Papier, mit Feder und Tinte, aus sicherer Entfernung. Nach einem halben Jahr – und nach über zweihundert Briefen – machte er Felice zum ersten Mal den Vorschlag, man sollte einander vielleicht einmal persönlich wiedersehen. Ein Treffen, das erst sieben Monate nach der Prager Begegnung stattfand – bis dahin gelang es ihm, dank immer neuer Ausflüchte, diesen gefürchteten Augenblick hinauszuzögern.

Sieben Monate, während derer Franz Kafka seine Freundin als seelische Klagemauer benützte und mißbrauchte, dies auch offen zugab; sie allein, betonte er, sei die Gegenkraft, mit deren Hilfe er sein als Katastrophe und Krankheit empfundenes Leben um eine Spur leichter ertragen könne: »Ich bin ein recht unglücklicher Mensch, und Du, Liebste, mußtest schon aufgeboten werden, um ein Gleichgewicht zu allem diesem Unglück zu bilden.« Ein Gleichgewicht, das ihm half, die als unerträglich empfundene Beziehung zu seinen Eltern durchzustehen, in deren Wohnung er noch lebte, ein Ausgleich auch zu der als stetige Qual empfundenen Büroarbeit in der Arbeiterunfallversicherungsanstalt. Felice mußte ihm mithin als mitfühlend-aufmerksame Zeugin masochistischer Selbstbestrafungsphantasien dienen – er »krieche« zu ihr zurück, er verdiene es, ausgescholten zu werden, er gehöre bestraft und sollte verachtet werden, schrieb er ihr nicht selten; dann wieder tyrannisierte er sie mit seinem Zweifel an sich und der Welt, mit seinem Mißtrauen gegenüber Felices Liebe und Ehrlichkeit. »Mein Leben ließe ich für Dich«, hieß es einmal, »aber das Quälen kann ich nicht lassen!« Von Felice, die er bisher ja immer noch lediglich als Korrespondentin kannte und liebte, aber verlassen zu werden, das erschien ihm mittlerweile als die denkbar schrecklichste Vision.

Mit den vehementesten Warnungen vor sich selbst, tagelang zögernd, ob dieser Schritt denn nicht doch noch rück-

Franz Kafka und Felice Bauer, 1917

191

gängig gemacht werden sollte, reiste Franz Kafka in der zweiten Märzhälfte 1913 nach Berlin, um Felice endlich wiederzusehen. Knapp zwei Tage blieb er dort, verbrachte nur wenige Stunden mit seiner Briefgeliebten, sandte ihr, in den Wochen danach, die bislang wüstesten Selbstbeschimpfungstiraden, suchte in beinahe jedem seiner tagebuchähnlichen Briefe erneut ihr darzulegen, welch wertloser, liebloser, undankbarer Mensch er in Wirklichkeit sei. Die Adressatin antwortete ihrem Quälgeist offenbar mit herzlicher Wärme und Güte. Kafka dankte es ihr mit dem Ausruf: »Ich wage Dich gar nicht mehr zu küssen und werde Dich niemals küssen. Ich bin dessen nicht wert.«

Ein erneutes Wiedersehen, zwei Monate später, leitete eher eine Verschlechterung als eine Beruhigung der Beziehung ein: Deutlicher denn je habe er nunmehr erkannt, schrieb Kafka, daß Felice ein gesunder, er aber ein kranker Mensch sei. Ein Kranker, neben dem sie, die Kräftige, die mit beiden Beinen in der Realität Beheimatete, es wohl niemals mehr als zwei Tage aushalten würde. Und als er, im Juni 1913, erstmals die Frage aussprach, ausschrieb, ob Felice seine Frau werden wolle, nannte er dies Ansinnen schon wenige Zeilen später ein »verbrecherisches«, zählte der Geliebten zahllose Gründe auf, warum sie einen solchen Schritt unbedingt ausschließen sollte, machte sie vor allem darauf aufmerksam, was sie, im Falle einer Eheschließung, zweifellos verlieren, was sie aufgeben müßte. Er gab sich jede erdenkliche Mühe, ihr darzulegen, warum er der ungeeignetste Partner sei, wies wiederholt auf seinen unmöglichen Tagesrhythmus hin, den könne sie doch niemals mitmachen, niemals durchhalten. Machte sie darauf aufmerksam, daß er keinerlei Familiensinn besitze, selbst zur Freundschaft kaum fähig sei und vor jeglicher Form der Verantwortung »wie eine Schlange« zurückweiche. Und fürchtete aber insbesondere, Felice könnte seine Warnungen in den Wind schlagen, von der Annahme ausgehend, lebte man nur einmal zusammen, würde sich der nervengequälte Ehemann ja doch zweifellos ein wenig beruhigen, nach und nach.

Schon früher hatte er Felice oftmals darauf hingewiesen, dem Schreiben gelte sein ganzes Streben, allein diese Arbeit gebe ihm das »Recht zum Leben«. Er bestehe gleichsam aus Literatur, verkündete er, doch dürfte die Geliebte diese etwas pathetisch klingenden Worte nicht allzu ernst genommen haben. In den fünf Jahren ihrer Liebeskämpfe entstand ein guter Teil von Kafkas Werk, darunter »Das Urteil«, »Die Verwandlung«, »Amerika«, »Der Prozeß«, die »Landarzt«-Erzählungen – über keinen dieser Texte diskutierten die Liebenden wohl je miteinander, keine dieser Arbeiten konnte auf Felices Verständnis stoßen, im Gegenteil, sie unterbreitete ihrem Freund gar den Vorschlag, seine tägliche Schreibzeit doch auf eine, höchstens zwei Stunden zu reduzieren, das müsse ihrer Ansicht nach doch genügen. Wie gänzlich fremd mußte es ihr erscheinen, wenn Kafka ihr eingestand, eines Nachts so heftig geschluchzt zu haben, daß er habe befürchten müssen, seine Eltern im Nebenzimmer zu wecken; »es war in der Nacht«, schrieb er ihr, »und die Ursache war eine Stelle meines Romans«.

Immer störrischer, egozentrischer, unfreundlicher wurde der Ton seiner Schreiben, kaum war der Heiratsantrag ausgesprochen worden: Nahezu jede Zeile setzte sich mit *seinen* Ängsten, *seinen* Qualen auseinander, immer seltener ging er auf die Persönlichkeit seiner Freundin, auf ihre Sorgen und Probleme ein. Es wäre ein Opfer, betonte er nahezu täglich, ihn zu heiraten – »bis in alle Einzelheiten« versuchte er, Felice die Beweise auch hierfür zu liefern. Im September 1913, zu Beginn einer größeren Ferienreise in den Süden, schrieb er ihr: »Wir müssen Abschied nehmen.« Nun, endlich, kamen Felice doch ernste Zweifel, ob Franz Kafka tatsächlich jener Mann sei, mit dem sie ihr Leben verbringen wolle – sie ließ mehrere Wochen verstreichen, ohne ihm Antwort zu geben.

Kafka verbrachte drei Wochen in Riva am Gardasee, mietete sich in einem Sanatorium ein, erholte sich ein wenig von den Depressionen der vergangenen Monate. Ein Umstand, der wohl vor allem der äußerst überraschenden Tatsache zu verdanken war, daß er sich, in Riva, verliebt hatte: in ein achtzehnjähriges Mädchen, eine Schweizerin, von der es im Tagebuch heißt: »Ich verstand zum ersten Male ein christliches Mädchen und lebte fast ganz in seinem Wirkungskreis.« Monate später gestand er Felice, was in Riva geschehen war: »Immerhin bedeuteten wir einander viel, ich mußte große Veranstaltungen treffen, daß sie beim Abschied nicht vor der ganzen Gesellschaft zu schluchzen anfing, und mir war nicht viel besser.«

Nach seiner Rückkehr nach Prag begann ein neues Kapitel in der Liebesgeschichte zwischen Franz Kafka und Felice Bauer. Eine Freundin Felices, die 21jährige Grete Bloch, versuchte sich als Mittlerin und Friedensstifterin zwischen den Liebenden. In den folgenden Monaten wurde sie zur Empfängerin von Kafkas intimsten Briefen, ihr gestand er – offenbar bedenkenlos – all seine Vorbehalte gegenüber Felice. Der Ton dieser Episteln klingt weit gelöster, herzlicher als jener der Schreibergüsse an Fräulein Bauer; sie wirken so, als seien ihm durch den seelischen Abstand von Felice Mühlsteine vom Herzen genommen. Der Kontakt zwischen Kafka und Fräulein Bloch vermittelt durchaus den Eindruck eines platonischen Seitensprungs; Grete jedenfalls verliebte sich in den um zehn Jahre älteren Herrn Doktor. Die von der internationalen Kafkaforschung oftmals wiederholte Vermutung aber, Grete Bloch habe im Jahre 1916 heimlich einen Sohn zur Welt gebracht, dessen Vater Franz Kafka gewesen sei, halte ich – nach gründlicher Betrachtung verfügbarer Unterlagen – für unhaltbar.

Zwei kurze Wiedersehen Kafkas mit Felice Bauer, Ende 1913, einige Spaziergänge mit ihr durch den Berliner Tiergarten, verschlechterten die Grundstimmung zwischen den Liebenden nur noch mehr; vor allem Felices Wunsch, Kafka möge doch versuchen, etwas mehr in der Wirklichkeit und etwas weniger in seinen Traum- und Alptraumbereichen zu leben, erboste den empfindlichen jungen Mann, er empfand ihre Ermahnung beinahe als feindselig, glaubte sogar, sie hasse ihn nunmehr, verspüre definitiven Widerwillen gegen seine Person. Zwar könne sie ihn ganz gut leiden, betonte

Fräulein Bauer, habe aber mittlerweile eingesehen, daß eine Eheschließung wohl doch noch einmal zu überdenken sei. Kafka hatte mit seinen Warnungen vor sich selbst, nach langer Mühe, einen Erfolg errungen. Doch sobald Felice Bauer seinen Kassandrarufen Glauben zu schenken begann, erstaunte er, nahm ihr dies Umschwenken auf seine Sicht übel, überhäufte sie mit Vorwürfen: Die Änderung ihrer Meinung sei ja nur Beweis dafür, daß sie ihn nicht wirklich liebe.

Um so überraschender, wohl für jeden Außenstehenden unbegreiflich, daß sich Kafka und Felice zu Ostern 1914, trotz aller Bedenken, verlobten. Die Hochzeit sollte im kommenden September stattfinden, Verlobungsanzeigen erschienen sowohl im »Prager« wie im »Berliner Tagblatt«. Ein wenig unheimlich war ihm dieser Schritt allerdings, am unglücklichsten aber machte ihn die nun notwendig gewordene Suche nach einer künftigen gemeinsamen Wohnung in Prag, eine Suche von größter Traurigkeit und Ausweglosigkeit: »Schon auf der Treppe kämpft man mit verschiedenen Gerüchen«, ließ er Felice wissen, » ... das Ungeziefer wartet in seinen Löchern auf die Nacht.« Das Leben in solchen Wohnungen könne man fast nur als »Wirkung eines Fluches« verstehen.

Er schrieb der Braut selten in den Wochen nach der Verlobung; sie betrübe ihn, hieß es einmal, denn sie sei wenig »scharfsinnig«. Und er stöhnte unter der Last ihrer Wünsche nach häßlichen, viel zu großen Möbelstücken für die gemeinsame Wohnung. Grete Bloch gegenüber weinte er sich rückhaltlos aus, wie müde und gealtert seine Verlobte oft aussehe, wie fleckig und rauh ihre Haut ihm erscheine. Am meisten aber ekle er sich vor Felices Gebiß, er leide unter ihren unentwegten Zahnschmerzen, ihren stetigen Zahnarztbesuchen. Ihr nahezu vollständiges Goldgebiß stieß ihn so sehr ab, daß er, wie es in einem der Briefe an Fräulein Bloch hieß, vor Felices Zähnen die Augen habe senken müssen. »In einem selbstvergessenen Augenblick fragte ich F. sogar, ob sie sich nicht schäme.« (Seine Zahnneurose manifestierte sich auch in einem seiner Schreiben an Felice: Der Vegetarier Kafka verglich die Fasern, die nach dem Fleischgenuß zwischen den

Zähnen hängenbleiben, mit fetten Ratten, eingeklemmt zwischen zwei Felsblöcken.)

Drei Monate nach ihrer Verlobung lösten Kafka und Fräulein Bauer ihr Eheversprechen wieder auf. Grete Bloch hatte ihre Freundin in den vorangegangenen Monaten immer wieder vom Inhalt der an sie gerichteten Kafka-Briefe informiert, ihr sogar das eine oder andere Jammerschreiben übersandt; sie agierte mithin – vielleicht aus unbewußter Eifersucht – als die eigentliche Entzweierin des Paares Franz/Felice, ein Umstand, den der panische Bräutigam ihr aber offenbar niemals verübelte. Anschließend an die Entlobung, an der auch Fräulein Bloch teilgenommen und die im Berliner Hotel Askanischer Hof stattgefunden hatte, bezeichnete Kafka sie gar als seine »Richterin«: »... es war abscheulich für Sie, für mich, für alle ...«, doch böse sei er Grete Bloch keineswegs, im Gegenteil: er habe ihre Anteilnahme immer für wahr und ehrlich gehalten und danke ihr dafür. Die Korrespondenz zwischen ihnen beiden aber brach nach diesem Ereignis jäh ab.

Keinen Abbruch erfuhr hingegen Franz Kafkas Beziehung zu Felice Bauer – in Abständen von zwei bis drei Monaten schrieben sie einander wieder, und als Kafka im November 1914 vom Tode des Vaters von Felice erfuhr, überhäufte er sich mit erneuten Selbstvorwürfen: Dadurch, daß er die Tochter unglücklich gemacht, habe er den Tod ihres Vaters mitverschuldet. Plötzlich sprach er wieder von »Möglichkeiten der Zukunft«, die er in Felices Brief erkannt habe, er schlug ihr sogar vor, im Sommer 1915 eine gemeinsame Reise zu unternehmen. Doch erst im Juli 1916 kamen sie wieder zusammen, verbrachten zehn Tage im Kurort Marienbad, mithin die längste Zeit, die sie je miteinander zugebracht hatten. Während dieses Beisammenseins kamen sich die Liebenden nahe wie noch nie. In seinem Tagebuch notierte Kafka: »Mit F. war ich nur in Briefen vertraut, menschlich erst seit zwei Tagen. ... Zweifel bleiben. Aber schön der Blick ihrer besänftigten Augen, das Sich-Öffnen frauenhafter Tiefe.« Und an Max Brod schrieb er, er hätte gar nicht mehr für möglich gehalten, solch glückliche Tage erleben zu dürfen wie jene, die er nunmehr mit Felice habe verbringen dürfen.

Das ewige Jammern, das Selbstmitleid, die Vorwürfe fehlten der Korrespondenz in den Monaten nach dem Marienbader Zusammensein der Liebenden nahezu gänzlich. Kafka zeichnete sich vielmehr als hilfreicher Freund aus, der seiner Geliebten Ratschläge erteilte, von welchen pädagogischen Prinzipien sie sich in ihrem neuen Beruf, als Lehrerin in einem Volksheim für jüdische Mädchen, leiten lassen sollte. Er gab ihr Literaturhinweise, sandte ihr Bücher zu, die sie im Unterricht verwenden sollte, fragte sie nach ihrem Befinden in einem Ton der Ausgeglichenheit und Freundschaftsbereitschaft, wie er in den Jahren zuvor kaum jemals vorgekommen war.

Wiederum ein Jahr später, im Juli 1917, verlobten sich Kafka und Felice zum zweiten Mal, diesmal in Prag. Doch dieser letzte Versuch, das halbversunkene Schiff doch noch vor dem Untergang zu retten, mußte scheitern. Wenige Tage nach dem zweiten Verlöbnis erlitt Franz Kafka einen Blutsturz, die Ärzte attestierten ihm den Ausbruch einer Lungentuberkulose. Der Kranke erkannte die Schwindsucht als zweifellos psychosomatisch bedingt, als Folge der Kämpfe mit und um Felice Bauer. Und als Felice ihn dann noch einmal, im böhmischen Ort Zürau, besuchte, wohin er sich zur Erholung zurückgezogen hatte, kam es zwischen ihnen beiden zum endgültigen Bruch. Zu Weihnachten 1917 wurde auch die zweite Verlobung gelöst; der Tuberkulosekranke, so lautete die der Verwandtschaft gegenüber geäußerte Erklärung, könne unmöglich die gesunde, junge, kräftige Felice ehelichen.

»Im übrigen sage ich Dir ein Geheimnis«, hieß es im vorletzten Brief an Felice, »ich werde nicht mehr gesund werden.« Und an anderer Stelle notierte er sich: »Falls ich in nächster Zeit sterben sollte, so darf ich sagen, daß ich mich selbst zerrissen habe ... Die Welt – Felice ist ihr Repräsentant – und mein Ich zerreißen meinen Körper.« Sieben Jahre später war er tot. Felice Bauer hatte inzwischen einen wohlhabenden Berliner Geschäftsmann geheiratet, war zweifach Mutter geworden und führte bis zu ihrem Tode im Jahre 1960 ein wohl doch als glücklich zu bezeichnendes Leben.

Elisabeth Plessen

»Du hast Frühling um mich gemacht«
Clara Wieck und Robert Schumann

» – ach, ich kann es gar nicht erwarten, bis Du mein angetrau-
tes Weib bist, Du mein holdseliges Mädchen Du liebste
Madam Schumann Du beste Frau eines überglücklichen
Componisten – ich komme in einen so komischen Ton von
Ernst und Lustigkeit und Rührung, daß ich lieber aufhöre –
ich sehe Thurmspitzen und Dich im Häubchen und dazu die
Musik inwendig; es ist besser ich schließe«, schreibt Robert
Schumann seiner Braut Ende Dezember 1838 aus Wien,
wohin er schweren Herzens gegangen ist, um sich, der Braut –
sie ist die gefeierte Klaviervirtuosin Clara Wieck aus Leipzig –
und der »Neuen Zeitschrift für Musik«, deren Herausgeber
und Besitzer Schumann war, eine neue Existenz zu finden.
Gefiel Clara das »Häubchen«? Gefiel ihr die »Hausfrau«? Mit
ihren neunzehn Jahren hatte sie so wenig Häuslichkeit
gekannt – ihre Eltern waren geschieden, Clara wuchs beim
Vater auf, die Mutter lebte in Berlin –, und bei Wiecks war
häusliche Behaglichkeit nachhaltig verpönt, anders als bei
Schumann, der von Hause aus einen starken Familiensinn
und Drang nach Geborgenheit besaß.

Clara war eine Reisende. Ihr Virtuosenberuf hatte sie von
Wunderkindesbeinen an, gedrillt und gedrängt vom Vater,
der Klavier- und Gesangspädagoge war und eine Pianoforte-
fabrik besaß, aus den vier Wänden in die Öffentlichkeit
geführt, in die Konzertsäle, und der emphatische Applaus der

anderen war Claras Daseinsbeweis. So war Clara in der Begleitung des Vaters ein paar Monate, ehe Schumann nach Wien gegangen war, durch die Kaiserstadt gekommen und dort – Ruhmestitel ihrer bisherigen Laufbahn – zur kaiserlichköniglichen Kammervirtuosin ernannt worden.

Das Eheleben, das Schumann mit Clara vorschwebte, wenn er es von sich aus sah, war dem nervenaufreibenden Konzertleben und allen damit verbundenen gesellschaftlichen Verpflichtungen entgegengesetzt, auch der Reiserei – zuerst in den Postkutschen, später mit der »Dampfbahn«; den Mühen um ein geeignetes Logis, um ein geeignetes Instrument; all der Plackerei, über die Clara in ihren Briefen aus Paris, Prag oder Berlin so nachhaltig Auskunft gibt. Schumann, der Komponist, schaffte aus stiller Zurückgezogenheit und Einsamkeit heraus. Er träumte von einem liebenden, hingegebenen »Weib« an seiner Seite. Dies anrührende innige Bild hat er im Briefwechsel mit Clara oft beschworen und Clara freigestellt, ob sie es denn auch so wolle. »Am liebsten möchte ich ... ein hübsches Haus nicht weit von der Stadt haben«, heißt es einmal, »Dich bei mir, – arbeiten, – selig und still mit Dir leben. Deine große Kunst würdest Du natürlich pflegen, wie immer, doch weniger für Alle und des Erwerbes wegen, als für einzelne Auserlesene und unseres Glücks halber. Dies Alles, wenn Du so wolltest ... Ob Du dabei glücklich wärst und es in der Dauer bleiben würdest, weiß ich nicht, und Du selbst nicht; man verändert sich ...«

Es gab jemanden, der »Dies Alles« so überhaupt nicht wollte, und das war Claras Vater, Friedrich Wieck, der halsstarrig der Verbindung seiner Tochter mit Schumann alle nur erdenklichen Hindernisse in den Weg stellte und sich und die beiden über vier Jahre hin bis an die Grenzen ihrer Verstandeskräfte trieb und schließlich seine Sache doch verlor. Schumann und Clara sahen ihr äußerstes Mittel in einem Prozeß gegen den Vater, und sie gewannen den Prozeß.

Zwölf Jahre kannten sich Robert Schumann und Clara Wieck, ehe sie sich laut Spruch des Königlich Sächsischen Oberappellationsgerichts in Dresden verbinden durften.

Clara war neun Jahre alt, als sie der noch nicht ganz acht-
zehnjährige Student der Jurisprudenz in Leipzig kennenlernte
– in Wiecks Haus, dessen Schüler er wurde. Und solange
Schumann nur Schüler war, war Wieck ihm ein väterlicher
Freund und Lehrer. Er nannte Schumann einen »Enragé auf
dem Piano« und ließ ihn zur Disziplinierung vornehmlich
Fingerübungen treiben. Es war Wieck, der auf Schumanns
eigenen Wunsch das dessen Leben entscheidende Urteil
abgab, indem er Schumanns Mutter schrieb, er, Wieck,
mache sich »anheischig«, »Ihren Sohn, den Robert, bei *seinem
Talent* und *seiner Phantasie* binnen drei Jahren zu einem der
größten, jetzt lebenden Klavierspieler zu bilden, der geistrei-
cher und wärmer ... und großartiger als alle jetzt auftretenden
Virtuosen spielen soll. – Den Beweis dafür führe ich mit meiner eigenen elfjährigen Tochter, die ich eben anfange der Welt
vorzustellen.« Wieck stellte seine Bedingungen in musicis
(später, wenn er in Schumann den Mann bekämpft, wird er
sie auf dessen Lebensart und Charakter übertragen) – Schlen-
drian, Zügellosigkeit, ausschwärmende Phantastik und
Hypochondrie müßten aufhören, wenn er, Wieck, sein Lehrer werden sollte. Schumann akzeptierte Wiecks Bedingungen. »Verehrtester!« antwortete er, »nehmen Sie meine Hand
und führen Sie mich.«

Clara hatte schon als Fünfjährige vom Vater den ersten
Klavierunterricht bekommen; als fast Elfjährige erhielt sie
Unterricht in Harmonielehre. Erste Kompositionsversuche
stammen aus der Zeit. An Ostern 1830 trat Clara in Dresden
zum ersten Mal vor Hof- und Adelskreisen auf. »Allgemeine
Bewunderung« erregte sie, als sie sich im November des Jahres das erste Mal den Leipzigern im Gewandhaus mit einem
Konzert vorstellte. Ihre ersten dreißig Taler nahm sie dabei
ein. Als Robert Clara 1828 sah, traf er so auf kein Wunderkind mehr, sondern auf eine kleine angehende Virtuosin. Er
verglich sich mit ihr. Ihn erstaunte das Mädchen, bei dem
alles zu früh war, und ihre Kunst. Ihn hatte niemand zu eiser-
nem Fleiß angehalten. Er besaß keine fundierte musikalische
Ausbildung. Sein Vater, Verlagsbuchhändler in Zwickau,

hatte für ihn wohl eine Künstlerlaufbahn gesehen, aber dann hatte sich Robert ganz der Poesie nach Jean Paulschem Vorbild überlassen, und der Vater war gestorben, als Robert sechzehn war. Die Mutter, eine »sorgliche« Frau, die, obgleich selbst eine musikalische Natur, keine Note lesen konnte, wollte den Sohn zum Juristen. Kleinstädtische Vorurteile kamen hinzu – der »Kampf zwischen Poesie und Prosa, oder … Musik und Jus« blieb bis in Schumanns zwanzigstes Jahr hinein unentschieden. Er dichtete und schwärmte in seinen »Wortcompositionen«, als er nach Leipzig zu Wieck kam, und er konnte »phantasieren, instrumentieren, Partitur lesen«, hatte »einige Kenntnisse im Violinspiel« und, wie er romantisch ausgelassen prahlte, schon »Lieder und Quartette und manche Symphonie begonnen hier und da zwischen die römischen Rechtsinstitute und Pandekten eingeschoben«, »wär schon bis zu op. 100 gekommen, hätte« er »sie aufgeschrieben«.

Er jubelt über die Veröffentlichung seiner ersten Komposition, den Abegg-Variationen. »Kaum wird den ersten Schriftstellerfreuden … der Brautstand etwas nachgeben.« Schumann übt übertrieben mit einer von ihm erfundenen mechanischen Vorrichtung, weil er so sich schneller zum Klaviervirtuosen heranbilden will. Die Lähmung eines Fingers der rechten Hand beendet die Träume von dieser Laufbahn. Freilich hinderte ihn die Lähmung nicht am Phantasieren. So war der Weg zum Komponisten frei. Zu Clara Wieck blickt Schumann nun auf wie ein »Pilgrim«, der »an das ferne Altarbild« denkt, und er schreibt ihr, die wieder mit dem ehrgeizigen Vater, der sie ganz als sein Geschöpf, ja seinen Besitz ansieht, auf Konzerttournee ist – nach Frankfurt und Weimar, wo Clara Goethe vorspielt, und Paris, wo sie Chopin begegnet. Und Schumann erzählt ihr, die ja noch ein Kind ist, auch wenn sie ihre Kindheit nicht leben darf, er habe wieder Märchen und Doppelgängergeschichten für sie und »101 Charaden«, und er fragt sie, ob sie denn recht komponiert habe – »Im Traum hör' ich manchmal Musik – so komponieren Sie! … Wie schmecken denn die Äpfel in Frankfurt? – und wie befindet sich das dreimal gestrichene F in der Springvariation von Chopin? …« Über dieses F hätte Clara ihm spielend Auskunft geben können – den Unterschied zwischen einer Gans und einer Ente hingegen wußte sie bei des Vaters einseitiger Erziehung nicht.

Schumanns »Papillons« erscheinen 1832. Eine Phase der Selbstbeobachtung, ja geradezu einer Belauschung von Gefühlen, niederdrückend und zerstörend, war vorüber, eine Phase übermäßiger Hypochondrie – aber wie viele sollten noch kommen, bis Hypochondrie auch nicht mehr mit Trübsinn oder, wie Clara Schumann es fast bis zum Ende tut, mit »Schwermut« zu umschreiben ist. Clara, das Mädchen, spielt die Papillons. Das dritte aus dem Maskenscherz ist ihr liebstes. Sie spielt es, wie Schumann in seinem Tagebuch festhält, sehr »husarenhaft«. Sein Tagebuch ist erfüllt von Clara – Clara als Zilia, Clara als Chiara – den beiden Musennamen aus Schumanns Zeitung und Claras Name unter den Davidsbündlern. Schumann beobachtet Clara, verfolgt kritisch ihre Leistungen, macht Anmerkungen über ihren Charakter, ihre »kindliche Originalität«, ihr sprudelndes, feuriges Temperament und ihre Augen, die so groß und dunkel sind und weit auseinanderstehen und tief melancholisch blicken können; ihr schwarzes Haar. Die beiden jungen Leute necken sich auf fast täglichen Spaziergängen. Gemeinsame Ideen umspielen sich in ihren Kompositionen: Clara widmet Robert ihre Romanze op. 3, er spricht zu ihr in seinen »Intermezzi«; sein op. 5 nennt er »Impromptus über ein Thema von Clara Wieck«. Anziehung, Gleichgestimmtheit – eine seelische Zugehörigkeit ist da und wächst, die der Worte nicht bedarf, da doch Töne sie auszudrücken vermögen. Schumann horcht immer wieder auf bei Claras Spiel, nicht nur, weil sie auch jetzt schon seine Kompositionen spielt. Und er hält 1833 in seinem »Denk- und Dichtbüchlein« fest, daß an Clara »schon nicht mehr der Maßstab des Alters, sondern der der Leistung gelegt werden« dürfe. Sie sei »die erste deutsche Künstlerin«. Wieck steht Schumann immer kühler gegenüber. Im Tagebuch, dem »Leipziger Lebensbuch«, fragt er sich, ob der Meister wirklich Liebe zur Kunst als solche habe, nicht in seiner

Begeisterung für Clara etwas »Jüdisches« stecke, »das im Geiste schon die Thaler zählt, die die Concerte einmal einbringen, woran ich nicht zweifle, daß es reichlich geschieht«. Und Schumann nennt ihn »Meister Allesgeld«. War es gegenseitige Eifersucht, die zwischen Wieck und Schumann so bitteren Zwiespalt erzeugte?

Im Herbst 1835 gestehen Schumann und Clara Wieck sich ihre Liebe. Vater Wieck fährt bei der Nachricht wie »mit Äxten« zwischen beide. Er untersagt auf das gröbste und kränkendste, unter wilden schießwütigen Drohungen, den beiden, miteinander zu verkehren. Untersagt Clara, in ihren Konzerten Kompositionen von Schumann zu spielen – ein Verbot, das sie dann doch unterläuft. Kontrolliert den Briefwechsel, überwacht Clara auf Schritt und Tritt. Sie darf die Zimmertür nicht absperren, wenn sie auf Reisen sind.

Wieck ließ für Clara nur eine Liebe gelten: die Musik. Er schikanierte Clara und schüchterte sie ein. Er enterbte sie und verstieß sie. Es gibt das Wort von ihm: »Wenn Clara Schumann heirathet, so sag ich noch auf dem Todtenbett, sie ist nicht werth meine Tochter zu sein.« Clara litt, aber sie war bereit, für Schumann zu leiden. Trotzig und zugleich felsenfest entschieden erklärte sie dem Vater, daß sie nie von Schumann ablassen werde.

1837 im August hielt Schumann förmlich um Claras Hand an. Wieck schlug aus. Der Hieb, der Schumann am empfindlichsten bei dem Nein traf, war der, er könne Clara nicht ernähren, ein sorgenfreies Leben ihr nicht bieten. Wieck verlangte eine Einkommens- und Vermögensbescheinigung. Wieck untersagte dem Ehepaar Schumann, in Sachsen zu leben, sollte es doch je zu einer Heirat kommen. Schumann war zu jedem Opfer bereit. Er zog eilig nach Wien. Der Versuch, seine Zeitung dort anzusiedeln, scheiterte an der Metternichschen Zensur. Die Zeitung war zu »Jung-Deutschland«-mäßig. Niedergeschlagen kehrte Schumann nach Leipzig zurück, aber nicht entmutigt, was die Herzenssache betraf. Wieck war ein schlechter Psychologe. Er überschätzte seinen Einfluß. Er ahnte nicht, um wieviel enger er mit seinem Veto die beiden Liebenden aneinanderband und wie sehr er den so reizbaren und so verletzbaren Schumann mobilisierte, den er als trägen, haltlosen, dem Bier verfallenen Zeitgenossen hinstellte.

Robert Schumann und Clara geb. Wieck

Schumann lernte erst langsam seinen Gegner erkennen – und er hatte nicht viel Zeit zu verschenken, in den Briefen an die Verlobte taucht die Ahnung, nicht alt zu werden, immer wieder auf. Der Kampf mit Wieck zermürbte Schumann, aber er machte aus ihm auch einen ordentlichen Rechner und Buchhalter und gab ihm Kraft, denn je länger der Kampf dauerte, desto mehr aktive Unterstützung wuchs Schumann auch von Claras Seite her zu. Sie geriet in Bewegung – nicht ohne Rückfälle, die wiederum Schumann in schwere Depressionen stürzen. Immerhin überzeugt Schumann Clara in elf Brautzeitmonaten, in denen sie sich nicht sehen, von den hinterlistigen bösen Machenschaften ihres Vaters. Für Clara ein quälender, tränenreicher, langwieriger Prozeß der Einsicht und Gefühlsablösung bis zur Gefühlsneige. Bisher hatte Clara ihren Vater abgöttisch und – protestantisch, wie sie erzogen war – in dankbarer Kindespflicht geliebt. Berge mußten versetzt werden, bis Clara schreiben konnte: Ich habe keinen Vater mehr. Schumann setzte seine Mittel ein, und wie man jetzt anhand der Kritischen Gesamtausgabe des Briefwechsels sehen kann, standen sie ihm, dem »Wortkomponisten«, sehr wohl zur Verfügung. Von der sehnsüchtig liebenden Bitte und der Zukunftsphantasie über den Einsichtsappell bis hin zum Befehl, den Clara gewohnt war, zur Gehorsamsforderung, die sie auch gewohnt war – nur jetzt ihm, dem Geliebten, gegenüber –, und dem Verbot, desgleichen, bis zu antreibender »Fuhrmannsprosa«, wofür Schumann sich dann wieder entschuldigt, wirkt er auf Clara ein. Clara ist in Paris, plant dort, eine neue Wintersaison abzuwarten, plant eine Konzertreise nach Petersburg, eventuell eine nach England. Schumann durchstreicht ihre Pläne: An oberster Stelle stehe, schärft er ihr ein, ihre Sache – die Heirat, jede Konzertreise müsse erst einmal den Gerichtsterminen und dem Hochzeitstag untergeordnet sein.

Beider Briefe aus den Verlobungsjahren sind bei aller Treue- und Liebesbeteuerung auch im Ton heftiger, leidenschaftlicher, sogar aggressiver Auseinandersetzung geschrieben. Sie sahen sich nicht. So wog jedes geschriebene Wort und verletzte häufig unbeabsichtigt schwer.

Schumann komponierte, sofern er dafür innere Ruhe fand. Sehnsucht nach Clara, Schmerz um sie taten das Ihrige. Er schreibt die Fis-moll-Sonate, op. 11. Clara schreibt er, die Komposition sei »ein einziger Herzensschrei nach Dir«. Er widmet Clara die Sonate, in der er ein Thema von ihr variiert. Wieck verbietet Clara, auf die Widmung zu reagieren. Die

»Phantasie« entsteht: »Der erste Satz davon ist wohl das Raffinierteste, was ich je gemacht – eine tiefe Klage um Dich.« Der »Carnaval« entsteht, den Clara so gern spielt, die »Davidsbündlertänze« – »voller Hochzeitsgedanken«, wie Schumann schreibt, »ein ganzer Polterabend«. Die »Noveletten«, von Schumann so ausgelegt: »Spaßhaftes, Egmontgeschichten, Familiengeschichten mit Vätern, eine Hochzeit, kurz, äußerst Liebeswürdiges.« Die »Kinderszenen«, »kleine putzige Dinger« – »Du wirst Dich daran erfreuen, mußt Dich aber freilich als Virtuosin vergessen.« Die »Kreislerinana«: »Eine recht ordentlich wilde Liebe liegt darin in einigen Sätzen, und Dein Leben und meines und mancher Deiner Blicke. Die › Kinderszenen‹ sind der Gegensatz, sanft und zart und glücklich, wie unsre Zukunft …« Über jede neue Komposition schreibt Schumann Clara nach Leipzig oder Paris, er öffnet sich ihr in den Briefen mit den innersten Gedanken, auch in allem, was Psyche und Gesundheit und seine Ängste angeht, läßt die ferne Geliebte an sich teilhaben wie später in der Ehe nie wieder. Da klagt Madam Schumann denn, daß ihr »geliebter Robert« sie ausschließt, daß sie von ihm nicht erfährt, was in ihm klingt und vorgeht. Erst jeweils wenn wieder ein neues Werk fertig geworden ist, weiht Schumann sie ein.

Schumann erzieht die ferne Geliebte, die in Paris sich allein durchschlägt, sich den eigenen Impressario abgibt und sich finanziell selbst ernährt, in der langen Trennungszeit zur Wahrheit. Er fordert sie auf, genau und ehrlich ihm in den Punkten der gemeinsamen Lebensfragen ihre Meinung zu sagen, Ausflüchte und das Halbe zu lassen, sich nicht mehr als halbes Sprachrohr des Vaters zu sehen, dem gegenüber er, Schumann, ja selbst hin und wieder Mitleid empfinde, obwohl sie beide gegen ihn prozessieren. Schumann katechisiert Clara förmlich. Da heißt es: »Du kennst mich ja jetzt genauer, hast mich oft gesehen, still, träg, argwöhnlich – aber auch manchmal lebhaft, mild und Dir hingegeben – ach ja von ganzer Seele – Wird Dir so ein Mann in der Länge behagen?« oder, Zukünftiges ahnend: »Oft wirst Du aber Deinen

Zukünftigen wer weiß wohin wünschen – wenn er nähmlich componiert – wenn er auf die schlechteste Weise gewisse Stellen hundertmal nacheinander spielt – da wird mir's bange, daß Dir das machmal lästig fallen wird – zwei Flügel müssen wir haben – wir werden aber wohl auch eine Strecke von einander wohnen müssen – nun, da darf ich Dich wohl manchmal besuchen, wenn wir uns lange nicht gesehen.

Clara Schumann geb. Wieck

Aber, wie gesagt, überleg es Dir noch einmal wegen meines Componierens, und versprich mir, daß Du Dich deshalb nicht etwa einmal von mir scheiden lassen willst.«

Clara, gewohnt, im Rampenlicht zu stehen und der Mittelpunkt der vielen zu sein, malt Schumann in ihren Briefen aus, wie schön es sein werde, einige Zeit nach der Hochzeit mit dem Mann auf lange große Konzerttouren zu gehen.

Robert Schumann

»Nichts fehlt mir zu meinem Glück«, schreibt Schumann, »als Deine Nähe, und, was sie mitbringen wird, häusliche Ordnung, Ruhe und Sicherheit.« Clara ist sein »Herzens Mädchen«, die »Madonna«, »Venus«, sein »Ideal von einem Mädchen«, sein »Schutzengel«, sein »Weib« und seine »Frau«, seine »Amazone«, sein »Klärchen aus Egmont«, »mein kerndeutsches Mädchen«. Clara schärft ihrem »Herzens Mann« und »unaussprechlich geliebten Robert« in ihren Pariser Briefen ein, daß sie nicht gewillt sei, sich »als Künstlerin vergessen« zu lassen, »da« sie »doch einmal die Kunst nicht aufgebe«.

Schumann sucht den Kompromiß. »Klärchen, das ist doch nicht dein Ernst – und würdest Du auch als Künstlerin vergessen, wirst Du denn nicht als Weib geliebt? – Gib mir die Hand, daß Du mir so etwas nicht wieder sagst? – Das erste Jahr unserer Ehe sollst Du die Künstlerin vergessen, sollst nichts als Dir und Deinem Haus und Deinem Mann leben, und warte Du nur, wie ich Dir die Künstlerin vergessen machen will – nein, das Weib steht doch höher als die Künstlerin, und erreiche ich nur das, daß Du gar nichts mehr mit der Oeffentlichkeit zu thun hättest, so wäre mein innigster Wunsch erreicht. Deshalb bleibst Du doch immer die Künstlerin, die Du bist. Das bischen Ruhm auf dem Lumpenpapier, was Dein Vater als höchstes Glück auf der Welt betrachtet, verachte ich. Verzeih mir diesen Erguß.«

Clara fügte sich: »Ich bleibe wo Du willst mein geliebter Robert, etcpp in Dir lebe ich ja auch meiner Kunst und noch viel mehr – ach, Robert, ich – werde glücklich sein.«

Clara wird sich in der Stille und Ruhe entfalten, weiter entfalten. Schumann weiß es gewiß. »Ich habe Dich die Liebe, dein Vater den Haß gelehrt«, schreibt er Clara nach Paris und setzt humorig hinzu: »meine talentvollste Schülerin warst Du.«

Die Konfliktpunkte über die Ausübung ihrer Kunst, wobei die Meinungen im Grunde starrsinnig auseinanderstreben, verschieben sich später in den Ehejahren kaum. Clara war immer geneigt, erst einmal nachzugeben, aber sie gab niemals auf. Sie wird Schumann um vierzig Jahre überleben und in diesen vierzig Jahren als gefeierte Interpretin ihrer Kunst leben. Die Komponistin erlosch. Als Komponistin hatte sie in ihrer Jugend doch auch begonnen und in ihren Konzerten sich hin und wieder vorgestellt, Applaus bekommen. Versiegte die Quelle? Traute Clara Wieck oder Clara Schumann sich diese Phantasie auf die Dauer nicht zu? An der Seite eines Mannes, der fast nichts tat als das, dessen Lebenskern diese Tätigkeit war? In den Briefen aus der Brautzeit erörtern Clara und Robert das Problem. Vom Vater angehalten, komponierte sie – als junges Mädchen; sowie sie Zeit findet, tut sie es auch jetzt noch, doch fehlt ihr – allein in Paris – die Inspiration. Sie klagt es Schumann, der sie um etwas Neues zum Abdruck in seiner Zeitung gebeten hat, und dies nicht etwa gönnerhaft und bräutigamsmäßig galant. Man weiß, welch große Stücke er auf Clara als Komponistin hält. Er hat es öffentlich erklärt. Auch das: daß er gern mit Clara unter einem Klaviertitel veröffentlicht wäre. Clara kann ihm nichts liefern, sie beschwichtigt sich mit Ausflüchten und ihn auch: »Ich tröste mich immer damit, daß ich ein Frauenzimmer bin, und die sind zum componieren nicht geboren.« Schumann widerspricht so eitlem Understatement. Bei der Turbulenz, die in Claras Virtuosendasein vorherrscht, wie soll es gehen? Schumann stellt sein zurückgezogenes Leben gegen ihres, so still, »wie es nur der schneidendste Gegensatz zu dem Deinigen sein kann, das mich an Deiner Stelle betäuben würde.« – »Daß Du jetzt nicht componieren kannst, wundert mich nicht, da es so lebhaft bei Euch ein- und ausgehen mag. Zum Schaffen und daß es Einem gelinge, gehört Glücklichsein und tiefe Einsamkeit. Das Erstere bist Du vielleicht, da Du ja weißt, wie ich es bin; aber da ist immer noch nichts componiert, was Nachdenken und Fleiß fordert.«

Clara flüchtet sich zu Schumann: »Bin ich erst einmal bei Dir, dann denk ich nicht mehr an das Componieren – ich wär ein Thor!« – doch war das Problem in so knappem hastig hingeworfenem Satz nicht abgetan – es war Claras Leben lang nicht abgetan, wie manche Episode aus ihrem Tagebuch zeigt, und dies Fehlende, das, was nicht durchhielt – der Neid –, bezog sich nicht auf Schumann allein, auch wenn – oder gerade wenn – Felix Mendelssohn, mit dem Schumanns eng befreundet waren, sich ans Klavier setzte, tauchte der Konflikt auf, denn Mendelssohn verkörperte wie kein anderer in Claras Augen beides: den Komponisten und Konzertpianisten. Später war es Johannes Brahms. ».... daß ich den Schwerpunkt meines Lebens nicht in mir, sondern in Andern suchen muß ...« Clara hat ihren »Riß« deutlich formuliert.

Wieck hat vor nichts zurückgeschreckt, um Schumann bürgerlich, künstlerisch und moralisch zu ruinieren. Vor Gericht ging er so weit, daß er Schumann mit hemmungsloser Heftigkeit beleidigte – bis ihm das Wort entzogen wurde. Wieck äußerte Bedenken gegen die Erbanlagen und das geistige Gleichgewicht des Dreißigjährigen (Schumanns Schwester war jung geisteskrank gestorben), schließlich warf Wieck Schumann vor, ein Gewohnheitstrinker zu sein, und er setzte eine »Erklärung« in die Welt, die vor Schumann und auch vor der ihm gänzlich verfallenen und geistesverwirrten Clara warnte.

Wieck untersagte Clara, in ihren Konzerten auf seinen Flügeln zu spielen, da sie – angeblich – die Saiten sprengte. Er ließ nichts unversucht. Schumann verklagte den »hanswurstigen« Wieck wegen übler Nachrede. Mendelssohn, David, Liszt sprangen für Schumann ein; das Verhältnis zu Claras Mutter knüpfte sich in dieser Zeit neu.

Lähmende Niedergeschlagenheit und trunknes Schaffen wechseln sich jetzt bei Schumann ab. Er weiß, sie werden den Prozeß gewinnen. Befreit von Schwermut, die diesmal bis in Selbstmordabsichten hinein reichte, komponiert er. Lieder jetzt. Sie strömen in ununterbrochener Fülle aus ihm. Über 130 Lieder schreibt er 1840, im Heiratsjahr. Seine Gesundheit ist wiederhergestellt, das Klavier ist ihm zu eng geworden. Wort und Klang, Poesie und Musik, Schumanns künstlerische Doppelnatur findet sich in den Liedkompositionen zusammen.

Am 1. August 1840 erteilt das Dresdner Gericht die

Ermächtigung zur Eheschließung. Am 12. September 1840 heiraten Clara Wieck und Robert Schumann in der kleinen Dorfkirche von Schönefeld in der Nähe Leipzigs. »Wenn wir einmal am Altar stehen«, hatte Schumann vorher geschrieben, »dann glaub' ich, ist ein Ja noch nie mit solcher Überzeugung, mit solchem festen Glauben an eine glückliche Zukunft ausgesprochen worden.«

Am 13. September, Claras Geburtstag und dem ersten Ehetag, überreicht Schumann seiner jungen Frau ein neues Tagebuch. Ihr erstes Tagebuch hatte sie seit ihrem vierten Lebensjahr geführt – Vater Wieck hatte es für sie in Ich-Form getan. Ein Schaudern überläuft einen bei solcher Fixierung. Jetzt ist es Schumann, der in ihrer beider Namen das neue Tagebuch initiiert mit einem fast utopischen, ja idealistischen Anspruch, ihre Kunst und ihr Zusammenleben betreffend. Aber wieder wird er der erste sein, der die selbst aufgestellten Regeln durchbricht.

In der Präambel des Ehetagebuchs heißt es:

»Mein herzliebstes junges Weib! Laß Dich vor allem auf das herzlichste küssen am heutigen Tage, dem ersten Deiner Frauenschaft, dem ersten Deines zweiundzwanzigsten Jahres! Das Büchlein, das ich heute eröffne, hat eine gar innige Bedeutung: Es soll ein Tagebuch werden über alles, was uns gemeinsam berührt in unserem Haus- und Ehestand; unsere Wünsche, unsere Hoffnungen sollen darin aufgezeichnet werden; auch soll es sein ein Büchlein der Bitten, die wir an einander zu richten haben, wenn das Wort nicht ausreicht; auch eines der Vermittlung und Versöhnung, wenn wir uns etwa verkannt hatten, kurz: ein guter, wahrer Freund soll es uns sein, dem wir alles vertrauen, dem unsere Herzen offen stehen. Bist Du damit einverstanden, liebes Weib, so versprich mir auch, daß Du Dich streng an die Statuten unseres geheimen Ehebundes halten willst, wie ich es selbst Dir hiermit verspreche! Alle acht Tage wechseln wir ab in der Führung des Sekretariats; alle Sonntage (früh zum Kaffee womöglich) erfolgt die Übergabe des Tagebuches, wobei es keinem verwehrt ist, auch einen Kuß beizufügen. – Das Geschriebene wird alsdann gelesen, im Stillen oder auch laut, je nachdem der Inhalt es verlangt, Vergessenes nachgetragen, und überhaupt der ganze Lebenslauf der Woche sorgfältig erwogen: ob es auch ein würdiger und tätiger war, ob wir uns nach innen und außen immer mehr im Wohlstand befestigt, ob wir uns auch in unserer geliebten Kunst immer mehr vervollkommnet? Die Aufzeichnungen in einer Woche dürfen nie unter einer Seite betragen. Wer dagegen fehlt, bekommt eine Strafe, die wir noch aussinnen wollen. – Sollte sich je ein Mitglied unseres Eheordens einfallen lassen, eine Woche lang gar nichts einzuzeichnen, so wird die Strafe sehr verschärft; ein Fall indes, der bei unserer gegenseitigen Hochschätzung und Pflichtkenntnis kaum zu denken. Alle diese Sätze und Gesetze sind auch auf Reisen und dergleichen zu beobachten, und das Tagebuch muß immer mit. Eine Zierde unseres Tagebüchleins soll die Kritik unserer künstlerischen Leistungen werden; zum Beispiel kommt genau hinein, was Du vorzüglich studierst, was Du komponierst, was Du Neues kennengelernt hast, und was Du davon denkst. Dasselbe findet bei mir statt. Eine andere Hauptzierde des Buches bilden: Charakterschilderungen, zum Beispiel bedeutender Künstler, die wir in der Nähe gesehen. Anekdoten. Humoristisches bleibt keineswegs ausgeschlossen. Das Schönste und Herzigste aber, was das Buch enthalten soll, will ich Dir, mein liebes Weib, nicht noch beim Namen nennen: Deine und meine schönen Hoffnungen, die der Himmel segnen wolle; Deine und meine Besorgnisse, wie sie das Leben in der Ehe mit sich bringt: kurz allen Freuden und Leiden des ehelichen Lebens soll hier eine getreue Geschichte geschrieben werden, die uns noch im späteren Alter erfreuen wird. Bist Du mit all diesem einverstanden, mein Herzensweib, so schreibe Deinen Namen unter meinen und laß uns als Talisman noch die drei Worte aussprechen, worauf alles Glück im Leben beruht: Fleiß, Sparsamkeit und Treue. R. Sch. Dein Dir von ganzer Seele ergebenes Weib Clara.«

»Ereignisse nur wenige, Glück die Fülle«, so beginnt das neue Ehetagebuch, das Clara und Robert Schumann drei

Jahre lang abwechselnd führen. Ein scheinbar stilles, doch innerlich sehr bewegtes Leben beginnt. Sie bewundern sich gegenseitig und suchen Rücksicht auf die Anforderung, die der Beruf des anderen mit sich bringt, zu nehmen – vertragsgemäß. Clara ist eine »Meisterin« am Flügel, Schumanns Genie als Komponist wächst in Claras Augen mit jedem neuen Werk. Schwelend darunter nagt die Klage gegen Wieck. Drei Jahre wird es dauern, ehe Wieck sich zu einer Versöhnung bereit findet. Weil Schumanns Ruhm wächst. Wieck ist Profi genug, dies nicht zu verkennen. Schumann nimmt die Geste – Claras wegen – an.

Schumann macht sich daran, Clara, deren Bildung und Geschmack unter der ausschließlichen Erziehung zum Wunderkind und brillanten Virtuosenleben brach gelegen beziehungsweise nur einseitig entwickelt und gefördert war, nach seinem Ideal umzuformen; jetzt lernt sie, die fast nichts gelesen, Byron, Shakespeare, Victor Hugo und Schumanns Liebling Jean Paul kennen. Gleichzeitig sucht Schumann in musikalischen Geschmackssachen auf Clara einzuwirken. Seine Befürchtung aus der Brautzeit, daß sie in musikästhetischen Fragen sich »recht zanken« würden – »wo jeder Mensch so verwundbar ist« –, bewahrheitet sich nicht. Er bringt Clara ohne Mühe dazu, ohne daß sie ihre Vorliebe für die italienischen Komponisten verteidigt, sich mehr und mehr mit deutscher Musik zu beschäftigen. In der Verehrung Mozarts und Beethovens war sie aufgewachsen, jetzt lernt sie Bach, den Schumann als seinen Gegenpol tief verehrt, kennen; anhand des Wohltemperierten Klaviers studieren sie »die geharnischte Ordnung« des Bachschen »Ideengangs« – die Fugen. Und Schritt und Tritt versteht sie Clara. Sie studieren Beethovens Symphonien und im Sommer 1842 – in Schumanns Kammermusik- und Quartettjahr – Beethovens Quartette und die Mozarts und Haydns. Schumann vertieft und bereichert Claras musikalisches Verständnis, und sie, seine (immer noch) gelehrigste Schülerin, dankt ihm dies unablässig und überschwenglich.

Im sicheren Hafen seines »Schutzengels« stürzt sich Schumann in die Arbeit. Im ersten Jahr wird ein Liederzyklus nach dem anderen fertig. Clara teilt dies, wie er schreibt, mit »Freude« und »auch Schmerzen; denn sie muß meine Lieder so oft durch Stillschweigen und Unsichtbarkeit erkaufen«. Clara erträgt beides mit Geduld, obwohl sie gelegentlich verzweifelt über die Kälte klagt, mit der Schumann ihr (ein Jahr drauf) während der Arbeit an der Frühlingssymphonie begegnet.

Claras Hingabe, alles Opfer macht jedoch an der bekannten Grenze halt – und sei sie noch so weit vorgeschoben. Auf Dauer vergräbt sie ihre Kunst nicht, selbst wenn sie manchmal tage-, später durch die Schwangerschaften auch wochen- und monatelang nicht zum Arbeiten kommt. Wenn Schumann komponiert, kann Clara nicht arbeiten. Zwei Flügel stehen in der Wohnung. »Das Übel mit den leichten Wänden« untersagt, daß beide zugleich erklingen. Erst viele Jahre später – in der letzten Wohnung – wird sich *das* Problem gelöst haben, wo Clara ihr Studierzimmer auf einem anderen Stockwerk hat. Sie fürchtet um ihre Karriere. Ihre Sorgen und Ängste, Rückschritte zu machen, von jüngeren Kollegen oder Kolleginnen überflügelt zu werden, vertraut sie dem Tagebuch an. Auch Schumanns Gewissensbisse stehen dort zu lesen. Er weiß genau, was das tägliche Üben für den Konzertpianisten bedeutet. Clara ist nicht bereit, ihre Karriere aufzugeben. Der Konflikt, der in der Brautzeit durch die Briefe schwelte, ist da. Clara konzertiert. In Schumanns Begleitung? Das heißt, daß ihn eine große Tournee über Wochen, wenn nicht Monate vom Komponieren und der Redaktion der Zeitung abhält. Der Gedanke, daß Schumann für Geld arbeiten muß, ist wiederum der Idealistin Clara unerträglich. Sie fürchtet, daß Haushaltssorgen »alle Poesie aus seinem Leben vertreiben«. Schumann kommt nicht drumherum, auch für Geld zu arbeiten, in Leipzig etwa in der von Mendelssohn gegründeten Musikschule, später in Düsseldorf, wo er um siebenhundert Taler Jahresgehalt den Posten eines Musikdirektors annimmt. Ohne Claras Mitverdienste ginge es gar nicht. Im Lauf der sechzehn Jahre dauernden Ehe, wovon Schumann die letzten beiden Jahre in der Endenicher Heilanstalt bei Bonn verbringt, kommen acht Kinder zur Welt. Sieben sind zumindest zu Schumanns Lebzeit noch am Leben; die älteste Tochter fünfzehn Jahre alt, der jüngste Sohn eben zwei. Und Clara wird in den Jahren für sie alle aufkommen mit ihrem Spiel, sie wird dann auch, ohne daß er es weiß, dem kranken Mann die Anstaltskosten erspielen müssen.

Sie versuchten im Sinn der gegenseitigen Rücksichtnahmen zu leben. So begleitete Schumann seine Frau im Februar 1842 auf eine Konzertreise bis nach Hamburg. Obwohl auch seine erste Symphonie dort aufgeführt wurde, war sein Name dem großen Publikum noch unbekannt. Das Gefühl, in den Augen vieler Leute nur der Mann der berühmten Pianistin zu sein, demütigte ihn tief. In Oldenburg lud man Clara ohne ihn zu Hofe. Andernorts fragte man Schumann, ob er auch Musiker sei. Das ist unerträglich, und die Stachel übertragen sich auf sie beide. Schumann verabschiedete sich in Hamburg von Clara. Sie fuhr nach Kopenhagen weiter; zwei Monate blieb sie fort; Schumann kehrte nach Hause an die Arbeit und zur kleinen Tochter zurück. »Es war doch einer meiner dümmsten Streiche«, notiert er im Tagebuch, »Dich von mir gelassen zu haben. Ich fühle es immer mehr. Führe Dich Gott glücklich zu mir zurück. Einstweilen will ich unsere Kleine bewachen. Die Trennung hat mir meine sonderbare Stellung wieder recht fühlbar gemacht. Soll ich denn mein Talent vernachlässigen, um Dir als Begleiter auf der Reise zu dienen? Und Du, sollst Du Dein Talent ungenützt lassen, weil ich nun einmal an Zeitung und Klavier gefesselt bin? Jetzt, wo Du jung und bei Kräften bist? Wir haben den Ausweg getroffen. Du nahmst eine Begleiterin, ich kehrte zum Kind zurück und zu meiner Arbeit. Aber was wird *die Welt* sagen? So quäle ich mich mit Gedanken. Ja, es ist durchaus nötig, daß wir Mittel finden, unsere beiden Talente nebeneinander zu nützen und zu bilden. *Amerika* liegt mir im Sinn.« Amerika: der Traum von der Neuen Welt als schnellem Gelderwerb. Nichts, natürlich, wurde daraus.

Auch die große Rußlandreise im Frühjahr 1844 war kein Weg, das Problem der »sonderbaren Stellung« und das Verhältnis in diesem zerrenden Sinne im Zentrum von beiden zu lösen. Die Reise – für Clara ein lang gehegter Wunsch für künstlerische Betätigung, lukrativ obendrein – riß Schumann aus seiner stillen schöpferischen Arbeit, riß ihn, wie Claras Biograph Litzmann treffend schreibt, in eine »Region von Zerstreuungen und Aufregungen, die, da er nur als passiver Zuschauer daran teilnahm, dem Menschen nichts boten und dem Künstler geradezu etwas nahmen, sein kostbarstes Gut, die Möglichkeit der Sammlung zu eigener Schöpferarbeit.« Vor dem Reiseantritt hatte Schumann noch geglaubt, Muße zum Komponieren zu finden; statt dessen war er von Dorpat bis Moskau krank: Er erkältete sich, wurde bettlägerig, rheumatische Beschwerden traten auf, Angsterscheinungen, Schwindelanfälle; ein Zustand trüber Melancholie. Es ist nicht klar, wie groß der Anteil gesellschaftlicher Gekränktheit daran war, da Schumann auch auf dieser Reise in erster Linie als der Mann von Clara Wieck figurierte, in zweiter Linie wohl als der Zeitungsredakteur, den man kannte und schätzte, aber als Komponisten kannte man ihn im Gegensatz zu Mendelssohn im russischen Norden nicht. Es ist schwer zu sagen, was zuerst kam, ob aus der Stimmung der Untätigkeit und der Kränkungen sich erst eine Überempfindlichkeit entwickelte, die zu den genannten Symptomen führte und harmlose Ungeschicklichkeit schwerer nahm, als sie wert war – deutlich wird, daß zukünftig Phasen der Überempfindlichkeit, Nervenschwäche oder -abspannung auftreten, ohne direkten Zusammenhang mit Clara zu haben, und das Bild einer Krankheit entsteht, die in wechselnder Stärke, mit längeren Ruhephasen und wechselnden Symptomen, aber doch mit unheimlicher Regelmäßigkeit immer wieder in Überreizungsmomenten auftaucht.

Auf der russischen Reise im Schnee scheint Clara von diesen Dingen zumindest nicht viel gemerkt zu haben, über die Schumann klagt. Was wiederum auch heißt, daß Schumann, was ihn kränkte, ohne sich mit Clara auszusprechen, in sich hineinfraß. Wie war das Problem zu lösen? »Wir verbrauchen mehr, als wir verdienen«, hatte Schumann vor Reisebeginn notiert, aber eben auch: »Was Clara erwirbt, verliere ich an Verdienst und Zeit.«

Das Problem der »sonderbaren Stellung« verlor sich auf dem Weg des gemeinsamen Auftritts im Laufe der Jahre – je bekannter und geschätzter der Komponist Schumann wurde. In Hamburg war es eben noch nicht soweit gewesen. Das Publikum war gekommen, um Clara wiederzuhören, deren Name nach der Heirat von den Konzertzetteln verschwunden war. Und was wußten die Hamburger davon, daß Mendelssohn Schumanns erste Symphonie unter großer Begeisterung im Leipziger Gewandhaus aus der Taufe gehoben hatte? Die Sonderbarkeit verminderte sich, sowie »ein Konzert des Schumannschen Ehepaares« zu einem Begriff wurde, wenngleich Clara dabei auch nicht nur als die Interpretin ihres Mannes auftrat, sondern auch die Werke anderer Komponisten spielte. Doch auch dabei war sie durch Schumanns Schule gegangen, hatte ihren Geschmack verändert. Von den Bravourrepertoirestücken der alten Schule war in ihren Programmen bald nichts mehr zu finden. Sie spielte Werke von Beethoven, Bach, Mendelssohn, Chopin und Scarlatti, wenn sie nicht Schumann spielte.

Gemeinsames Auftreten war auch keine Garantie für harmonisches Zusammenstimmen. Mögen Franz Liszts Worte dem auch widersprechen. Sein Verhältnis zu Schumanns und ihres zu ihm war kompliziert, und ich meine, dies leuchtet durch die Zeilen: »Keine glücklichere, keine harmonischere Vereinigung war in der Kunstwelt denkbar, als die des erfindenden Mannes mit der ausführenden Gattin, des die Idee repräsentierenden Komponisten mit der ihre Verwirklichung vertretenden Virtuosin.«

Wie auch immer, Flops ihres »geliebten Roberts« verwand Clara nie. Sie erhob ihn im Lauf des gemeinsamen Lebens zur absoluten Instanz – später übertrug sie die Autorität Brahms, als kleines Mädchen hatte sie ihrem Vater die Position eingeräumt.

Hanslick, der Wiener Kritiker, überliefert die Anekdote, daß Clara sich nach einem Konzert in Wien, in dem Schumann seine B-Dur-Symphonie dirigiert und Clara sein Klavierkonzert gespielt, in sehr erregten Worten gegen die blasierten Wiener Luft machte, die keinen Geschmack hätten und nichts begriffen (in Dresden, Leipzig, Prag und Berlin waren die Werke begeistert aufgenommen worden). Knapp erwiderte ihr Schumann »die uns unvergeßlichen Worte«: »Beruhige dich, liebe Clara, in zehn Jahren ist alles anders!« Keine zehn Jahre später – Schumann hauste bereits in der Heilanstalt in Endenich – war es anders, als Clara erneut in Wien mit der Musik ihres Mannes gastierte. Stürmisch applaudierten auch die Wiener jetzt Schumanns Musik.

Claras Besorgnis um die Gesundheit ihres Mannes nimmt zu. Nach erschöpfender Tag- und Nachtarbeit – an der Skizzierung oder Ausführung der großen Orchester-, Chor- oder Opernpartituren – kommen die Zusammenbrüche. Ärztliche Verschreibungen bewirken nicht viel: Ein Kuraufenthalt im Gebirge, ein anderer an der See – in Holland oder auf Norderney – bringen nur Aufschub, aber keine Heilung. Die Krankheit, dementia precox mag man heute als sehr allgemeine Umschreibung dazu sagen, schreitet fort. Solche Sorge macht lange Konzertreisen allein gar nicht möglich. Clara spielt, zumal in den sechs Jahren, die sie in Dresden leben, viele Schumannsche Kompositionen. Zu Hause fertigt sie, um dem Mann die Arbeit abzunehmen, die Klavierauszüge für die großen Orchester- und Opernpartituren an. Eine Schwangerschaft löst in diesen Jahren die andere ab. »Was wird aus meiner Arbeit?« fragt sich Clara. Schumann widerspricht ihrem Kummer. »Kinder sind Segen«; »man kann gar nicht genug haben.« (Letzteres schrieb er Mendelssohn, und: »Es ist die größte Huld, die uns auf Erden geschehen kann.«)

Mendelssohn war, sofern der schweigsame, in sich gekehrte, so leise redende Schumann überhaupt Freunde hatte, der Freund, dem Schumann sich am nächsten verbunden fühlte, weil Mendelssohn ihm auch am entgegengesetztesten war; das war das Anziehende für Schumann, und so machte er Mendelssohn zu seinem Vorbild. Nach drei Schlaganfällen starb Mendelssohn, jung, im November 1847.

Schumann reiste zu seiner Beerdigung nach Leipzig. Mendelssohn war Clara immer ein hilfreicher, sie in ihrem Selbstwertgefühl als Künstlerin aufbauender und stärkender Freund gewesen. Todesfälle Nahestehender, Clara weiß es, stürzten Robert Schumann mit seiner so reizbaren, immer flüchtenden Phantasie in düstre Ängste. »Wie wird ihn all das Traurige angreifen!« schreibt Clara, Schumann ist eben zwei Tage fort – »ich sehne mich schon heute nach ihm – ich lebe doch nur einen kleinen Teil, wenn ich ihn nicht habe – Gott erhalte mir mein höchstes Gut!«

Sie litt, wenn er litt, und er litt zunehmend und ganz entsetzlich in den letzten – Düsseldorfer – Jahren. Welcher Jubel, wenn das Tagebuch einmal über ein paar Wochen hingehende ungetrübte Heiterkeit verzeichnen kann. Begeistert begrüßt Clara jede neue Arbeit, die der Mann fertigmacht, kritiklos; sie weiß nicht, woher er die Phantasie nimmt, die sich wie die Büchse der Pandora an Formen und Melodien in ihrer musikalischen Gestaltungskraft nicht verausgabt – und es dennoch tut. Mag zunehmende panische und hilflose Angst, das »höchste Gut« zu verlieren, mag Distanzlosigkeit durch alltägliches Zusammensein dabei eine Rolle gespielt haben, Clara ihrerseits reagiert vielleicht sogar desto empfindlicher auf seine Kritik an ihrem Spiel, je mehr Schumanns Krankheit forschreitet. Aber auch darin hat sich im Lauf der Jahre etwas verändert oder verschoben: Schon in einem Brautbrief aus Paris hatte Clara diesen Punkt der Macht, welche Schumann über sie hatte und gewiß, wie ihr Herzensrobert ihr auch gerne versicherte, noch ausdehnen würde, beschrieben: »Du glaubst ich wäre schüchtern zu machen? nur Du könntest das noch, und vernichten kannst auch nur Du mich …«

Die Düsseldorfer Zeit ist Schumanns »Kriegszeit«. Vorzeitig legt er seinen Dirigentenposten nieder. Einer der glücklichen Höhepunkte aus den Jahren ist die Rheinreise, die Clara und Robert bis in die Schweiz an den Genfer See und zu Füßen des Montblanc führt. Schumann wird sich an diese Reise sogar noch aus der Endenicher Umdüsterung erinnern, wenn er nach sechs Monaten zum ersten Mal wieder an Clara schreibt – dann jedoch schon wie als eine Erinnerung an eine andere Welt, in die er nie zurückgelangen könnte. Eine zweite Reise – Konzertreise in diesem Falle – führte beide nach Holland, wo sie wie bisher nicht in deutschen Landen (was Clara bitter vermerkt) gefeiert werden. In einem Triumphzug förmlich reisen sie durch das Land. In Rotterdamm, wo Schumann seine dritte Symphonie dirigierte und Clara das Klavierkonzert spielte, beschränkten sich die jubelnden Ovationen nicht auf den Konzertsaal. Vor dem Hotel versammelte sich nach dem Konzert eine große Menschenmenge. Ein Chor von hundert Sängern mit Fackeln und Orchester begrüßte sie. Eine Deputation der Holländischen Musikgesellschaft hieß sie willkommen.

Das war im November 1853.

Noch drei weitere Daten aus dem Jahr sind wichtig. Clara komponiert wieder nach sieben Jahren – in der vierten Wohnung in Düsseldorf. Endlich haben sie ein geeignetes Logis gefunden. Sie fühlt sich in »ihrem Elemente«, kann regelmäßig studieren und schreibt: »es ist, als ob eine ganz andere Stimmung über mich käme, viel leichter und freier, und alles erscheint mir heiterer und erfreulicher. Die Musik ist doch ein gutes Stück von meinem Leben, fehlt sie mir, so ist es, als wäre alle körperliche und geistige Elastizität von mir gewichen.« Das Komponieren macht ihr Mühe; sie schenkt Schumann zum Geburtstag ihre Variationen über ein Thema aus seinen Bunten Blättern.

Schumann notiert in seiner knappen Art in seiner so unleserlichen Handschrift am 30. September: »Hr. Brahms aus Hamburg.« Von dem Tag an begann eine Freundschaft, die Schumann bis in die letzten lichten Augenblicke seines Lebens ein Quell der Freude wurde; und Brahms und Clara wurden Freunde durch mehr als vierzig Jahre.

Schumanns Tagebuch notiert für den November »merkwürdige Gehöraffektionen«. Clara notiert im Winter des Jahrs, daß sie wieder schwanger ist; sie klagt, wieder werde es keine Englandreise geben: »Meine letzten guten Jahre gehen hin, ... ich bin so entmutigt, daß ich es gar nicht sagen kann.«

Doch ahnte Clara nicht, daß sie erst an der Schwelle ihrer ausgereiften künstlerischen Laufbahn stand und diese Schwelle über ein geliebtes Grab gehen sollte.

Im Februar 1854 treten Schumanns Gehöraffektionen wieder vehement auf. Anfangs als herrliche Musik, aber bald verwandeln sich die Engelsklänge in Dämonenstimmen mit gräßlicher Musik. Sie verfolgen Schumann mit Schuldbewußtsein und Höllenbildern. Er schreit vor Schmerzen. Clara konsultiert einen Arzt um den anderen. Nichts hilft. Am 26. Februar treibt es Schumann im Regenwetter, ohne Stiefel und Weste, von Angst gejagt, hinaus auf die Rheinbrücke. Von der Mitte der Rheinbrücke stürzt er sich in den Fluß. Fischer retten ihn in einem Kahn, man bringt ihn nach Hause, aber wenige Tage später dringt Schumann selber auf Einlieferung in eine Irrenanstalt. Clara, im sechsten Monat schwanger, wird der Sprung in den Rhein bis nach Schumanns Tod verheimlicht. Und sie sieht ihren Mann, auf Anraten des Endenicher Arztes, auch erst kurz vor seinem Tod wieder; als er schon nicht mehr sprechen, kaum die Glieder regieren kann. Das Geld war alle. Clara nahm für den Kranken, die Kinder und sich den Kampf ums Dasein auf. Der Geiger Joachim und vor allem Brahms, der Clara wie ein »Trostesengel« erschien, und andere Freunde standen hilfreich bei. Es erfüllte Clara mit Stolz, daß ihr Spiel Schumanns Kapital bis zu seinem Tod um fünftausend Taler vermehrt hatte. Ihr Leben, wie sie es vor der Heirat gekannt hatte, begann wieder – mit den gewohnten Plackereien als reisende Pianistin, aber es war ein neues Leben. Schumann hatte bis zum September 1854 allen Kontakt zu Clara abgebrochen. Sie reiste nach Leipzig und Hannover, Hamburg, Berlin – es sind die alten Routen, auch Wien ist darunter und auch eine Englandreise. Litzmann schreibt über Clara: »Jetzt fällt es ihr schwer zu unterscheiden, wem das größere Interesse gilt, der Art oder dem Inhalt ihres Spiels. Roberts Musik, von Clara gespielt, oder Clara als Interpretin Schumannscher Musik.« Jetzt ist es Brahms, dessen Ermunterung und Wünsche sie ins Konzert begleiten, da Schumann sie nicht hört. Und Clara, die das Gefühl des Verlassenseins und der Einsamkeit nicht losläßt, die immer noch an Schumanns Heilung glauben will, schreibt: »Es ist das einzige, was mir Linderung schaffen kann – seine Musik!« – und spielt sie.

Franz Liszt, mit dem Clara in Weimar zusammen auftrat, wo Liszt Kapellmeister war, entwirft ein emphatisches, parfümiertes Bild »von der sanften, leidenden Sybille, die, Himmelslüfte atmend, mit der Erde nur noch durch die Tränen verbunden bleibt«, die, vormals »eine liebliche Spielgenossin der Musen«, jetzt auftritt als »weihevolle, pflichtgetreue und strenge Priesterin ... der heilige Reif ... die sengenden Narben tief in die Stirn gedrückt«.

Schumann verstummte. Den letzten Brief, den er Clara zu Brahms Geburtstag im Mai 1855 ankündigte, sollte sie nicht mehr erhalten. »Es wehet ein Schatten darin; aber was er sonst enthält, das wird Dich, meine Holde, erfreuen.« Sie hat die Freude niemals erfahren. »Mit seinem Hingang« war »all« ihr »Glück dahin«. Schumann starb am 29. Juli 1856 im Alter von 46 Jahren. Clara Schumann starb am 20. Mai 1896 im Alter von 75 Jahren.

Marlis Gerhardt

»Sie wurden glücklicher als irgendein anderer Mensch«

Gertrude Stein und Alice B. Toklas

Gertrude Stein, die Legende, das Genie, die große Mutter der Avantgarde, die publikumsabgewandte Verfasserin hermetischer Literatur, und die »taubengraue« Miss Alice B. Toklas: Lebensgefährtin, Freundin, Geliebte, Köchin, Privatsekretärin, Verlegerin und noch einiges mehr. Ein legendäres Paar und zugleich eine altmodische Geschichte nach der Regel: »bis daß der Tod euch scheidet«.

Nichts von der Flüchtigkeit und den Exaltationen, die man jenen Liebespaaren, die die heterosexuelle Norm sprengen, so gern und nicht ohne Grund nachsagt. Kein Hauch von »décadence«, keine Blumen des Bösen, keine Spur von Oscar Wilde und seiner Leidenschaft zu Lord Douglas. Vielmehr, gemessen am Klischee homosexueller und lesbischer Beziehungen, geradezu eine viktorianische Idylle, eine klassische Ehegeschichte eher als eine Liebe, wie sie dem bekannten Muster gleichgeschlechtlicher Leidenschaft und Verstrickung entspräche.

Gertrude Stein selbst hat, wie Ernest Hemingway in seiner Autobiographie »Paris – ein Fest fürs Leben« mitteilt, scharf zwischen ihrem eigenen Lebens- und Liebesmuster und dem Schicksal männlicher Homosexualität unterschieden:

»Ich trank noch einen Schluck eau de vie und blickte auf Picassos Akt von dem Mädchen mit dem Blumenkorb. Ich hatte diese Unterhaltung nicht begonnen und fand, daß sie

225

ein bißchen gefährlich geworden war. Es gab beinahe nie Pausen in einer Unterhaltung mit Miss Stein, aber jetzt schwiegen wir, und da war etwas, was sie mir sagen wollte, und ich füllte mein Glas.

›Sie wissen eigentlich von alldem gar nichts, Hemingway‹, sagte sie. ›Sie haben berüchtigte Verbrecher und kranke Leute und lasterhafte Leute kennengelernt. Das Wesentliche ist, daß der Geschlechtsakt, den männliche Homosexuelle begehen, häßlich und abstoßend ist, und danach ekeln sie sich vor sich selbst. Sie trinken und nehmen Rauschgifte, um darüber hinwegzukommen, aber sie ekeln sich vor dem Akt, wechseln immerfort ihre Partner und können nicht wirklich glücklich sein.‹

›Ach so!‹

›Bei Frauen ist es das Gegenteil. Sie tun nichts, was sie anekelt, und nichts, was abstoßend ist, und danach sind sie glücklich und können ein glückliches Leben zusammen führen.‹

›Ach so‹, sagte ich. ›Aber was ist mit der Soundso?‹

›Die ist lasterhaft‹, sagte Miss Stein. ›Die ist richtig lasterhaft; deshalb kann sie nie glücklich sein außer mit immer neuen Leuten. Sie korrumpiert die Leute.‹

›Ich verstehe.‹

›Verstehen Sie es auch wirklich?‹

In jenen Tagen gab es so viele Dinge zu verstehen, und ich war froh, als wir von etwas anderem sprachen.«

Ob diese Unterscheidung der Wahrheit letzter Schluß ist, sei dahingestellt. Kein Zweifel jedoch, daß Miss Stein und Miss Toklas alles daransetzen, miteinander »wirklich glücklich« zu sein: Gertrude Stein erklärt sogar ausdrücklich, die Literatur, aber letztlich auch das Leben meinend, das Anomale, das Abweichende, Bizarre interessiere sie nicht; was sie fasziniere und was sie als Schriftstellerin zu beschreiben suche, sei das Normale, das Alltägliche, das Selbstverständliche, das, was tagtäglich mit ganz durchschnittlichen Leuten passiere. Alice B. Toklas spielt auf diese Haltung an, wenn sie einmal erklärt: »Sie sagt immer, daß sie das Abnorme nicht leiden könne, es sei so durchsichtig. Das Normale, sagt sie, sei auf so viel simplere Art kompliziert und deshalb interessant.«

Und selbstverständlich und normal erscheint denn auch das alltägliche Leben, das sie, bis zu ihrem Tod, mit Alice B. Toklas führt: Schreiben, Arbeiten, Lesen, Reisen, geregelte Mahlzeiten, Gäste, der gemeinsame Haushalt in Paris und der Jour fixe am Samstagabend. Ein Abend, an dem der Freundin stets die Aufgabe zufällt, sich mit den Frauen der bedeutenden Männer, die bei ihnen verkehren, zu unterhalten, damit sich Gertrude Stein, das einzige weibliche Genie unter ihnen, ungestört und unbelästigt Picasso oder Hemingway zuwenden kann.

Die Arbeitsteilung ist klar: Miss Stein hält sich an den Glamour der Kunst- und Literaturszene, Miss Toklas ist zuständig für Ehefrauen. Und sie ist mit dieser Arbeitsteilung klaglos einverstanden: »Ich hatte oft gesagt, ich würde ein Buch schreiben über die Frauen von Genies, neben denen ich gesessen habe. Ich habe neben so vielen gesessen. Ich saß neben Frauen von Genies, die keine richtigen Ehefrauen waren, aber die Genies waren richtige Genies. Ich habe neben richtigen Ehefrauen von Genies gesessen, die keine richtigen Genies waren. Ich habe neben Frauen von Genies gesessen, die beinahe Genies waren oder zukünftig Genies waren, kurz und gut, ich habe sehr oft und sehr lange neben mancherlei Frauen und neben Frauen von mancherlei Genies gesessen.« Die Rollen, die beide zu spielen haben, sind fest zugewiesen und komplementär. Daher wirken sie fast konservativ, fast konventionell sogar.

Gertrude Stein, das einzige weibliche Genie weit und breit, und Alice B. Toklas, die Ehefrau im Hintergrund. Kein Verehrer des Genies versäumt es denn auch, in seinen Briefen die obligaten Grüße an »Miss Toklas« auszurichten. So wie es sonst immer heißt: »Und grüßen sie doch Ihre liebe Frau«, so heißt es in diesem besonderen Fall: »Und viele Grüße an Miss Toklas.« In einem Porträt, das Gertrude Stein »Ada« nennt, ist Alice B. Toklas ihr Modell. Sie schreibt diesen Text an einem Sonntagabend – die Köchin hat Ausgang –, während die Freundin ein Essen nach amerikanischem Geschmack vorbereitet. Die eine kocht, die andere schreibt. Das kleine Werk – das erste Porträt überhaupt, das Gertrude Stein verfaßt – endet mit einer Hymne an das Glück Adas:

»Sie wurde glücklicher als irgendein anderer Mensch, der damals lebte. Es fällt leicht, dies zu glauben. Sie erzählte es jemandem, der jede Geschichte, die reizvoll war, liebte. Jemandem, der lebte und der beinah stets lauschte. Der, der liebte, erzählte davon, daß er jemand sei, der damals lauschte. Der, der liebte, erzählte damals Geschichten, die einen Anfang, eine Mitte und ein Ende hatten. Ada war damals ein einziges Erzählen von Geschichten, die bezaubernd waren, ein einziges Lauschen auf Geschichten, die einen Anfang, eine Mitte und ein Ende hatten. Zittern war Leben, Leben war Lieben, und einer war damals der andere. Gewiß liebte damals dieser eine diese Ada. Und gewiß war damals Adas ganzes Leben glücklicher durch das Lieben, glücklicher als es jemals ein anderer sein könnte, der war, der ist, der jemals leben wird.«

Fast eine Idylle, zwei Frauen, die so verschieden sind, daß sie sich vollkommen ergänzen. Die eine denkt und dichtet, die andere kocht, lenkt den Alltag und kümmert sich um die Praxis des Lebens. Zugleich also auch ein konservatives Glück, eine klassische Ehe nach dem Muster: der Künstler und seine Frau, die Muse und Sekretärin. Aber so einfach liegen die Dinge dann doch nicht. Die Lebensgefährtin eines weiblichen Genies zu sein, das ist am Ende etwas entschieden anderes als angepaßte Unterwürfigkeit. Diese Rolle geht im Muster der Ehefrau nicht auf.

Alice B. Toklas ist daher nicht einfach eine lesbische Variante von Katja Mann oder Ninon Hesse. Die Normalität oder besser gesagt das Glück, das Gertrude Stein und sie zu leben versuchen, ist ein Glück in der Abweichung, eine selbsterfundene und einmalige Variante des Lebens zu zweit. Es gibt weder Vorbilder noch Muster für diese Verbindung, beide leben ein Leben, das ihre eigene Inszenierung ist. Dazu gehört Mut und Halsstarrigkeit von seiten der »taubengrauen« Freundin.

Gertrude Stein und Alice B. Toklas im Palais Idéal des Postbeamten
Cheval in Hauterives, Rhônetal, 1939

Diese Lebensgemeinschaft bestimmt nicht allein den Alltag, sie geht auch, wie das Porträt Adas beweist, ins Schreiben
über. Dafür, für die Übergänge zwischen Leben und Schreiben, gibt es ein Beispiel, das längst zur Legende geworden ist.
Gertrude Stein schreibt – stellvertretend für die Lebensge-

fährtin – »die Autobiographie von Alice B. Toklas«. Aber sie veröffentlicht sie unter ihrem eigenen Namen. Verfasserin ist Gertrude Stein. Diese fingierte Autobiographie wird der einzige Bestseller, den sie je zustande bringt, obgleich Alice B. Toklas zuerst am möglichen Erfolg zweifelt. Das Buch sei zu unsentimental, um ein Erfolg zu werden, gibt sie zu bedenken. Jedoch sie täuscht sich. Ein einziges Mal versucht Gertrude Stein, in die Haut eines anderen Menschen zu schlüpfen, und gerade mit dieser Imitatio hat sie jenen Erfolg, der ihrer eigenen, hermetischen und publikumsabgewandten Sprache versagt bleibt. Die zugleich authentische und fingierte Autobiographie der Alice B. Toklas endet mit einigen Sätzen, die die Mystifikation aufdecken:

»Ich bin eine ziemlich gute Hausfrau und eine ziemlich gute Gärtnerin und eine ziemlich gute Herausgeberin und eine ziemlich gute Tierärztin für Hunde und immer soll ich alles auf einmal sein und ich finde es schwierig, obendrein auch noch eine ziemlich gute Autorin zu sein. Vor etwa sechs Wochen sagte Gertrude Stein, es sieht mir gerade nicht so aus, als ob du jemals deine Autobiographie schreiben würdest. Weißt du, was ich tun werde? Ich werde sie für dich schreiben. Ich werde sie so einfach abfassen wie Defoe, als er die Autobiographie Robinson Crusoes schrieb. Und das tat sie und hier ist sie.«

Es gibt kein vergleichbares Beispiel in der Literaturgeschichte. Welcher männliche Schriftsteller hätte sich je die Mühe gemacht, die Autobiographie seiner Frau oder Lebensgefährtin zu schreiben? Und welchem wäre es auch möglich gewesen, sich ihre Perspektive, ihren Blick auf die Welt so weit zu eigen zu machen, daß ein derartig tollkühnes Experiment hätte gelingen können? Man stelle sich einmal vor: James Joyce als Verfasser der Memoiren seiner Frau, Thomas Mann als Ghostwriter Katjas? Oder anders: Oscar Wilde als Autor der Memoiren von Lord Douglas? Bereits das Gedankenspiel, die Frage: »Was wäre wenn?«, stößt auf inneren Widerstand. Man fände ein derartiges Unternehmen degoutant, anstößig, peinlich oder einfach größenwahnsinnig. Wie könnte der männliche Autor in die Haut einer, seiner Frau schlüpfen, wie könnte er die Geschlechtsbarriere, die Grenze zwischen männlicher und weiblicher Erfahrung überspringen?

Die Autobiographie der Alice B. Toklas ist denn auch das einzige Beispiel für ein derartiges Unternehmen; das Experiment gelingt aufs selbstverständlichste. Keine intimen Bekenntnisse, keine Nabelschau, kein Ausbreiten der Innenwelt, sondern einfach die Geschichte eines Paares, Mitteilungen über Kunst, Leben und Alltag, Reisen und Leute. Ausgespart bleibt das, was in der Sprache konventioneller Liebesromane Leidenschaft, Erotik und Sexualität genannt wird. Sucht man derartiges, wird man enttäuscht, darum geht es nicht. Miss Toklas und Miss Stein erklären nichts, sie stehen eher in der Mitte eines gemeinsamen Raumes und blicken nach draußen. Fenster und Türen sind geöffnet und laden die Welt ein, hereinzukommen. Zu bekennen im Sinn einer Preisgabe des Inneren und Intimen haben die beiden der Welt, die sie bei sich empfangen, nichts; nichts jedenfalls, was die Art ihrer Beziehung tangieren könnte.

So gesehen, ist diese Geschichte zweier Frauen, ihre gemeinsame Autobiographie, ein Gegenentwurf zur homosexuellen Bekenntnisliteratur, zur Literatur also der existentiellen Außenseiter. Allgemeiner gesagt, ist sie zudem eine entschiedene Absage an jede Art der literarischen Selbstentblößung, angefangen mit den Konfessionen des Jean Jaques Rousseau. Mit Prüderie, mit Verschweigen-Wollen oder Verschweigen-Müssen hat dies nichts zu tun, sondern vielmehr mit der Unlust an der schrillen Provokation, dem Desinteresse auch an psychologisierenden Erklärungsmodellen. Das, was in der Sprache der Psychoanalyse Libido und Triebschicksal, Homosexualität und Neurose genannt wird, steht nicht zur Diskussion. Es interessiert weder Gertrude Stein, die entschiedene Antipsychologin, noch ihre Lebensgefährtin. Die Dinge sind so, wie sie sind, und sie sind gut so. Etwas anderes ist nicht zu sagen. In diesem Punkt verhält es sich (ihrer Meinung nach) mit den Frauen anders als mit den Männern des zwanzigsten Jahrhunderts. Wer Probleme mit der Psyche und der Psychologie hat, das sind die Männer, dies jedenfalls meint Gertrude Stein, wenn sie in ihrer eigenen Autobiographie – »Everybodies Autobiographie« – ein Gespräch mit dem Schriftsteller Dashiell Hammett zitiert:

»Ich sagte zu Hammett, etwas ist verwirrend. Im neunzehnten Jahrhundert haben die Männer beim Schreiben alle möglichen Männer und die in großer Anzahl erfunden. Die Frauen dagegen konnten niemals Frauen erfinden, sie haben die Frauen immer nach sich selbst gestaltet, brillant oder bekümmert oder heroisch oder schön oder verzweifelt oder sanft, und niemals konnten sie irgend eine andere Art Frau gestalten. Von Charlotte Bronte bis hin zu George Eliot und viele Jahre später noch war das so. Jetzt, im zwanzigsten Jahrhundert, sind es die Männer, die das tun. Alle Männer schreiben über sich selbst, immer sind sie selbst so stark oder schwach oder geheimnisvoll oder leidenschaftlich oder trunken oder beherrscht, aber immer sind sie es selbst, wie das die Frauen im neunzehnten Jahrhundert gemacht haben. Jetzt machen Sie das auch immer, warum eigentlich. Er sagte, das ist einfach. Im neunzehnten Jahrhundert waren die Männer selbstsicher, die Frauen nicht, aber im zwanzigsten Jahrhundert haben die Männer keine Selbstsicherheit, und so müssen sie sich wie Sie sagen schöner machen, interessanter, von allem mehr, und können keinen anderen Mann gestalten, denn sie müssen sich an sich selbst festklammern, weil sie keine Selbstsicherheit haben.«

Es bedarf eigentlich nicht der Erwähnung: Gertrude Stein ist natürlich selbstsicher genug, nicht nur von sich selbst, sondern stets auch von den anderen zu sprechen. Ihre eigene Autobiographie nennt sie daher »Jedermanns Autobiographie«. Es geht, wie sie voraussetzt, zugleich um sie und um alle Welt, alle Frauen, alle Männer, Hunde und Kinder eingeschlossen. Die eigene Geschichte und die Geschichte aller anderen Leute sind eins.

Was der Autobiographie von Alice B. Toklas zugrunde liegt, ist jedoch noch etwas anderes; es hat eine andere Qualität als bloß die abstrakte Überzeugung, daß alles Autobiographie ist. Dieses andere ist zugleich sehr einfach und sehr kompliziert, wie alles im Sonderfall der Gertrude Stein: Es geht um ein tiefes und grundlegendes Einverständnis, das Verschiedenheiten zuläßt und einschließt. Gertrude Stein unterläßt es denn auch nie, darauf zu verweisen, daß die Freundin keineswegs immer ihrer Meinung ist, sondern dieses oder jenes zu bedenken gibt, dieses und jenes anders sieht, anders beurteilt als sie selbst. Und auch Miss Toklas versäumt es nicht, die eigenen Vorlieben und Abneigungen offenzulegen: »Gertrude Stein liebte Sonne und Wärme, obwohl sie immer sagt, daß der Pariser Winter das ideale Klima sei. In jener Zeit ging sie gern um die Mittagszeit spazieren. Ich mag und mochte die Sommersonne nie leiden, begleitete sie aber oft. Später, in Spanien, setzte ich mich einfach unter einen Baum und weinte, sie aber war unermüdlich trotz all der Sonne. Sie konnte sich sogar in die Sonne legen und mitten in die Mittagssonne blicken und sagte, es ruhe ihre Augen und ihren Kopf aus.«

Was sehr enge Bindungen für andere oft unerträglich macht, die zwanghafte und ritualisierte Symbiose, oder die gegenseitige Neigung zu Selbststilisierung und Idealisierung, fehlt diesem Einverständnis. Das Gefühl ist sich seiner so sicher, daß es Nüchternheit und sogar Selbstironie bis hart an die Grenze der Karikatur möglich macht. Statt Pathos und Stilisierung ein lächelnder Blick auf die gegenseitigen kleinen Lächerlichkeiten. So wissen beide von sich und von der anderen, daß sie sehr weit von der Norm sowohl der schönen heterosexuellen Frau wie auch vom Klischee der dämonisch-gefährlichen Lesbierin entfernt sind.

Gertrude Stein schreckt denn auch nicht davor zurück, der Freundin eine Beschreibung des gemeinsamen Auftretens und Aussehens in den Mund zu legen, die fern jeder Idealisierung ist. Sie nimmt jeder Kritik den Wind aus den Segeln, indem sie selbst den Finger auf die kleine Wunde legt, die Wunde der Skurrilität und der Abweichung vom Bild der schönen Frau. Es geht um eine Spanienreise: »Gertrude Stein trug damals ein Kostüm aus braunem Rippensamt, aus Jacke und Rock bestehend, eine kleine Strohmütze, die ihr immer eine Frau in Fiesole häkelte, und Sandalen, und oft trug sie auch einen Stock. In jenem Sommer hatte der Stock einen Kopf aus Bernstein. Es ist mehr oder weniger dieses Kostüm (ohne die Mütze und den Stock), das Picasso auf seinem Porträt von ihr gemalt hat. Dies Kostüm war für Spanien ideal. Jedermann glaubte, sie gehöre einem religiösen Orden an, und wir wurden immer mit dem tiefsten Respekt behandelt. Ich pflegte damals die Kleidung zu tragen, die ich meine spanische Verkleidung nannte. Ich trug immer einen schwarzen Seidenmantel, schwarze Handschuhe und einen schwarzen Hut, und die einzige Freude, die ich mir dabei gönnte, waren schöne künstliche Blumen auf dem Hut.«

Trotz aller Absage an mögliche Freudianische Erklärungen bleibt eine Frage offen. Wenn Geschichte dasselbe ist wie Autobiographie – und nichts anderes behauptet Gertrude Stein ja immer wieder –, dann gibt es auch eine Vorgeschichte, eine »graue Vorzeit«, die der gemeinsamen Geschichte, der gemeinsamen Autobiographie vorangeht.

Anders gesagt: Was geschah mit Miss Toklas und Miss Stein, ehe sie sich im Jahr 1907 in Paris trafen? Wie kommt es zum Einverständnis zwischen dem »Genie«, das sich schon längst für die Literatur entschieden hat, und der klavierspielenden, romanelesenden Tochter aus San Franzisko, einer Tochter zudem, die eher in die Kategorie »arme Verwandte« paßt als zum glamourösen Milieu Gertrude Steins? Woher kommen die beiden, was für ein Kindheitsmuster liegt ihrer frühen Entscheidung zugrunde, Frauen und nicht Männer zu lieben? Welcher »Kitt« verbindet sie?

Einige Stichworte müssen genügen, um die Vorgeschichte dieser beiden gleichen und ungleichen andeutend zu streifen. Die wenigen Gemeinsamkeiten liegen auf der Hand. Gertrude Stein und Alice B. Toklas kommen beide aus jüdisch-amerikanischer Familie, beide haben es mit nicht gerade unkomplizierten Familienkonstellationen zu tun, beide lieben Frauen.

Gertrude Stein: Am 3. Februar 1874 in Pennsylvania geboren, verbringt sie die ersten Lebensjahre auf Reisen, ihre Familie lebt einige Zeit in Wien und Paris. Das siebte Kind aus jüdisch-amerikanischer Großfamilie ist sich von Anfang an darüber im klaren, »privilegiert« zu sein: »Wenn man so wie ich die Welt betritt, kann man das für den Rest seines Lebens nicht mehr vergessen, da ist man, ist privilegiert ... Mir gefiel es und mir gefällt es.« Getrübt wird diese goldene Kindheit durch die Figur des Vaters, der in den Augen der Tochter »niederdrückend« ist. Später werden alle Väter dieser Welt für sie »niederdrückend«, sie mag sie und ihre Welt nicht. Die leidende, krebskranke Mutter, die früh stirbt, entzieht sich durch Krankheit. Den besten Kontakt hat die Heranwachsende zu ihrem etwas älteren Bruder Leo, der erst später für sie zur Vaterfigur wird und damit zu einem, der »niederdrückt«.

Nach dem Tod der Mutter und des Vaters lebt sie bei Verwandten in einer »Gesellschaft lebhafter, kleiner Tanten, die alles wissen mußten«. Kindheit ist für sie Einsamkeit, Isolation, Sich-Vergraben in Bücher, unbestimmte Ängste und Depressionen. Manchmal hat sie »Angst, wahnsinnig zu werden«. In einer frühen Erzählung beschreibt sie die Atmosphäre ihrer Kindheit und Jugend in Bildern der Einsamkeit: »Nun hatte sie einen Abschnitt ihres Lebens erreicht, in dem sie sich selbst nicht länger genügte. Sie lebte fast ausschließlich in ihrer Lieblingsbibliothek. Sie war ... mutterlos ... und konnte daher tun und lassen, was ihr beliebte. Nun war die Zeit gekommen, wo die alten vielgeliebten Gefährten ihren Reiz verloren. Man konnte nicht von Büchern leben, sie spürte, daß sie menschliches Mitgefühl brauchte. Ihre leidenschaftlichen Sehnsüchte erweckten in ihr die Angst, sie könne den Verstand verlieren.«

Im Herbst 1893 geht sie aufs renommierte Radcliffe-College und belegt Philosophie und Psychologie. Nach einiger Zeit verwirft sie jedoch die Idee, Gelehrte zu werden und an der Universität Karriere zu machen. Im zweiten Anlauf versucht sie es mit dem Studium der Medizin, das sie nach einer

Gertrude Stein.
Fotografie von Cecil Beaton

danebengegangenen Prüfung wieder an den Nagel hängt.
Nach der typischen Europareise der gebildeten jungen Amerikanerin, nach Aufenthalten in London und Italien, geht sie zusammen mit ihrem Bruder Leo nach Paris. 1903 beziehen die Geschwister eine gemeinsame Wohnung in der rue de Fleurus 27, in der Nähe von Montparnasse. Gertrude hat längst beschlossen, Schriftstellerin zu werden, sie arbeitet an einem Roman, der sich, wie ihre Biographen verschämt bemerken, mit »verbotenen Gefühlen« zwischen drei jungen Amerikanerinnen befaßt.

Alice B. Toklas vor Picassos Porträt von Gertrude Stein,
Picasso-Ausstellung, Paris 1955

Als sie in die rue de Fleurus einzieht, hat sie bereits die Vorstellung, ein Genie zu sein. »Sie hatte beschlossen, ein Löwe
zu werden, und sie wurde ein Löwe«, bemerkt Leo nicht ohne
Verbitterung, fühlt er sich doch außerstande, der zu werden,
der er sein möchte, ein großer Maler. Die Geschwisterrollen
scheinen im Fall von Gertrude und Leo Stein verkehrt, mißt
man sie an der Konvention. Sie traut sich alles zu, und es
gelingt ihr vieles; er traut sich nichts zu, und daher gelingt ihm
auch wenig. Leo begnügt sich mit der Rolle des Mäzens und
Kunstsammlers; die Rolle des Genies, des Löwen oder der

Löwin hat Gertrude für sich reserviert. Ihm bleibt lediglich die Neurose der Familie, das Unglück, das Leiden. Sie jedoch tut so, als sei sie die erste, die jemals ein Blatt Papier beschreibt, so, als gäbe es keinen und keine vor ihr, keine Tradition, die ihr zu schaffen machen könnte.

Ihr Lebensmuster ist längst festgelegt: Ein Ehemann, ein Liebhaber an der Seite einer Frau, die dem positiven Größenwahn verfallen ist (und die zudem nach Meinung ihrer Freunde aussieht wie ein napoleonischer General), erscheint undenkbar. Und Vaterfiguren sind für sie weiterhin »niederdrückend«; dem väterlichen Prinzip, dem Gesetz des Vaters verweigert sie sich im Leben und im Schreiben. Ein Bruder, der ihr keine Konkurrenz macht, der ihre Überlegenheit anerkennt, ist in dieser Zeit wahrscheinlich die beste Lösung, um dem Alleinsein zu entgehen. Wenn Leo hin und wieder in die Rolle eines Vaters schlüpft, wird auch er für sie unerträglich. Sie braucht weder einen realen noch einen symbolischen Vater, sie lebt und schreibt auf eigene Rechnung. Aber sie braucht eben doch einen Menschen, der ihr »Schutz und Schirm« wird, wie Alice B. Toklas es später ausdrückt.

Alice B. Toklas: geboren in San Franzisko, eine behütete Kindheit, Interesse für Musik und für die Romane von Henry James. Außerdem liebt sie »Bilder, Möbel, Gobelins, Häuser und Blumen, Gemüse und Obstgärten«, auch »eine schöne Aussicht kann mir gut gefallen«, meint sie, »doch sitze ich lieber so, daß ich ihr den Rücken zukehre«. Nach dem Tod der Mutter lebt sie bei ihrem Vater und ihrem Bruder: »Ich führte ein angenehmes Leben, hatte viele Freunde, mancherlei Abwechslung und viele Interessen; mein Leben war ziemlich ausgefüllt, und ich genoß es, ohne mich weiter dafür zu entflammen. Das bringt mich auf die Feuersbrunst in San Franzisko, die zur Folge hatte, daß der ältere Bruder von Gertrude Stein nach San Franzisko zurückkehrte, und damit änderte sich mein Leben völlig.«

Die Steins erzählen viele Geschichten über Paris, und die amerikanische Tochter wird neugierig. Da sie etwas eigenes Geld hat, kann sie eine Europareise planen. Mit dieser Reise, die sie gemeinsam mit einer Freundin unternimmt, endet die Vorgeschichte der Alice B. Toklas. Ihr neues und eigentliches Leben beginnt im Jahr 1907 in der rue de Fleurus: »Ich bereitete meinen Vater langsam darauf vor, daß ich San Franzisko vielleicht verlassen würde. Er regte sich nicht darüber auf, schließlich war's zu jener Zeit ein allgemeines Kommen und Gehen, und viele meiner Freunde gingen fort. Im Laufe des Jahres ging ich auch und kam nach Paris. Dort besuchte ich Mrs. Stein, die inzwischen nach Paris zurückgekehrt war, und in ihrem Haus lernte ich Gertrude Stein kennen. Am meisten Eindruck machte mir ihre Korallenbrosche und ihre Stimme. Ich möchte noch erwähnen, daß ich nur dreimal in meinem Leben einem Genie begegnet bin, und jedesmal war's, als ob eine Klingel in mir geläutet hätte, und ich habe mich nicht geirrt, und ich möchte erwähnen, daß es jedesmal geschah, ehe ihre genialen Eigenschaften allgemein erkannt worden waren. Die drei Genies, von denen ich spreche, sind Gertrude Stein, Pablo Picasso und Alfred Whitehead. Ich habe viele bedeutende Menschen kennengelernt, und ich habe mehrere Berühmtheiten kennengelernt, doch habe ich nur drei erstklassige Genies kennengelernt, und in jedem Falle ging bei mir die Klingel – auf den ersten Blick. In keinem der drei Fälle habe ich mich geirrt. So begann mein neues und voll ausgefülltes Dasein.«

Und damit, mit der ersten Begegnung im Hause der Gertrude Stein, endet auch die Vorgeschichte der Alice B. Toklas, die eigentlich Alice Babette Toklas heißt. Die gemeinsame Autobiographie, das neue, das voll ausgefüllte Dasein beginnt. Als Jahre später Mabel Dodge, eine gemeinsame Freundin, die etwas bösartige Frage an Miss Toklas richtet, welchen Sinn sie in ihrem Dasein sehe, antwortet die Befragte mit einem einzigen Satz: »Es ist mein Gefühl für Gertrude Stein.«

Irmela Brender

»Aus allem Schönen
gehst Du mir entgegen«

Lou Andreas-Salomé und Rainer Maria Rilke

Wer den Anfang der Geschichte im Mai 1897 in München miterlebte, nahm sie nicht ganz ernst: Ein junger Mann aus Prag, Student, aber mehr mit Büchern, Theater und mit Dichten beschäftigt, schwärmte für eine reife Schriftstellerin. Er hatte einen religionsphilosophischen Essay von ihr gelesen und schickte ihr anonym Gedichte. Sie reagierte nicht. Er bat einen gemeinsamen Bekannten, ihn einzuladen, wenn sie kam, damit er ihr vorgestellt werden konnte. Sie erinnerte sich noch nicht einmal daran. Zwei Abende danach traf er sie im Theater wieder und begleitete sie mit Freunden zum Souper. Drei Tage später suchte er sie auf und las ihr Gedichte vor, und dann lief er mit Rosen in der Hand durch Schwabing und den Englischen Garten, zitternd vor lauter Willen, ihr zu begegnen, sie zu erobern.

Man kann sich denken, was geredet wurde, etwa im Haus des Schriftstellers Jakob Wassermann, der die Bekanntschaft vermittelt hatte: »Lou Andreas-Salomé mag einen guten Einfluß haben auf Rilke. Er ist begabt, aber er steckt zu sehr im lyrischen Ungefähr. Muß arbeiten, Disziplin lernen, Klarheit finden. Und Bücher lesen – Turgenjeff, Ernst Peter Jacobsen. Eine gescheite Frau wie sie kann ihm nur nützlich sein. Und sonst? Nichts sonst. Er ist 21, sie 36. Und außerdem ist sie verheiratet. Mit einem Professor für westasiatische Sprachen, wie man hört, lebt in Berlin.«

Oder im Foto-Atelier »Elvira«, das Lou Andreas-Salomés feministische Freundinnen Anita Augspurg, Sophia Goudstikker und deren Schwester Mathilde betrieben und wo der Jugendstil-Architekt August Endell verkehrte: »An diesen schmächtigen Jüngling wird Lou kaum ihr Herz verlieren, selbst wenn er ein poetischer Riese sein sollte – was noch nicht erwiesen ist. Schließlich hat sie auch Friedrich Nietzsche widerstanden und fünf Jahre lang mit dem Philosophen Paul Rée zusammengelebt, ohne daß sie mit ihm ein Verhältnis hatte – Lou weiß mit Männern umzugehen.« – »Sie ist zur Freundschaft fähig – aber ob sie überhaupt lieben kann? Ihr Jugendfreund damals in Petersburg, ein protestantischer Pfarrer, wollte sich ihretwegen scheiden lassen, da hat sie sich von ihm getrennt; für sie war es eine geistig-seelische Beziehung, keine erotische, sie sah in ihm den Lehrer und Mentor, nicht den Ehemann.« – »Und Friedrich Carl Andreas, der Iranist, mit dem sie sich vor zehn Jahren von eben diesem Jugendfreund trauen ließ?« – »Sie scheint ihm sehr verbunden zu sein, aber was hat sie doch über die Ehe gesagt?: ›Bei Gott, ich habe nie begriffen, warum Leute, die ineinander vorwiegend sinnlich verliebt sind, sich vermählen.‹« – »Jedenfalls führt sie auch als Ehefrau ein sehr selbständiges, freies Leben. Denkt nur an die Reisen, die sie ständig allein oder mit einer Freundin unternimmt – nach Paris, Wien, Italien, oder immer wieder mal nach München, wie jetzt. Nein, Lou ist klug und eine Frau von Welt, die wird der kleine Dichter bestimmt nicht erobern.«

Doch der kleine Dichter war ein großer, auch wenn das damals außer ihm noch keiner spürte, und er eroberte die welterfahrene, weitgereiste Generalstochter in wenigen Wochen.

Von René Maria Rilke – erst Lou gab ihm den Namen Rainer – waren damals drei Gedichtbände erschienen, die immerhin den Prager Germanisten August Sauer und den Dichter Detlev von Liliencron so günstig beeindruckten, daß sie das junge Talent ermunterten. Lou Andreas-Salomé hatte einiges mehr an Gedrucktem aufzuweisen: den Roman »Im Kampf um Gott«, unter dem Pseudonym Henri Lou veröffentlicht, die theoretischen Schriften »Henrik Ibsens Frauengestalten« und »Friedrich Nietzsche in seinen Werken« sowie die erzählenden Bände »Ruth« und »Aus fremder Seele«. Für Rilke war sie eine arrivierte Literatin, ähnlichen Themen zugewandt wie er: Gleich nach der ersten Begegnung schrieb er ihr, in ihrem Essay »Jesus der Jude« habe sie »mit der gigantischen Wucht einer heiligen Überzeugung meisterhaft klar ausgesprochen«, was er in seinen »Christus-Visionen« sagen wollte.

Lou gab ihm keine kollegialen Artigkeiten zurück. Sie fand Rilkes Verse überspannt und sentimental, doch der Dichter selbst gefiel ihr immer besser. Sie erkannte in ihm eine »männliche Anmut« und »unantastbare Herrenhaftigkeit« und war von dem trotzigen Ungestüm beeindruckt, mit dem er sie umwarb. Die Münchner Freunde sahen die beiden jetzt häufig zusammen: die selbstsichere, hochgewachsene, blonde Frau und den unauffälligen Jüngling mit der hohen Stirn und dem fliehenden Kinn, der sich jetzt einen Schnurrbart wachsen ließ; ein ungleiches Paar, doch stets einander zugewandt und in ein fortwährendes Gespräch vertieft.

Lou, die mit ihrer Freundin Frieda von Bülow reiste, suchte für die Sommerwochen einen gebirgsnahen Aufenthalt und fand das Richtige in dem damals kleinen Ort Wolfratshausen an der Loisach, eine beliebte Sommerfrische mit Eisenbahnverbindung für die Münchner. Die Damen mieteten Mitte Juni am Berghang ein Häuschen mit zwei Stuben, Rilke zog ins sogenannte »Fahnensattlerhaus«, und mit Unterbrechungen und wechselnden Gästen verbrachte das Liebespaar dort zweieinhalb Monate.

Daß aus ihnen ein Liebespaar werden würde, hatte Rilke ihr schon Ende Mai in einem Gedicht gesagt:

»Ich bin Dir wie ein Vorbereiten
Und lächle leise, wenn Du irrst;
Ich weiß, daß Du aus Einsamkeiten
Dem großen Glück entgegenschreiten
Und meine Hände finden wirst.«

Lou mochte da noch gezweifelt haben. Denn diese unbefangen auftretende, an den Umgang mit Männern früh gewöhnte Frau, die von allen Konventionen frei war und geübt, unabhängig Dinge bis ins letzte zu durchdenken, hatte noch nie einen Liebhaber gehabt. (Auch dafür gibt es ein Rilke-Gedicht als Beleg.) Von ihrer Jugendliebe Hendrik Gillot, dem holländischen Pastor in Petersburg, hatte sie sich abgewandt, als er sich ihr physisch nähern wollte. Eine solche Liebe hatte sie nicht gemeint – der 25 Jahre ältere Gillot war ihr wie ein »Gottmensch« gewesen und in seiner »Allesenthaltenheit« und »Allüberlegenheit« an den Platz des Kindheitsgottes getreten, den sie gerade in einer ersten Glaubenskrise verloren hatte. Nach jener Trennung erklärte sie ihr Liebesleben »für Lebzeiten abgeschlossen« und wollte nur noch ihrem »total entriegelten Freiheitsdrang« nachgeben. Der ertrug Männerfreundschaften, aber keine sexuellen Bindungen. Friedrich Nietzsche und Paul Rée mußten sich davon überzeugen lassen, und wenn Lou Mißgünstigen wie der eifersüchtigen Nietzsche-Schwester Elisabeth deshalb als verantwortungsloses Enfant terrible und als männerverspottender Vamp erschien, dann kümmerte sie sich nicht darum.

Friedrich Carl Andreas, fünfzehn Jahre älter als sie, hatte sie geheiratet, und diese Eheschließung begründete sie mit einem Zwang, mit einer Gewalt des Unwiderstehlichen, der auch ihr Mann selbst erlegen sei. Sie erlaubte ihm nie, die Ehe zu vollziehen. Als er sich einmal neben sie legte, versuchte sie, noch schlafend, ihn zu erdrosseln; sie erwachte von seinem Röcheln. Daß sie bei aller Gebundenheit an ihren Mann den sexuellen Teil der Ehe so total ausschloß, obwohl sie sich von verbreiteten »Gehemmtheiten«, von Frigidität frei wußte, konnte sie nur mit dem gleichen Antrieb erklären, der sie als Siebzehnjährige zum Kirchenaustritt gezwungen hatte – es war ihr unmöglich, anders zu handeln.

In qualvollen Kämpfen hatte sie Andreas ein gewisses Maß an Freiheit und Unabhängigkeit abgerungen, dazu gehörten die Reisen, die sie ohne ihn unternahm. Natürlich lernte sie dabei auch Männer kennen, sie ging unbefangen mit ihnen um und verstand nicht, daß manche Situationen als zweideutig aufgefaßt werden konnten. So geriet sie einmal nach einer gemeinsam verbummelten Pariser Nacht mit Frank Wedekind in eine heikle Lage, aus der sie sich elegant herauswand: »Die Schuld liegt an mir, Herr Wedekind, denn ich bin noch keinem unanständigen Mann begegnet.« Wedekind kam zwei Tage später in feierlichem Aufzug in ihr Hotel und entschuldigte sich in aller Form.

Lou Andreas-Salomé war nicht prüde, sie hatte einfach einen Bereich menschlicher Erlebnismöglichkeit für sich ausgeklammert. Über die Gründe hatte sie nachgedacht, sie waren wohlerwogen, auch wenn sie anderen mystisch erscheinen mußten. Und nun kam ein 21jähriger und machte sie zu seiner Geliebten, liebte sie zugleich als Muse, Mentorin und Gefährtin, forderte ihre schwesterlichen und mütterlichen Seiten heraus und zeigte ihr damit, was alles sie war, wer sie wirklich war. Fast vierzig Jahre später schrieb sie in ihrem »Lebensrückblick«: »War ich jahrelang Deine Frau, so deshalb, weil Du mir das erstmalig Wirkliche gewesen bist, Leib und Mensch ununterscheidbar eins, unbezweifelbarer Tatbestand des Lebens selbst.« Bis zu ihrem Tod bewahrte sie im vergilbenden Wolfratshausener Umschlag das Gedicht, das ihr Rilke damals auf eine kurze Reise nachschickte:

Dann brachte mir Dein Brief den sanften Segen,
Ich wußte, daß es keine Ferne gibt:
Aus allem Schönen gehst Du mir entgegen,
Mein Frühlingswind Du, Du mein Sommerregen,
Du meine Juninacht mit tausend Wegen,
Auf denen kein Geweihter schritt vor mir:
Ich bin in Dir.

Auch für Rainer Maria Rilke war diese Liebe die erste wirkliche, lebenswendend und schicksalhaft. Er öffnete sich allen Anregungen, die ihm die Erfahrenere und zugleich Ebenbürtige gab. Er ging mit ihr barfuß, badete in der Loisach, aß und kleidete sich einfach und verlor in Denken und Lebensart das

Wolkige, Schnörkelige, Verweichlichte, in das er sich bisher geflüchtet hatte. Selbst seine Handschrift wurde anders. Lou lehrte ihn den genauen Blick für die Natur, sie bezeichnete ihm Pflanzen und Tiere, weckte sein Bewußtsein für das Wesentliche. Später erinnerte er sich: »Ich lernte eine Einfachheit, lernte langsam und schwer wie schlicht alles ist, und wurde reif, von Schlichtem zu sagen.«

Rainer Maria Rilke, 1913

Selbst in diesen ersten, den Ferienwochen lebten sie nicht nur füreinander. Vermutlich war es Lou, die für Gäste und für Abwechslung sorgte. Auf allen Wolfratshausener Fotos wirkt sie im Kreis der Freunde unverkrampft und souverän, während Rilke stets den Blick ihr zuwendet, als brauche er von ihr Bestätigung und Sicherheit. Schließlich waren die Besucher auch ihre Freundinnen und Bekannte. Einen Monat lang

Lou Andreas-Salomé

blieb der russische Schriftsteller Akim Volinskij, Kritiker an einer avantgardistischen Zeitschrift in Petersburg. Lou übersetzte Aufsätze von ihm ins Deutsche und schrieb, angeregt von ihren Gesprächen, zwei Essays über russische Literatur. Rilke hörte zu, war fasziniert und wollte mehr vom Heimatland des Gastes und der Geliebten wissen, mehr als sich erzählen ließ – also würden sie gemeinsam nach Rußland reisen müssen, wie von selbst entstand der Plan.

Auch Friedrich Carl Andreas, der Ehemann, kam für einen Monat. Es spielten sich keine Boulevardtheater-Szenen ab, dafür war Lou zu diskret und zu liebevoll. Andreas sah angesichts des Altersunterschieds zwischen seiner Frau und dem jungen Dichter keinen Grund zur Eifersucht. Rilke fuhr in dieser Zeit zwar wiederholt nach München und arbeitete auch sonst für sich allein, aber auf langen Spaziergängen zu dritt oder bei Gesprächen in der Gartenlaube entstand Sympathie zwischen ihm und dem sprachkundigen Wissenschaftler. Andreas, Enkel eines deutschen Arztes und einer Malaiin, Sohn einer Eurasierin und eines armenischen Fürsten, war damals noch nicht an dem Punkt seiner Laufbahn, an dem ihn Studenten als Lehrer von »königlichster Souveränität« verehrten. Noch litt er darunter, daß es ihm aus Übergründlichkeit nie gelang, die Ergebnisse seiner Forschungen zu veröffentlichen, daß seine Karriere belanglos war. Aber sein großes Wissen und sein schlichter Lebensstil, sein Humor und sein Temperament hätten auch einen stumpferen Geist als Rilke beeindruckt.

Lou Andreas-Salomé war eine besessene Arbeiterin, und sie arbeitete auch neben – und mit – Rilke. Gemeinsam gingen sie seine Gedichte durch, und nur wenig hielt ihrer Kritik stand. Später zweifelte sie: »Aber ob wir das Recht hatten, damals Gedichtetes so zu zerstören, wie wir es getan?« Jedenfalls schadete es nicht: Als Rilke Monate später in Schmargendorf wie im Rausch den »Cornet« schrieb, fielen ihm Ähnlichkeiten mit damals verworfenen Strophen auf.

Im Berliner Vorort Schmargendorf lebte das Ehepaar Andreas. Nach dem Sommerurlaub fand Rilke mit Lous Hilfe

248

ein möbliertes Zimmer nicht weit entfernt. Täglich besuchte er sie, half ihr bei der Hausarbeit, begleitete sie zu Freunden und machte in Berliner Künstlerkreisen den Eindruck eines »durchaus harmonisch zusammengehaltenen Jünglings« – so beurteilte ihn die Malerin Sabine Lepsius, bei der er tief beeindruckt eine Lesung von Stefan George hörte. Daß er längst nicht so ausgewogen war, wie er wirkte, wußte Lou am besten. Und so unterstützte sie ihn in Reiseplänen, die noch nicht Rußland zum Ziel hatten – allein sollte er eine Italienreise machen und ihr in einem Tagebuch von allem berichten, was ihn in Florenz, Viareggio und auf der Rückfahrt beeindruckte.

Das war fast eine Lehrerinnen-Idee, jedenfalls aber ein Gedanke, wie ihn eher besorgte Mütter als leidenschaftliche Geliebte fassen. Nicht Gedichte sollte der Dichter ihr bringen, nicht sehnsuchtsvolle Briefe sollte er ihr schicken, sondern präzis aufschreiben, was er genau betrachtet, rational reflektiert hatte. Und Rilke, der keine glückliche Beziehung zu seiner Mutter hatte (»Ach wehe, meine Mutter reißt mich ein ... Von ihr zu mir war nie ein warmer Wind«), dieser eigentlich mutterlose Rilke griff den Gedanken eifrig auf und schrieb, wie er sollte, dankbar für die Aufgabe, dankbar auch, daß sie ihn darauf vorbereitet hatte:

»...Wenn die italienischen Tage mich mit Schätzen beschenkten, Du hast Raum dafür geschaffen in meiner Seele, in welcher die Träume sich drängten und die vielen Bangigkeiten. Du hast mich festlich gemacht. Daß ich Dir so klar wiederkehre, Liebling, das ist das Beste, was ich Dir bringe.«

Es war eine Drei-Monats-Reise, Rilke kehrte zurück, als sich ihr erstes Zusammensein in Wolfratshausen gerade jährte. Aber wenn er gehofft hatte, nun soviel reifer, stärker und »klar« geworden zu sein, so zeigte ihm Lou durch Nachsicht und Milde, daß sie nach wie vor die Reifere und Stärkere war. Rilke reagierte wütend – »Ich haßte Dich wie etwas zu Großes« –, und er war enttäuscht, doch dann ergab er sich: »Du bist nicht ein Ziel für mich, Du bist tausend Ziele. Du bist alles, und ich weiß Dich in allem und führe Dir alles zu bei meinem Dir-entgegen-Gehen.«

Der Ton, einmal angestimmt, sollte sich während ihrer noch zwei Jahre dauernden Liebesbeziehung und in ihrer lebenslangen Freundschaft nicht mehr ändern: Er blieb der Suchende, Fragende, sie kannte die Antworten und bot Trost. In seine Verwirrung brachte sie Klarheit. Daß ihr *daran* gelegen war, daß sie nicht wie Pygmalion sich einen Gefährten nach ihrem Wunsch erschaffen wollte, bewies ihre Stärke und gab ihr zugleich die Freiheit, die sie brauchte.

In Viareggio hatte Rilke eine Szene entworfen, die er nach seiner Rückkehr in Berlin – neben den Gedichten des Bandes »Mir zur Feier« – endgültig schrieb. »Die weiße Fürstin« gehört zu Recht nicht zu seinen bekannten Arbeiten, doch ihr Inhalt sagt auch etwas darüber aus, in welchem hochdramatischen Licht er damals die Situation seiner Geliebten sah, wenn er mit dem Thema literarisch umgehen wollte: Die Titelfigur ist eine Frau aus dem sechzehnten Jahrhundert, die in einer pompösen Villa am Meer lebt. In elfjähriger unvollzogener Ehe hat sie sich aufgespart für den einen, den sie erwartet – doch die Pest kommt schneller.

In ihrem dritten gemeinsamen Frühjahr, 1899, wurde die Rußlandreise Wirklichkeit. Sie fuhren zu dritt, Lou, Andreas und Rilke, und sie kamen rechtzeitig zu den Osterfeiern nach Moskau. Zuvor hatte der Dichter Leo Tolstoj sie empfangen – er wollte von Andreas Auskünfte über dessen Forschungen zu einer persischen Sekte – und sie gewarnt vor dem abergläubischen Volkstreiben. Aber vor allem Rilke war tief beeindruckt von der Osternacht im Kreml, von den Glockenschlägen des Iwan Welikij, des großen Glockenturms dort, von der Masse der Gläubigen und ihrem Auferstehungsruf »Christos woskres«, der Jubel und Glückwunsch zugleich ist. »Das war mein Ostern«, schrieb er Lou fünf Jahre später, »und ich glaube, es reicht für ein ganzes Leben aus; die Botschaft ist mir in jener Moskauer Nacht seltsam groß gegeben worden, ist mir ins Blut gegeben worden und ins Herz.«

Rilke war von einer fast mystischen Rußlandliebe besessen. Er kannte viel von der russischen Literatur, jetzt sah er die Menschen, die Landschaft, die Sehenswürdigkeiten von

Moskau und Petersburg, und sie erschienen ihm wie eine Bestätigung dafür, daß er hier eine Heimat habe. Lou mußte in den sechs Wochen natürlich ihrer Familie viel Zeit widmen. Rilkes Wißbegier machte ihr bewußt, daß sie das Land, in dem sie geboren worden war, zu früh verlassen hatte, daß sie zudem in Petersburg als Tochter einer deutschen Mutter und eines russischen Generals, der von französischen Hugenotten abstammte, mehr in einer kosmopolitischen als in einer russischen Welt zu Hause gewesen war. Auch sie mußte, wie Rilke, Rußland erst noch erfahren. Und so planten sie nach der Rückkehr gleich eine zweite Reise.

Lou drängte auf gründliche Vorbereitung. Rilke verbesserte seine russischen Sprachkenntnisse, gemeinsam beschäftigten sie sich mit der Literatur, Kunst- und Kulturgeschichte des Landes. Selbst als sie zusammen Frieda von Bülow auf dem Bibersberg bei Meiningen besuchten, nutzten sie den sechswöchigen Aufenthalt und lernten den ganzen Tag, »als ob sie sich für ein fürchterliches Examen vorbereiten müßten«. Bei den Mahlzeiten saß die Gastgeberin einem erschöpften Paar gegenüber, das zu keinem Gespräch mehr aufgelegt war. Frieda von Bülow, etwas älter als Lou und seit Jahren sehr vertraut mit ihr, fühlte sich vernachlässigt, weil die Freundin nur Zeit für ihren »Jünger« hatte, und manchmal kam auch Lou der Gedanke, daß diese ausschließliche Zweisamkeit zu intensiv sein könnte: »Rainer und ich zu sehr nur einander lebend.«

Während ihrer Studien entwarfen sie ein idealisierendes Rußlandbild, in dem Rilke »Heimat und Himmel« finden konnte und Lou verklärte Kindheitserinnerungen unterbrachte. Es war bevölkert mit einfachen, gütigen Menschen, mit Arbeitern und Bauern, aus denen die russische Seele unverstellt hervorbrach. Sie hatten gesunde Wurzeln und verbreiteten deshalb ein elementares Glück, das die prächtigsten Farben nicht schön genug zum Leuchten brachten. Mit diesem Bild in Kopf und Herz reisten sie im folgenden Mai wieder nach Rußland, diesmal zu zweit, und weil sie es so wollten, fanden sie, daß die Wirklichkeit ihm entsprach.

Ihre Moskauer Freunde staunten, daß ein hochkultiviertes europäisches Paar unbedingt Straßenhändler und Lastenträger kennenlernen wollte, daß es sich in schmutzigen Gassen und Schenken herumtrieb, Märkte und Gottesdienste besuchte, statt von den Empfehlungsbriefen an bekannte Schriftsteller Gebrauch zu machen. Für die sozialen und politischen Probleme hatten Rilke und Lou kein Interesse, daß die russischen Arbeiter allmählich versuchten, politischen Einfluß zu gewinnen, wollten sie nicht wahrnehmen.

Nach drei Wochen fuhren sie weiter, und auf dem Bahnhof trafen sie zufällig den Maler Leonid Pasternak mit seiner Familie. Boris Pasternak, damals ein Junge von zehn, war beeindruckt von dem Mann in der schwarzen Tiroler Pelerine und der großen Frau, die er für dessen Mutter oder Schwester hielt. Die Frau sprach Russisch, der Mann aber mit dem Vater Deutsch, und obwohl Boris diese Sprache beherrschte, hatte er sie noch nie so gesprochen gehört. Der Fremde kam ihm auf dem belebten Bahnsteig zwischen all den Menschenleibern deshalb vor wie eine Silhouette, »wie etwas Ausgedachtes im Dickicht des Unausgedachten«.

Wie unbedingt das reisende Liebespaar an seinem ausgedachten Rußlandbild festhielt, zeigte sich in seiner Beschreibung des zweiten Besuchs bei Leo Tolstoj. Sowohl Rilke wie Lou schilderten eine bereichernde Begegnung, dabei kamen sie dem greisen Dichter auf seinem Gut Jasnaja Poljana ungelegen, und das gab er ihnen auch zu verstehen. Weil sie nach kurzer Begrüßung dennoch nicht gingen, ließ er sie eine halbe Stunde warten und machte dann einen kurzen Spaziergang mit ihnen durch den Park, wobei er büschelweise Blumen ausrupfte und den Lyriker Rilke mit Schmähungen der Lyrik überschüttete.

Die Pfingstwoche im heiligen Kiew aber war so eindrucksvoll, wie sie es sich erträumt hatten, vielleicht noch gewaltiger. Rilke nahm nur noch auf – die Pracht der großen Kathedralen, die Festlichkeit der Gottesdienste, die Frömmigkeit des Volkes überschwemmten ihn, er fühlte sich zugehörig und schloß sich, die Kerze in der Hand, einer religiösen Prozession an. Kiew schenkte ihm die Inspiration für das »Stundenbuch«. In Kiew kam es aber auch zu einer Krise, die Lou alarmierte:

Fast täglich machten sie einen Spaziergang durch ein Akazienwäldchen. Einmal erklärte Rilke plötzlich, an einem bestimmten Baum könne er nicht vorbeigehen. Sie nahmen einen anderen Weg. Bei einem späteren Gang kam Lou auf die Episode zurück und deutete auf den vermeintlichen Gespensterbaum, hatte ihn aber mit einer anderen Akazie verwechselt. Rilke wurde von Angst und Entsetzen überfallen, er zitterte, sie mußten umkehren.

Das war kein einmaliger Vorfall, wenn auch ein besonders extremer. Rilke bekam Weinkrämpfe, Angstzustände und körperliche Anfälle, die er als irregeleitete Produktivität deutete, entstanden aus der Diskrepanz zwischen Schaffen-Wollen und Nicht-schaffen-Können. Lou registrierte, »daß ähnliche Gefahren eintraten, wo Dir die restlose Formung eines Eindrucks mißlang: nicht Enttäuschung, Selbstvorwürfe, Niedergeschlagenheit (wie beim Durchschnitt von Normalmenschen) trat ein, sondern ein Explodieren in Gefühle, die sich ins Ungeheure, Ungeheuerliche überschlugen«. Sie verfügte damals noch nicht über das Instrumentarium, diese Zustände und ihre Hintergründe zu analysieren oder auch nur einzuordnen. Erst über ein Jahrzehnt später lernte sie Sigmund Freud kennen, wurde seine Schülerin und praktizierte dann bis ins hohe Alter die Psychoanalyse. Jetzt, in Rußland, als Zeugin von Rilkes Qualen, hätte sie ihm gern geholfen, fing aber an zu fürchten, daß sie selbst nicht unbeteiligt daran sei: Ohne ihre Liebe könnte er sich, vielleicht, ganz der Kunst widmen und wäre vom Zwiespalt zwischen Erleben und Schaffen frei.

Das waren düstere Schatten, die nur manchmal auf die Reise fielen. Von Kiew aus fuhren sie nach Saratov an die Wolga und machten dann eine vierzehntägige Dampferfahrt auf dem meerbreiten Strom zwischen Wald und Heide, an Städten und Dörfern und weiten Strecken unberührter Natur vorbei. Lou war von der Schönheit der Landschaft so gefangengenommen, daß sie sogar ihre Reisenotizen vernachlässigte. Diese Tage und Nächte auf der Wolga schenkten ihr ein Gefühl der Geborgenheit, wie es eigentlich zu Kindertagen paßt. Sie holte jetzt ein Heimaterlebnis nach, um das sie sich gebracht hatte, als sie schon mit neunzehn ins Ausland übersiedelt war. Damals hatte sie nicht viel mehr von Rußland gekannt als Petersburg und Peterhof, die Sommerresidenz des Zaren, und ihre einzige Verbindung mit dem russischen Volk war ihre Amme gewesen.

Während Lou sich so in die eigene Biographie vertiefte, in ihre Jugend hineinwuchs und damit, wie sie es empfand, ganz sie selbst wurde, schenkte die Wolgalandschaft Rilke ein ebenso tiefes Erlebnis: »Was ich bisher sah, war nur ein Bild von Land und Fluß und Welt. Hier aber ist alles selbst. Mir ist, als hätte ich der Schöpfung zugesehen; wenige Worte für alles Sein, die Dinge in den Maßen Gottvaters ...«

Beglückt von ihren Eindrücken gingen sie in Jaroslawl an Land und mieteten sich in einem nahegelegenen Dorf eine Bauernhütte aus Birkenholz, noch harzduftend und einfach eingerichtet mit Eckbank und Samowar. Als Schlafgelegenheit lag ein frisch gefüllter Heusack auf dem Boden, breit genug für beide, wie die Nachbarin versicherte. Lou bat dennoch um einen zweiten für den leeren Stall daneben. Sie wollte nachdenken, dazu brauchte sie Ruhe, das war ihr jetzt wichtiger als Rainers Gegenwart. Aber die Tage begannen sie gemeinsam auf der Schwelle des Häuschens vor dem dampfenden Samowar, wieder genossen sie das einfache Leben, das Barfußgehen, das Schwatzen mit den Bauern.

Nach einem Abstecher zu den Moskauer Museen besuchten sie noch ein zweites Dorf, in dem der Bauerndichter Droschin lebte. Rilke war von seinen Gedichten begeistert und hatte einige übersetzt. Der langhaarige Dichter las ihnen vor, seine Familie und die Gäste, Lou im Reformkleid, Rilke im Stadtanzug, ließen sich mit ihm fotografieren, und obwohl das Dorf schmutzig und arm gewesen sein soll, erzählt das alte Foto von heiterer Stimmung und archaischem Behagen.

Beim Abschied von Rußland nach fast vier Monaten

waren Rilke und Lou sich einig: »So geht man doch nur von Zuhause fort.«

Lou fuhr in ein Zuhause. Auf der Wolga und auf dem Heusack im Stall war sie sich darüber klargeworden, daß sie jetzt auch mit innerer Freiheit ihre »unabänderlich obwaltenden Lebensverhältnisse«, ihre Ehe mit Andreas, »gern und freudig« akzeptieren könne. Rainer hatte sie vorgeschlagen, den Maler Heinrich Vogeler in Worpswede zu besuchen, der ein Buch von ihm gestalten wollte.

Als Rilke aus Worpswede zurückkam und sich wieder in der Nähe des Ehepaares Andreas einquartierte, war für Lou ihre Liebesgeschichte schon zu Ende. Was sie sich wünschte, was sie brauchte, war »mehr Alleinsein, so wie es vor vier Jahren war«, bevor sie ihn kennengelernt hatte. Sie arbeitete jetzt an einem Roman über das russische Erlebnis, »Ródinka«, und wie immer in solchen Zeiten war sie für ihre Umgebung verloren. Daß sie ihren Mann bei dieser Konzentration auf das Schreiben schlecht behandelte, bedauerte sie hinterher, mit Meeren von Liebe wollte sie es auslöschen. Daß sie genauso unfreundlich zu Rainer war, tat ihr nicht leid. Sie ließ sich vor ihm verleugnen und schrieb in ihr Tagebuch: »Damit R. fortginge, ganz fort, wär ich einer Brutalität fähig. (Er muß fort!)«

Anfang des Jahres 1901 sagte und schrieb sie es ihm. Der Abschiedsbrief, den sie »letzten Zuruf« nannte, war von jener Mischung aus Offenheit, Selbstgerechtigkeit und etwas Heuchelei, die Abschiedsbriefe an sich haben. Es sei um seinetwillen, versicherte sie, er müsse seinen Weg seinem »dunklen Gott« entgegengehen, damit er gesegnet werde. Es sei um ihretwillen, bekannte sie, denn sie habe sich neben ihm am Ende verzerrt, zerquält, überanstrengt gefühlt. Es sei überhaupt zum Besten, fand sie, denn Rilke müsse sich ganz seiner Existenz als Künstler stellen, und sie müsse weiter und weiter wachsen. Sehen, schreiben sollten sie einander nie mehr – aber dann ließ sie ihn doch noch wissen: »Wenn einmal viel später Dir schlecht ist zu Muthe, dann ist bei uns ein Heim für die schlechteste Stunde.«

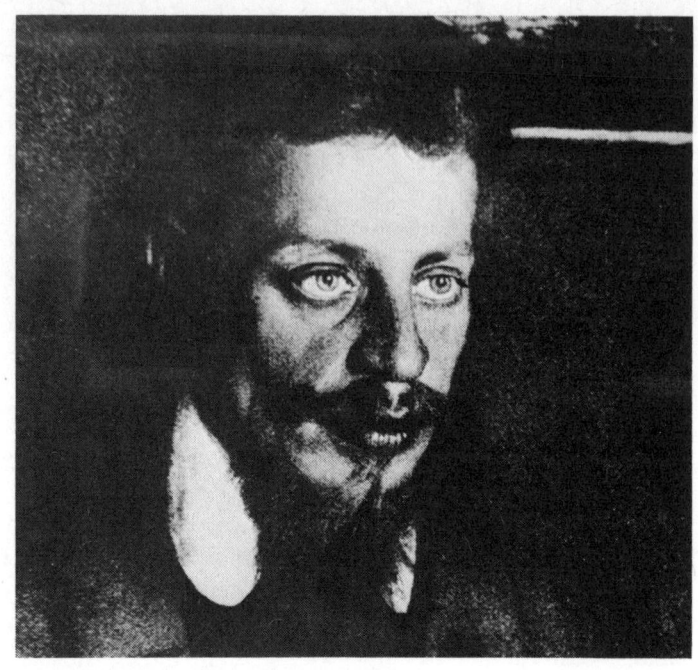

Rainer Maria Rilke

Rilke fügte sich. Zwei Monate später heiratete er die Bild-
hauerin Clara Westhoff, es wurde keine gute Ehe. Dreißig
Monate später schrieb er Lou den ersten Brief von vielen,
denn »wer weiß, ob ich in der schwersten Stunde kommen
kann«?

Beide erlebten neue Lieben, doch beide hielten an ihrer
Freundschaft fest. Lou wurde noch mütterlicher, war ver-
ständnisvoll für seine Klagen, gab Rat. Er nutzte ihr offenes
Ohr, verlor sich oft in der Schilderung seiner Leiden, hielt
aber immer seinen eigenen Ton durch. Angeschlagen hatte er
ihn in ihrem ersten Sommer mit einem Liebesgedicht, das er
dann unter der Überschrift »An Gott« in das »Stundenbuch«
aufnahm:

Lou Andreas-Salomé

Lösch mir die Augen aus: ich kann dich sehn,
wirf mir die Ohren zu: ich kann dich hören,
und ohne Füße kann ich zu dir gehn,
und ohne Mund noch kann ich dich beschwören.
Brich mir die Arme ab, ich fasse dich
mit meinem Herzen wie mit einer Hand,
halt mir das Herz zu und mein Hirn wird schlagen,
und wirfst du in mein Hirn den Brand,
so werd ich dich auf meinem Blute tragen –.

Walter Jens

»Ich umarme Sie tausendmal in Gedanken und sehne mich recht sehr nach dem Tage, da ich es wirklich tun kann«

Eva König und Gotthold Ephraim Lessing

Für Hans Jürgen Schultz zum 60. Geburtstag

Ich bin den ganzen Tag unruhig, wenn ich nach Hamburg schreibe, und drei Tage vergehen, ehe mir alles hier wieder so recht gefällt, als es mir gefallen soll ... Es ist alles itzt so weitläuftig und öde um mich, daß ich zu mancher Stunde gern viel darum geben wollte, wenigstens von meinen kleinen Gesellschaftern in Hamburg etwas um mich zu haben ... Leben Sie recht wohl, meine liebe Freundin, und bedenken Sie fein, daß der Mensch nicht bloß von geräuchertem Fleisch und Spargel, sondern, was mehr ist, von einem freundlichen Gespräche, mündlich oder schriftlich, lebet«: Das sind Sätze aus Lessings erstem Brief an Eva König; Sätze, die, ein halbes Jahr nach Evas Verwitwung (ihr Mann, der Seiden- und Tapetenfabrikant Engelbert König, war im Dezember 1769 in Venedig gestorben), den späteren Bräutigam (im September 1771 ist Verlobung) und Ehemann (die Hochzeit findet, nach Jahren des Fernseins, der Krisen und des Beinahe-Abschieds, im Oktober 1776 statt) ... Sätze, die Eva Königs Freund, Geliebten, Partner, Vertrauten und, auch dies, geheimen Kontrahenten in seiner Doppelheit zeigen: Lessing ist einsam und sehnt sich zugleich nach Dialog, Austausch und einem Gespräch, das für ihn zeitlebens spirituell *und* amüsant, hochfahrend *und* lustig sein mußte.

Er war nicht ungern allein, liebte die Klause mit mönchischer Meditation unter Büchern, aber zu gleicher Zeit verlangte ihn nach Unterhaltung am Spieltisch und Amüsement beim Entwurf von Nummern-Kombinationen für die Hamburger Lotterie: *Wann ist Ziehung?* Diese Frage war für ihn wichtiger als: *Wann ist Audienz beim regierenden Herrn?* Es mußte, neben der Kärrner-Arbeit in der Bibliothek und am Schreibtisch, alleweil etwas los sein in Lessings Leben; Langeweile war ihm – wie seinem Nachfahrn Bert Brecht – von Herzen verhaßt: Parlieren, Einsätze wagen, ins Theater gehen, Schulden zu machen – das war seine Passion. Von Melancholie gezeichnet, sehnte er sich nach Unterhaltung bei Lichterglanz und abendlichem Betrieb: Hinaus aus der Tagesfron – an den Spieltisch, auf die Bühne!

Aber schon nach kurzer Zeit begannen ihm die Zerstreuungen schal und öde zu werden, und er kehrte zurück in die Einsamkeit, die er brauchte und doch verfluchte: »Ich sitze hier allein«, schrieb er, am 8. September 1770, nach dem Tod seines Vaters an Eva, »von allen Menschen verlassen, und habe mich in eine Arbeit verwickelt, die nichts weniger als angenehm ist. Wahrlich, ich spiele eine traurige Rolle in meinen eigenen Augen. Und dennoch ... wird sich und muß sich alles um mich herum wieder aufheitern, ich will nur immer vor mich weg, und so wenig als möglich hinter mich zurücksehen. Tun Sie ein Gleiches, meine liebste Freundin, und lassen Sie so viel Entschlossenheit und Mut, als Sie sonst in Ihrer ganzen Aufführung bezeigen, nicht verloren sein.«

Gotthold Ephraim Lessing und Eva König (*er*, als man sich kennenlernte, schon über vierzig, *sie* dreiunddreißig): Das ist ein Geschwister-Paar aus dem Kreis der Saturnier, beide melancholisch – oder, wie man im achtzehnten Jahrhundert sagte: geschlagen mit Hypochondrie –, beide am Rand einer bösartigen und langdauernden Depression, beide deshalb um die Seelenlage des anderen wissend und beide entschlossen zu hilfreicher Tröstung. Wer gerade besser dran war, hatte dem Partner Mut zuzusprechen: »Ich will ... Sie inständigst bitten«, schrieb Eva im Januar 1773 an Gotthold, »dieser höchst beschwerlichen Krankheit in Zeiten Einhalt zu tun, ehe sie zu tiefe Wurzeln faßt. Verlassen Sie Ihr altes Schloß lieber auf einige Zeit ganz, und gehen Sie nach Braunschweig, wo Sie denn doch mehr Gelegenheit finden, sich zu zerstreuen als auf dem verwünschten Schlosse, und überhaupt in Wolfenbüttel. Hören Sie, bester Freund, folgen Sie mir, und sagen Sie mir recht bald, daß Sie mir gefolgt, und daß Sie die beste Wirkung davon spüren. Gott gebe, daß Sie mich dessen mit Wahrheit versichern können!«

Da helfen sich zwei Schwermütige, die sich sehr genau in die Lage des andern versetzen, einfühlsam und phantasievoll: zwei Melancholiker, die ihren Seelenzustand, das Leiden an der »fatalen Hypochondrie« mit hoher Präzision analysieren – wobei, das ist das Faszinierende im Verhältnis dieser intelligenten Personen, Eva *noch* zupackender und akriber schreibt als ihr Partner:

»Alles wäre noch erträglich«, heißt es in einem Brief nach Wolfenbüttel aus der Vor-Verlobungszeit, »wenn ich munter wäre; ich bin aber so niedergeschlagen, daß ich nicht im Stande bin, mich zum Lachen nur zu zwingen, um nicht sonderbar zu scheinen, ob ich gleich hier unter besonders lustigem Volk bin. Ich bin schon zufrieden, wenn ich es so weit bringe, daß ich nicht weine; was das Ärgste ist, so scheinet mir alles, was ich tue, nicht recht getan zu sein, in dem Augenblicke bereue ich, was ich in den vorhergehenden getan habe. Mit einem Worte, ich bin nicht mehr dieselbe.«

Wo andere Liebesleut schwärmen und in brieflichen Umarmungen, erotischen Geständnissen und wilden Küssen schwelgen – auf dem Papier, versteht sich –, sind Eva und Gotthold dabei, einander ihr Vertrauen durch eine möglichst freimütige, konkrete und nichts beschönigende Beschreibung ihrer Stimmungen zu beweisen – und zwar in einer Schreibweise, die, bei aller Genauigkeit, nicht pedantisch und definitiv, sondern schwebend-offen ist, immer darauf abzielend, dem Partner Einspruchs-Gelegenheiten zu schaffen, Abhilfen zu ersinnen (auch wenn's nur eine Brunnenkur ist ...) und mit Ratschlägen zur Stelle zu sein.

So trist die Lage der beiden auch ist – *er:* immer in Geldnot, *sie:* in Atem gehalten durch eine schier endlose, von Hoffnungen, Verzweiflungen, neuen Hoffnungen bestimmte Liquidation der Königschen Samt-, Tapeten- und Seiden-Geschäfte auf der Wieden zu Wien ... so desolat, von höfischen Kabalen und finanziellen Pressionen bedroht, die Situation sich in Wolfenbüttel, Wien und Hamburg auch ausnimmt: Von Sentimentalität und Wehleidigkeit ist nie die Rede in den Briefen Evas und Gottholds.

Man flucht, weint, verzweifelt, versinkt für ein paar Tage in Hypochondrie; rappelt sich aber rasch wieder hoch – die Frau immer viel schneller als der Mann – und formuliert, mitten in der großen Tristesse, seine von Courage und Lebenswillen zeugenden Bonmots: »Ich bin andern zur Last, und mir selbst«, so Eva im Dezember 1772, »Wenn ich mir ... noch einige ruhige Stunden machen kann, so sind es die, wenn ich für mich allein bin ... Um den verdrießlichen Grillen auszuweichen, habe ich ein Paar seidene Strümpfe für Sie angefangen. Lachen Sie mich aber ja nicht aus! Ich will es Ihnen raten. Die Strümpfe kosten mich mehr, als Sie glauben! Eine Menge Lügen! Denn wer mich daran stricken sieht, will wissen, für wen sie sind.«

Seltsam, höchst seltsam: Da enthüllen zwei Menschen einander, präzise und witzig, ihre geheimen Gedanken, Ängste, Befürchtungen – und geben sich gleichwohl in der Öffentlichkeit nicht als Paar zu erkennen. Waren sie einander am Ende nicht sicher? Fürchteten sie sich, vor die Welt hinzutreten, solange sie einander nur flüchtig, für ein paar Besuchstage, in Gasthöfen trafen, weit voneinander entfernt waren, und das nicht nur räumlich, sondern in langlanger Verlobungszeit auch spirituell?

Man stelle sich einen Bräutigam vor, der seiner Verlobten während eines ganzen Jahres 1774 nur einen einzigen Brief schreibt! In der Tat, das muß schon ein seltsames Paar gewesen sein, diese Eva und dieser Gotthold: Er in Wolfenbüttel, sie in Wien; er in Italien, sie in Hamburg; für Stunden zusammen, und schon wieder getrennt. Auseinandergerissen durch Geschäfte, die nicht aufschiebbar waren, oder durch eine Laune der großen Herren: Als man endlich zusammen ist, 1775 in Wien, und der berühmte Dramatiker aus Deutschland sich von den Damen und Herren der Gesellschaft umschwärmt sieht – als man, fast schon am Ziel, Pläne für eine gemeinsame Heimreise macht, da wird Lessing befohlen, sich als Reisebegleiter des Prinzen Leopold von Braunschweig nach Süden, Richtung Padua, zu begeben – auf eine Reise, die Eva Station für Station in Gedanken verfolgt, voll Sorge und Bängnis … und das zu Recht.

Ihre Briefe erreichen den Reisenden nicht, worauf der ärgerlich wird und sich für Monate in Schweigen hüllt, um am Ende, als sich alles aufklärt (österreichische Schlamperei war schuld gewesen, daß die Schreiben aus Hamburg nicht an die rechte Adresse gelangten) … um am Ende zu erklären, er habe, nach so langem Schweigen, seine Braut wenn nicht für tot, so doch für schwerkrank gehalten.

Ein seltsames Paar, nochmals, die zwei mit ihrer verschwiegenen Liebe, mit den Mißverständnissen, Egoismen und höchst persönlichen Launen: Da vertrauen zwei Menschen einander, bauen auf eine gemeinsame Zukunft, machen Pläne fürs Morgen und Übermorgen – und verfolgen im Hier und Jetzt ihre Eigeninteressen.

Statt sich – Geschäft hin, Geschäft her – mit raschem Entschluß auf die Socken zu machen und dem zaudernd-morosen Gotthold die Pistole auf die Brust zu setzen – *jetzt wird geheiratet, Monsieur, oder wir machen Schluß* –, kümmert sich Eva, ohne Gewissensbisse, drei volle Jahre lang in Wien um ihren maroden Betrieb, kehrt die Geschäftsfrau heraus, verhandelt mit Creditoren und Geldbeschaffern, Gaunern und Helfern, berechnet den Wert ihrer Lager, wartet auf günstige Konditionen, hofft auf die Hilfe des Hofs, sucht die Seiden-Fabrik zu verkaufen, da sie nichts einbringt, und die Tapeten-Fabrik, die gewinnträchtig arbeitet, um jeden Preis zu behalten, kümmert sich um ihre Angestellten, 27 Gesellen, 8 Lehrjungen, 18 Seidenweberinnen, denkt viel an die Firma und den »Krebsgang« der Aufträge und wenig an ihre vier Kinder, die sie in guter Hut zurückgelassen hat ... und Lessing? Lessing ist weit, und die Firma ist nah ... genauso wie für Gotthold, als der Hof ihn nach Italien in Marsch setzte, die gerade erst wiedergewonnene Braut fern und Italien nah war – Italien, wo der Herr Antiquar weniger die Bauwerke, die Landschaftsschönheiten und die Menschen als die alten *codices* in phantastischen Bibliotheken interessierten.

Kein Wunder, so betrachtet, daß diese beiden lang Verlobten, die sich kaum sehen und gelegentlich, durch Mißverständnisse befördert, monatelang miteinander nicht einmal korrespondieren ... kein Wunder, daß sie sich vor der Welt nicht zueinander bekannten. Nur fein stille, hieß zumal Gottholds Devise, ein verschwiegenes Gesuch an den Herzog, man möge ihm das Salär erhöhen, damit er heiraten könne, eine Haustrauung unter Freunden ... nur kein Aufwand, nur kein Spektakel!

Und trotzdem kamen sie nicht voneinander los, Eva und Gotthold, fingen immer wieder an, überbrückten die Intervalle, steigerten die Förmlichkeit, die zumal in der zweiten Hälfte der Verlobungszeit dominierte, zu frischem Enthusiasmus, wurden einander neu geschenkt und blieben bei all dem zwei nüchterne Leute: Statt, wie's zeitüblich war, den Busen drängen, das Herz klopfen und die Sinne rasen zu lassen, unterhielten sich Monsieur Madame L. und K. lieber über Erbsen und Linsen, über Zinsen (»Interessen«) und einen geliehenen Pelz, über Geschäftsbücher und Porzellan. Lessing, der ein Büchernarr war und durch Italien mit Pergamenten und Papyri vor den Augen pilgerte, realitätsfern und an nichts als Geschriebenem interessiert ... Lessing war gleichwohl kein Stubengelehrter, sondern kannte sich zumal in der Haushaltswelt aus, wurde, als Eva, nunmehr Frau Lessing, endlich nach Wolfenbüttel zog, ein prächtiger Stiefvater und kundiger Hausmann, der eine Portion handfester Lebensklugheit in die Ehe einbrachte: »Der Kitt zum Porcellain«, belehrte er, im Mai 1771, seine Braut, die sich aufs Reparieren von Geschirr nicht verstand (desto besser auf den Preis von Seide und Samt), »bestehet aus geronnener Milch und gelöschtem Kalke; nur muß jene ganz ohne Rahm sein, und durch ein Tuch rein ausgedruckt werden. Sodann nehmen Sie *drei* Teile dieser gcronnenen Milch und *ein* Teil von dem gelöschten Kalke, streichen es mit der Messerspitze gut durcheinander, und leimen damit, was Sie leimen wollen. – Wenn es so lange hält als unsre Freundschaft halten soll, so ist es ein Kitt, den wir loben wollen.«

Echt Lessing! Zuerst die pedantisch genaue Beschreibung und dann die Wendung ins Große und Weite, von Kitt und Porzellan zu einer Freundschaft, die mehr war als Liebe. Ungeachtet aller Entfremdung, dem Seiltanz am Rande des Abgrunds, der auf dem Egoismus zweier erwachsener Leute beruhte, gab es, noch in den bittersten Krisen, wo man einander fremd wurde, ja aus den Augen verlor, immer einen Grund von Vertrautheit, der nicht zerstört werden konnte.

Sie waren nicht verliebt, die beiden, schäkerten, kosten und herzten sich nicht, sondern ließen die Vernunft sprechen, die ihnen mehr gab als blinde Leidenschaft und kalte, vom Verstand bestimmte Interessensgemeinschaft. *Coeur* und *raison* gingen, im Sinne Pascals, bei Eva und Gotthold eine Ehe ein, die auf gemeinsamen Neigungen, gemeinsamen Empfindungen und, dies vor allem, einem gemeinsamen Sinn für sprachliche Raffinessen und amüsant-plastische Darstellungen fußte – wobei fraglich ist, wer besser schrieb, Madame oder Monsieur. Nach meiner Ansicht: Madame; denn die poetischsten, treffsichersten, unterhaltlichsten Passagen des Briefwechsels sind von Eva geschrieben – einer Frau, die über jene Eigenschaft verfügte, die das achtzehnte Jahrhundert *Witz* nannte: Scharfsinn, gepaart mit Amüsement, Logik in der Sprache des Herzens.

Nicht nur das »Was«, sondern auch das »Wie« spielte seine Rolle, im Briefwechsel zwischen dem Schriftsteller von Profession und seiner hochbegabten Partnerin: »Mein lieber Herr Lessing«, heißt es in Evas erstem Brief, »Bald möchte ich Ihnen nicht antworten, ob mir gleich Ihr Brief überaus ange-

nehm war. Warum nennen Sie mich eine fertige Briefschreiberin? Ohnmöglich wollen Sie mich zum besten haben. Viel lieber will ich glauben: daß Sie diesesmal in den Ihnen ganz
ungewöhnlichen Komplimententon gefallen sind. Er kleidet
Sie nicht; darum hüten Sie sich ins Künftige davor.«

Keine fertige Briefschreiberin? Eva irrte: Sie, die so natürlich wie Goethes Bettschatz Christiane Vulpius und so geistreich wie Marianne von Willemer zu formulieren verstand,

Gotthold Ephraim Lessing

war eine der wenigen große Epistolographinnen im Aufklärungs-Deutschland. Zumal ihre Detailschilderungen sind Kabinettstücke schriftlichen Parlandos … einerlei, ob es um eine betrunkene Zofe, einen besoffenen Postillion oder einen im Stil des großen Laurence Sterne beschriebenen Straßenunfall geht – die mit einer hinreißenden Pedanterie beschriebene Malaise einiger Postkutscher, an deren Tête sich, auf der Höhe von Rattelsdorf, zwei Pferde selbständig machten.

Eva Lessing

(»Mein lieber Freund, von einem Dorfe, das sich Rattelsdorf nennt, haben Sie wohl in Ihrem Leben nichts gehört? Auf dem sitzen wir nun beinahe vier und zwanzig Stunden, und wer weiß, ob wir nicht noch einmal vier und zwanzig Stunden hier aushalten müssen.«)

Wenn Eva den auf die Pferde eindreschenden Postillion, die ins Wasser sinkende Chaise oder ihre im Rausch eingeschlummerte Zofe beschreibt, wird sie zu Lessings kongenialer Partnerin. Es ist ein Vergnügen hohen Ranges zuzuschauen, wie die Briefschreiber einander die Bälle zuwerfen, wie sie klatschen und hecheln und sich belustigen, wenn es um Lotteriegewinne geht: *O weh, schon wieder falsch gesetzt! Es ist verflucht, wir werden einfach nicht reich! Trotzdem: nicht nachgelassen, liebe Freundin! Auf ein neues, mein Freund: Sie sollen sehen, gemeinsam schaffen wir's schon!*

Und dann die Sottisen über Frau Senior Goeze, die sich nach dem Amtsverzicht ihres Gatten nicht damit abfinden könne, statt »Frau Senior« wieder »Frau Pastorin« zu heißen, und schließlich, das Wichtigste, die Überlegungen, die dem Elend und Glanz der Schaubühnen gelten – Überlegungen, die sich meist an Evas Beschreibungen von Theater-événements anschließen und am liebsten mit der beiden Partnern gemeinsamen Formel beginnen: *Um von der Kirche aufs Theater* oder: *um von der Geistlichkeit auf die Komödie* zu kommen, ein Satz, der auch umgekehrt werden kann: »Auch das, meine liebe Freundin, lobe ich sehr, daß Sie in Wien fleißiger in die Kirche gehen als ins Theater. Denn ich glaube in allem Ernste, daß es ... für jeden guten Menschen, der nicht ganz undenkend ist, in den Wiener Kirchen mehr zu lachen geben muß, als in dem Wiener Theater. Gott verzeihe mir die Sünde, wenn es nicht wahr ist, und wenn ich Unrecht tue, daß ich mir die Österreichischen Prediger noch elender vorstelle, als die Österreichischen Poeten und Kommödianten.«

Noch elender, wohlgemerkt, da die Schauspieler, wie Evas Bericht über die schauerliche Darbietung der »Emilia Galotti« beweist, schon schlecht genug waren: »Ich kann sagen, daß ich in meinem Leben in keiner Tragödie so viel habe lachen hören, zuweilen bei Stellen, wo, meiner Meinung nach, eher hätte sollet geweinet, als gelacht werden … Stephanie (als Odorado Galotti) wird … täglich unerträglicher, besonders in seinem stummen Spiele. Was tut er zuletzt in Ihrem Stücke? Er reißt sein ohnedem großes Maul bis an die Ohren auf, streckt die Zunge langmächtig aus dem Halse, und leckt das Blut von dem Dolche, womit er Emilia erstochen hat.«

Gestern Hausfrau, heute Theaterkritikerin, morgen Journalistin auf Reisen und übermorgen ein Weib, das dem Herrn Verlobten eine Standpredigt hält: Eva brilliert in den mannigfaltigsten Rollen – und zwar so perfekt, daß Lessing, so ist zu vermuten, sich bisweilen eingeschüchtert sah, *die Frau war ihm über,* und – schwupp! – versteckte er sich, stellte sich tot, schwieg monatelang, brachte, außer der dringenden Dienstpost, keine Zeile zustande, an Eva nicht und keinen anderen, und provozierte so den Zorn und die Enttäuschung einer Partnerin, die in jedem Punkt mithalten konnte und alles andere war als eine Frau, die zufrieden war, wenn sie, im Angesicht des großen Lessing, ihren Nebenpart spielen durfte. »Mein lieber Freund«, beginnt ein Brief vom 19. November 1772, »Sie haben wohl Ursache, sich selbst zu wundern, daß Sie mich unter denen Umständen, worin ich mich jetzo befinde, vier Monate lang haben vergessen können. Denn gestehen Sie es nur! Sie haben mich entweder wirklich vergessen, oder haben wenigstens versucht, mich zu vergessen. Aus Ihrem eigenen Brief schließe ich das. Sie sind, sagen Sie, schlimmer als krank gewesen: mißvergnügt, ärgerlich, wild; wider sich und wider die ganze Welt aufgebracht; mich allein ausgenommen. Alles will ich Ihnen glauben, nur nicht das Letztere … Wie wäre es (sonst) möglich, daß in der langen Zwischenzeit auch nicht einmal ein Funken von Mitleid Sie angefacht hätte, mir einige Nachricht von sich zu geben.«

Nein, eine zweite Rolle hat Eva König gewiß nicht gespielt, in ihrer Verbindung mit Lessing, eher den Primpart; wenn einer Protagonist war, dann *sie,* die zwar erklärte: »Ich bin kein Lessing«, aber doch zumindest ein Stück von ihm war –

sie, die mitspielte bei den phantastischen Plänen, die, sechs Jahre lang, die Funktion hatten, eine immer trister werdende Realität zu übertünchen; *sie,* die den Freund zurückkriß, wenn der, bei Hof gedemütigt und entwürdigt, endgültig den Bettel hinschmeißen wollte; *sie,* die ihn warnte, sich, da er trotz aller Versprechungen immer noch nicht Hofarchivar geworden sei, unbesonnen von Wolfenbüttel zu trennen, um als freier Schriftsteller sein Leben zu fristen: »Ich kann es ... nicht lassen, Sie nochmals zu bitten, es wohl zu überlegen« – Brief vom 4. August 1773 –, »ob Sie sich nicht dadurch noch ein weit unangenehmeres Leben zubereiten würden, als Sie jetzt führen. Gewiß würden Sie das; und zwar in mancherlei Betrachtung, oder Sie müssen aufhören der Mann zu sein, der Sie stets gewesen sind. Liebster Freund! Lassen Sie uns unser Schicksal so geduldig wie möglich abwarten, und unserm Glücke ja keine neue Hindernisse in den Weg legen. Dann, werden Sie sehen, gehet alles gut.«

So schrieb eine Frau, die, nicht anders als Lessing, im Ungewissen lebte: heute von Verzweiflung über den unaufhaltsamen Bankrott, morgen von neuer und begründeter Hoffnung auf einen Erhalt der Firma und die Rettung der Arbeitsplätze erfüllt; eine Frau, die Lessings Spekulationen auf eine Anstellung in Wien oder Mannheim, auf einen Hauptgewinn in der Lotterie oder auf ein Wunder am Hofe zu Braunschweig mitzumachen bereit war, solange die Träume das kleine Glück im Hier und Jetzt nicht zerstörten ... eine Frau aber auch, die einschritt, sobald ihr Freund nicht nur sein *eigenes,* sondern auch ihrer beider *gemeinsames* Leben bedrohte, an dem sie, mehr noch als Lessing, festhielt, ja, das sie ersehnte – leidenschaftlich (auch im Erotischen), konsequent und entschlossen. »Guten Morgen, mein Lieber«, heißt es unmittelbar vor der Vermählung, »ich kann mir nicht helfen; mein Blut ist in solcher Wallung, daß mir die Hände wie Espenlaub zittern. Ich bin jetzo eine fatale Kreatur, die nicht viel ausrichten kann. Meine Kinder küssen Ihnen die Hand, und ich umarme Sie tausendmal in Gedanken, und sehne mich recht sehr nach dem Tage, da ich es wirklich tun kann.«

270

... es wirklich zu tun: Es ist bewegend zu sehen, wie im Augenblick unmittelbar vor der Erfüllung die Schleusen sich öffnen, nie geäußerte Wünsche sich plötzlich in leidenschaftlicher Rede artikulieren, so als bedürfe das langlang Angestaute *einmal,* schon im Zeichen des Glücks, einer gewaltigen Eruption, in der nicht mehr die Partnerin, nicht mehr die Protagonistin, nicht mehr – auch das war Eva gewesen – eine zweite Mutter, sondern die *Frau* spricht.

Eva Lessing, verwitwete König, geborene Hahn, pochte *einmal,* ein einziges Mal, auf ihr Glück, auf Liebeserfüllung im Ambiente eines freundlichen Bürgerhaushalts. Sie wollte, nicht anders als Lessing, endlich auch einmal sorgenlos leben: aber sie hoffte vergebens.

Fünfzehn Monate nach ihrer Hochzeit ist Eva im Kindbett gestorben, am 10. Januar 1778, und Gotthold war wieder allein. »Meine Frau ist todt: und diese Erfahrung habe ich nun auch gemacht. Ich freue mich, daß mir viel dergleichen Erfahrungen nicht mehr übrig seyn können zu machen; und bin ganz leicht.«

Dies hat ein Mann geschrieben, der die lange Verbindung mit einer Gleichrangigen und sein kurzes Glück im Kreis der Familie teuer bezahlte. Nach dem Januar 1778 lag, wie seine Freunde berichten, eine *gewaltige Schwermut* auf ihm. Kaum, daß seine alte Leidenschaft bei Debatten erwachte, fiel er in seinen *tiefen Seelenschlaf* zurück und war, bevor sein treuester Gefährte, der Zorn, ihn wieder zum Leben erweckte, wochenlang unfähig, eine Zeile zu schreiben: »Nach dem, was Lessing mir versprochen hat«, schrieb der Verleger Boie an Bürger, »werde ich wohl eine Zeitlang umsonst aussehen müssen, er hat erst sein Kind und jetzt auch seine Frau durch den Tod verloren und ist in Schmerz versunken.«

Beide, Eva und Gotthold, wollten *es auch einmal so gut haben wie andere Menschen; aber es ist ihnen schlecht bekommen. Beiden,* wohlgemerkt, Gotthold *und* Eva.

Herrad Schenk

»Ich bin glücklich, daß du mich dazu gebracht hast, dich mehr und mehr zu lieben«

Mary Wollstonecraft und William Godwin

Mary Wollstonecraft und William Godwin begegneten sich Ende des achtzehnten Jahrhunderts, in einer Zeit des Umbruchs und des Aufbruchs, aufgewühlt von den Ideen der Französischen Revolution, die die Grundlagen der alten Gesellschaft erschütterten und die Moderne einläuteten. Beide sind sie mit dem, was sie schrieben, für die Ideen, die sie vertraten, berühmt geworden, unabhängig voneinander, noch ehe sie ein Paar waren.

Mary Wollstonecraft, 1759 geboren, verfaßte ein Buch, das zum Klassiker der Frauenbewegung des neunzehnten Jahrhunderts wurde: »A Vindication of the Rights of Woman – Eine Verteidigung der Rechte der Frauen.« William Godwin, drei Jahre älter als sie, war ein bedeutender Sozialphilosoph und übte als politischer Schriftsteller großen Einfluß auf seine Zeitgenossen aus.

Als die beiden einander kennenlernten, waren sie nicht mehr jung, und als sie sich entschieden, miteinander zu leben, blieb ihnen nicht mehr viel gemeinsame Zeit. Doch übereinstimmend meinen die Biographen, es sei für beide die glücklichste ihres Lebens gewesen.

William Godwin stammte aus Wisbech, einem kleinen Ort in der Grafschaft Cambridge. Er war das siebte von dreizehn Kindern eines nonkonformistischen Geistlichen. Als

Nonkonformisten bezeichnete man verschiedene christliche Gruppierungen, die nicht mit der herrschenden Doktrin der anglikanischen Kirche übereinstimmten. William sollte, wie sein Vater, Prediger werden und wurde deshalb mit siebzehn Jahren auf eine führende theologische Akademie der Nonkonformisten geschickt. Die Auseinandersetzung mit religiösen Fragen hat in seiner Entwicklung eine große Rolle gespielt. Nach Beendigung seiner Studien übte er einige Jahre den Beruf eines Geistlichen aus; dann überwarf er sich bei einem theologischen Disput mit seiner Gemeinde in Suffolk, er verlor seinen Glauben und wurde aus der nonkonformistischen Gemeinde ausgeschlossen. Damals war er 26 Jahre alt. Er ging nach London, wo er die Bekanntschaft verschiedener fortschrittlich denkender Männer und Frauen machte und als freier Schriftsteller, Verfasser von Pamphleten, Essays und Romanen, seinen Lebensunterhalt verdiente. Als er Mary Wollstonecraft zum ersten Mal begegnete, hatte er sein theoretisches Hauptwerk über die »Politische Gerechtigkeit« noch nicht veröffentlicht; aber er war doch eine in Londoner Intellektuellenkreisen bereits bekannte Persönlichkeit, ein Sozialkritiker und radikaler Individualist.

William Godwin und Mary Wollstonecraft trafen sich zum ersten Mal Ende des Jahres 1791 im Hause eines gemeinsamen Bekannten, der zum Abendessen geladen hatte. Sie war damals 32 Jahre alt und ebenfalls nicht mehr ganz unbekannt, obwohl das Buch, das sie berühmt machen sollte, noch nicht erschienen war. Aber sie hatte schon einen Roman und ein vieldiskutiertes Pamphlet veröffentlicht, das sie als begeisterte Anhängerin der Ideen der Französischen Revolution auswies. Es heißt, daß die erste Begegnung zwischen zwei Menschen bedeutsam für den weiteren Verlauf ihrer Beziehung ist : William Godwin und Mary Wollstonecraft ärgerten sich bei dieser Dinner-Party gründlich über die Ansichten und das Benehmen des anderen.

Mary Wollstonecraft war eine ungewöhnliche Frau. Sie stammte, wie Godwin, aus einer großen Familie, war die zweitälteste von sechs überlebenden Geschwistern. Ihr Vater war ein beruflich erfolgloser Farmer, ein Despot, der trank und die Mutter schlug. Mary erhielt keinerlei besondere Ausbildung oder Förderung. Mit neunzehn Jahren verließ sie ihr Elternhaus, um ihren Lebensunterhalt zu verdienen. In den folgenden Jahren war ihre Biographie einigermaßen typisch für mittellose Frauen bürgerlicher Herkunft: Sie arbeitete in verschiedenen Stellen als Gesellschafterin und Gouvernante; sie pflegte ihre kranke Mutter bis zum Tod und lebte vorübergehend bei ihrer verheirateten Freundin und einer Schwester, als diese Unterstützung brauchten; sie gründete eine private Mädchenschule. Ungewöhnlich war, daß sie in ihrer Zeit als Erzieherin einen kämpferischen Essay über die Misere der Mädchenbildung und bald darauf einen Roman schrieb, der die Frauenunterdrückung thematisierte; noch ungewöhnlicher war die Tatsache, daß diese Arbeiten auf Umwegen an den fortschrittlichen Verleger Johnson gerieten, der sie veröffentlichte. Mary beschloß daraufhin, der Pädagogik den Rücken zu kehren und sich der Schriftstellerei zuzuwenden. 27jährig kam sie nach London, wo ihr der geschätzte Verleger Johnson, eine Vaterfigur, beim Start half. Durch ihn lernte sie den Kreis fortschrittlicher Intellektueller kennen. Sie arbeitete für Johnson als Lektorin, Herausgeberin, Übersetzerin; die dafür erforderlichen Kenntnisse erwarb sie im Selbststudium.

Als William Godwin sie 1791 auf der Dinner-Party von Thomas Paine kennenlernte, war sie noch keine skandalumwitterte Figur wie einige Jahre später – aber sie lebte unkonventionell für eine Frau Ende des achtzehnten Jahrhunderts, und sie war entschieden das, was man heute eine »Emanze« nennen würde. Godwin bemerkt denn auch in seiner Biographie, daß so mancher, der sie nicht kannte, aufgrund ihrer kämpferischen Schriften darauf gefaßt gewesen sei, auf »ein derbes, knochiges Mannweib« zu stoßen, und erstaunt reagierte, wenn er statt dessen »eine liebenswürdige Frau« vorfand, deren Aussehen und Auftreten »im besten Sinne weiblich« war.

Doch Godwin selbst fand sie bei jenem ersten Treffen keineswegs liebenswürdig. »Es verlief nicht glücklich«, schreibt er im Rückblick. »Mary und ich empfanden wechselseitiges Mißfallen, als wir auseinandergingen.« Was war der Grund? Lassen wir Godwin weitererzählen: »Ich kannte zu diesem Zeitpunkt ihre ›Verteidigung der Rechte der Frauen‹ noch nicht. Ich hatte bisher nur flüchtig in ihr Pamphlet gegen Burke hineingeschaut, und es mißfielen mir daran, da ich nun mal Literat bin, kleinere grammatikalische Schnitzer und Aufbaufehler.« Was Wunder – Mary war im Gegensatz zu ihm, der eine systematische Allgemeinbildung erhalten hatte, Autodidaktin; es war leicht für die gebildeten Männer der Zeit, über die offensichtlichen Formalmängel in den Arbeiten der Frauen die Nase zu rümpfen.

»Ich hatte also«, fährt Godwin in seiner Erzählung fort, »an diesem Abend nur wenig Lust, Mrs. Wollstonecraft kennenzulernen; wer mich interessierte, war Thomas Paine. Paine ist dafür bekannt, kein Vielredner zu sein, und so verlief die Unterhaltung, obwohl er hier und da ein paar kluge und bemerkenswerte Gedanken äußerte, bald im wesentlichen zwischen Mary und mir. Ich hörte also ziemlich oft Mary, wenn ich eigentlich Paine hören wollte.«

Eine köstliche Situation, sehr verhalten geschildert: Da ist Godwin, noch am Anfang seiner Karriere, bemüht, mit dem berühmten amerikanischen Kollegen ins Gespräch zu kommen, und zu seinem Ärger funkt ihm immer wieder diese Frau dazwischen, deren Arbeiten er bisher nicht recht ernst genommen hat. Sie will offensichtlich genau wie er Eindruck auf Paine machen, der zwanzig Jahre älter als die beiden und eine anerkannte Größe ist. Sicher hätte Godwin es lieber gesehen, wenn sie sich zurückgehalten und ihm und Paine bewundernd zugehört hätte. Statt dessen diskutieren nun also die beiden miteinander; sie reden über Gott und die Welt, und Godwin ärgert sich über die despektierliche Art, in der die Wollstonecraft berühmten zeitgenössischen Denkern Zensuren erteilt. Sie kommen auch auf religiöse Fragen zu sprechen, das ist seine Domäne, und triumphierend stellt er fest, daß ihre Ansichten viel weniger durchdacht sind als seine. Sie berühren in ihrem intellektuellen Schlagabtausch alle möglichen Themen, ohne irgendwelche Übereinstimmungen festzustellen, und das Gespräch wird um so unbefriedigender, je länger es dauert.

Ihn habe es vor allem geärgert, schreibt Godwin später, daß er sich, trotz des mißglückten Gesprächs, Mühe gegeben habe, ihr als Autorin und menschlich gerecht zu werden, während sie sich anschließend bei Bekannten abwertend über ihn geäußert habe. Gekränkte Eigenliebe auf beiden Seiten – das ist das Fazit dieser ersten Begegnung. Sie sehen sich im folgenden Jahr noch zwei-, dreimal zufällig bei geselligen Anlässen, ohne einander besser kennzulernen.

Dann brach Mary Wollstonecraft, Ende 1792, nach Frankreich auf, eine lange Reise, die für ihr Leben von großer Bedeutung wurde. Godwin sah sie erst drei Jahre später wieder. Sie war neugierig darauf, die Auswirkungen der Französischen Revolution aus der Nähe zu erfahren. Doch es gab auch persönliche Gründe, die sie wünschen ließen, eine Weile aus London fort zu sein: Sie war in heftige Gefühle für einen verheirateten Mann verstrickt, von denen sie sich befreien wollte; sie brauchte räumliche Distanz, eine andere Umgebung.

Zu diesem Zeitpunkt war sie mit 32 Jahren nach dem Kodex der damaligen Gesellschaft schon eine alte Jungfer, eine Frau, die mit großer Wahrscheinlichkeit niemals heiraten würde. Sie wollte auch nicht heiraten; denn sie hatte die Ehe ihrer Eltern als negativ, als Gefängnis für ihre Mutter erlebt. Das Unglück der Frauen sah sie in ihrer Abhängigkeit begründet, in mangelnden Ausbildungs- und Berufsmöglichkeiten, fehlenden Alternativen zur Ehe. Ihr ganzes erwachsenes Leben war Streben nach Selbständigkeit, Kampf um Unabhängigkeit. Aber sie war auch eine temperamentvolle und leidenschaftliche Frau. Lange Zeit war ihr wichtigster Gefühlskontakt der zur Freundin Fanny gewesen, die an Tuberkulose starb. In London war sie dann bald dem Charme des Malers Fuseli verfallen, der zum Johnson-Kreis gehörte. Der berühmte Maler von Alpträumen war zwanzig Jahre älter als sie, mit einer Schauspielerin verheiratet, doch er ließ sich ihre Bewunderung und Verliebtheit gern gefallen. Lange redete sich Mary Wollstonecraft vergebens ein, daß ihre Gefühle für Fuseli platonischer Natur seien. Doch als sie die Perspektivelosigkeit der Verhältnisse erkannte, wurde ihr London zu eng in ihrer Unrast.

Auf diesem Hintergrund ist es nicht erstaunlich, daß sie in Paris sehr bald eine leidenschaftliche Liebe zu einem Mann entwickelte. Der Mann hieß Gilbert Imlay, war Amerikaner, hatte ein Buch über die Französische Revolution geschrieben; aber eigentlich betrieb er Handelsgeschäfte. Marys Einsamkeit zu Beginn ihres Pariser Aufenthaltes, ihr viel zu langes Zölibat, die fremde Umgebung, wo alles im Umbruch und in Aufruhr war – vieles trug dazu bei, daß sie sich ganz und gar in diese Liebe stürzte. Anfangs hielten die beiden ihr Verhältnis geheim; Mary Wollstonecraft lebte allein in einem kleinen Haus in Neuilly, nahe Paris, wo sie über die Revolution arbeitete und er sie regelmäßig besuchte. Doch als die Franzosen den Engländern den Krieg erklärten und alle im Land lebenden Briten mit Gefängnis bedrohten, ließ Imlay sie bei der amerikanischen Botschaft als seine Frau eintragen, obwohl sie nicht formell verheiratet waren, und sie zogen in eine gemeinsame Wohnung nach Paris. Kurze Zeit war ihr Zusammenleben glücklich. Dann wurde Mary schwanger, und Gilbert Imlay brach nach Le Havre auf, in geschäftlichen Angelegenheiten, angeblich nur für kurze Zeit, und um Geld für seine wachsende Familie aufzutreiben. Die beiden planten, in die Vereinigten Staaten auszuwandern, sobald sie die nötigen Mittel hätten. Als Imlays Abwesenheit sich über Monate hinzog, wurde Mary Wollstonecraft in Paris unruhig und begann erstmals, an seiner Liebe zu zweifeln. Auch der Ausverkauf der Revolution, das Wüten Robespierres in der Hauptstadt machten sie krank, und so folgte sie Imlay unaufgefordert nach Le Havre. Wieder erlebten sie eine kurze Zeit der Zufriedenheit, wenige Monate, während derer ihre Tochter Fanny geboren wurde. Doch dann brach Imlay abermals zu einer Geschäftsreise auf, diesmal nach London. Wieder ließ er auf sich warten; wieder schrieb sie erst geduldig-verständnis-

Mary Godwin, geb. Wollstonecraft. Gemälde von J. Opie

volle, dann zornige, schließlich verzweifelte Briefe. Im April 1796 kehrte sie dann, auf Imlays Wunsch, nach London zurück. Er empfing sie reserviert und hatte für sie ein Haus gemietet, in das er selber aber, angeblich mit Rücksicht auf die Konventionen, nicht einziehen wollte. In Wirklichkeit hatte er längst ein anderes Verhältnis und kein großes Interesse mehr an ihr. Mary Wollstonecraft spürte den Bankrott der Beziehung, war aber, weil er sie täuschte und sich uneindeutig verhielt, nicht in der Lage, Konsequenzen zu ziehen. Sie versuchte immer wieder, Imlay zu bewegen, zu ihr zurückzukommen. Im Frühsommer 1795 unternahm sie einen Selbstmordversuch, den Imlay vereitelte. Um sie auf andere Gedanken zu bringen und Distanz zu schaffen, bat er sie, im Sommer geschäftlich für ihn nach Norwegen zu reisen. Auf dieser Reise erholte sie sich; aber in dem Maße, wie sie ihre Kräfte wiederfand, begann sie auch, die alten Illusionen zu nähren.

Während dieser Norwegenfahrt schrieb sie eine Reihe sehr schöner Naturbeobachtungen, Reiseskizzen, denen nichts von ihrer verzweifelten Situation anzumerken ist; sie wurden nach ihrer Rückkehr unter dem Titel »Letters from Norway« veröffentlicht. Godwin gestand später, daß diese Briefe dazu beitrugen, daß er sich in Mary Wollstonecraft verliebte: »Wenn es jemals ein Buch gegeben hat, das es darauf anlegt, einen Mann in seine Autorin verliebt zu machen, dann ist es für mich dieses.«

Imlay, an den sich Marys innere Monologe wohl richteten, konnte sie mit diesem Buch allerdings nicht zurückerobern. Nach ihrer Rückkehr erfuhr sie durch Dritte von seinem neuen Verhältnis, und sie unternahm einen zweiten Selbstmordversuch in der Themse. Doch sie wurde wieder gerettet, und Imlays schlechtes Gewissen verzögerte noch einmal die überfällige Trennung. Abermals bat sie, bettelte, demütigte sich; sie erklärte sich sogar bereit, mit ihm und seiner neuen Freundin zu dritt zusammenzuleben. Doch alles, was er ihr noch anzubieten hatte, war finanzielle Unterstützung, die sie empört von sich wies. Erst als Imlay mit seiner Geliebten London verließ, kam sie einigermaßen zur Ruhe, fand sie wieder zu sich.

Es mag auf den ersten Blick erstaunen, daß eine Frau wie Mary Wollstonecraft, die so stolz auf ihre Unabhängigkeit war, sich im Laufe der gemeinsamen Zeit mit Imlay so klein machte und hier auf einmal sehr schwach erscheint. Psychologisch ist das leicht zu erklären. Für sie war Imlay die große Liebe, die zur »freien Ehe« führte. Sie hatte auf die Konventionen verzichtet, die Frauen soziale Sicherheit schaffen, weil sie daran glaubte, daß zwei Menschen, die sich lieben, einander aus eigenem ethischen Impuls verpflichtet fühlen. Aber Imlay war ganz einfach kein Mann für ein dauerhaftes Verhältnis. Und so zerbrachen Mary in Frankreich gleich zwei Ideale: ihre Hoffnung auf die Französische Revolution, die sie in Blut und Terror übergehen sah, und ihr persönlicher Glaube an die große Liebe.

Gilbert Imlay war Mary Wollstonecrafts große verzweifelte Leidenschaft – aber das Liebespaar, von dem ich erzähle, heißt Wollstonecraft-Godwin. William Godwin stattet Mary Wollstonecraft Anfang des Jahres 1796 einen nachbarschaftlichen Besuch ab; sie ist nicht zu Hause, sondern noch auf dem Land: ein Rekonvaleszenzurlaub, nachdem sie endlich stark genug war, den Schlußstrich unter die Affäre Imlay zu ziehen. Als sie im April wieder in London zurück ist, erwidert sie Godwins Besuch sofort.

Die Jahre, die sie in Frankreich verbracht hatte, waren für William Godwin sehr fruchtbar gewesen. 1793 war sein großes Werk über die »politische Gerechtigkeit« erschienen, in dem er die Verlogenheit des Staates und die Korruptheit seiner Institutionen aufzeigt. Ein Jahr später, 1794, erschien »Caleb Williams«, ein psychologischer Roman, der seine sozialkritischen Gedanken in eine spannende Handlung kleidete und viel gelesen wurde. William Godwin war inzwischen ein berühmter Schriftsteller, ein gefragter politischer Redner, dessen Gedanken als gefährlich revolutionär galten. Der englische Premierminister Pitt soll geäußert haben, daß er nur deswegen von einer politischen Verfolgung Godwins Abstand nehme, weil sein Buch »Political Justice« so teuer sei, daß es sich die Arbeiter nicht kaufen könnten.

Als die beiden, Mary und William, sich im Frühjahr 1796 wiedersehen, hat er nicht nur ihre Schrift über die Frauenrechte, sondern auch ihre »Briefe aus Norwegen« gelesen; natürlich weiß er von ihrer Geschichte mit Imlay, denn in der Gesellschaft wird geklatscht. Bis zu diesem Zeitpunkt hatte Godwin, wie er von sich selbst sagt, nicht geliebt. Vermutlich hatte er, als Mann von vierzig Jahren, sexuelle Abenteuer, die aber in diesem Zusammenhang für ihn nicht zählten. Offensichtlich beeindruckten ihn intelligente, selbstbewußte Frauen; denn kurz bevor er sich in Mary verliebte, hatte er die Schriftstellerin Amelia Alderson umworben, die mit ihrem unkonventionellen Verhalten die Öffentlichkeit schockierte.

Mary und William besuchen einander abwechselnd zum Tee, zum Abendessen, erst in Wochenabständen, dann beinahe täglich. Sie tauschen Bücher und Manuskripte aus und sprechen darüber. Ihre Gespräche sind anregend, sie finden immer mehr Gefallen aneinander. Vielleicht ist es die Hochachtung, die er ihr von Anfang an spürbar entgegenbringt, vielleicht ist sie in ihrer Situation für Freundlichkeit besonders empfänglich. Jedenfalls ist von Anfang an Sympathie zwischen ihnen, wo vor Jahren, bei jenem ersten Gespräch, nur geltungsbedürftiges Konkurrenzgebaren war. Er umwirbt sie, unaufdringlich, und allmählich, beinahe unmerklich, geht die Freundschaft in Liebe über. »Ich bin glücklich«, schreibt sie ihm, »daß du mich dazu gebracht hast, dich mehr und mehr zu lieben, trotz meiner Angst davor, daß mir jeder das Herz durchbohren wird, auf den ich meine so lange angestauten Gefühle richte.« Im Sommer sind sie ein Liebespaar.

William Godwin. Gemälde von H. W. Pickersqill

Von Heirat ist auch zwischen ihnen zunächst keine Rede. Immerhin hatte sich William in dem Werk, das ihn berühmt machte, dezidiert gegen die Ehe ausgesprochen: Der Staat habe in diesem privaten Bündnis zwischen zwei Individuen nichts zu suchen; die gesetzlich geregelte Ehe beeinträchtige den Menschen in seiner seelischen und intellektuellen Entwicklung. Als aber Mary schwanger wird, ändert er seine Meinung. Sie wünscht sich soziale Sicherheit für ihre Kinder, und William ist, um ihr über die bittere Erfahrung mit Imlay hinwegzuhelfen, bereit, seine weltanschaulichen Bedenken hintanzustellen: ein großer Liebesbeweis.

Interessanterweise wirbelt die formale Eheschließung noch einmal Marys Skandalgeschichte auf. Als ledige Mutter war sie von der Londoner Gesellschaft noch akzeptiert wor-

Mary Wollstonecraft, 1791. Gemälde von J. Opie

den; zwar wußte jedermann, daß sie nicht verheiratet war, sie selber machte kein Hehl daraus. Aber schließlich wurde sie »Mrs. Imlay« genannt, und außerdem war die Untreue ihres Liebhabers und ihr Leiden der sichtbarste Triumph für die bürgerliche Moral. Jetzt, wo sie einen anderen Mann legal heiratet, mit dem sie zu allem Überfluß auch noch sichtbar glücklich ist, wird sie von einigen ihrer früheren Bekannten geschnitten. Man billigte den Frauen keine freie Liebeswahl und allemal keinen zweiten Versuch zu. Die Frau, die »gefallen« war, sollte gefälligst auch dafür büßen. – In einem Konversationslexikon des neunzehnten Jahrhunderts ist unter dem Stichwort »Prostitution« der Verweis »siehe: Mary Wollstonecraft« zu finden.

Mary Wollstonecraft und William Godwin blieb, nachdem sie ein Paar geworden waren, nicht mehr viel Zeit miteinander. Doch niemals in ihrem Leben, nicht mal in der ersten Zeit mit Imlay, war sie so ausgeglichen und auf ruhige Weise glücklich. Und er hatte das Gefühl, einen »Schatz gefunden zu haben, den er immer festhalten wollte«. Unter einem Dach wohnend, setzten sie ihr altes selbständiges Leben fort, schreibend, unabhängig voneinander ihren Bekanntenkreis pflegend, und gleichzeitig genossen sie miteinander die Häuslichkeit, die vor allem Mary in den letzten Jahren so schmerzlich entbehrt hatte.

Dann starb Mary im Kindbett, zehn Tage nach der Geburt der Tochter Mary Godwin. Die Schwangerschaft war ohne Komplikationen verlaufen, und beide hatten der Niederkunft zuversichtlich entgegengeblickt, zumal es nicht die erste war. Doch die Plazenta wollte sich nicht richtig ablösen, Teile blieben im Uterus zurück, hohes Fieber und Krämpfe stellten sich ein. Tagelang kämpfte Mary Wollstonecraft vergeblich gegen den Tod, der ihr, obwohl sie ihn vor zwei Jahren noch gesucht hatte, jetzt so ungelegen kam. Die Ärzte konnten ihr nicht mehr helfen, und William Godwin stand fassungslos daneben.

Kurz nach ihrem Tod begann er, ihre Biographie zu schreiben, »Memoiren der Verfasserin der ›Verteidigung der

Frauenrechte‹«, sich selbst zum Trost und ihr zum Gedächtnis. Es ist ein bemerkenswertes Buch, in dem er Leben und Werke seiner Frau würdigt und selber im Hintergrund bleibt; objektiv sieht er die Schwächen ihrer Arbeiten und zeigt sich zugleich überzeugt, daß die »Verteidigung der Frauenrechte« in ihrer Originalität eine Schrift von Jahrhundertbedeutung ist. Ihre Affäre mit Imlay beschreibt er mit großem Einfühlungsvermögen, ohne Überheblichkeit und ohne der Versuchung zu erliegen, ihn verächtlich zu machen.

William Godwin starb 1836, im Alter von 77 Jahren. Vier Jahre nach Marys Tod heiratete er zum zweiten Mal, eine Witwe, die seinen einzigen Sohn zur Welt brachte. Marys Töchter, Fanny Imlay und Mary Godwin, wuchsen bei ihm auf. Fanny, deren frühe Kindheit von den Problemen ihrer Mutter überschattet war, beging mit 22 Jahren Selbstmord. Mary wurde später als Autorin des ersten Frankenstein-Romans berühmt; sie heiratete den Dichter Percy Bussy Shelley, den eine intensive Freundschaft mit Godwin verband.

Sicher ist das Paar Godwin-Wollstonecraft vor allem deswegen berühmt geworden, weil Marys Leben kurz, skandalös und dramatisch war. Sicher ist es für ein Paar, das nur kurze Zeit zusammenlebt, nicht besonders schwierig, miteinander glücklich zu sein. Aber diese Verbindung ist nicht nur wegen ihres romantischen, tragischen Schimmers bemerkenswert: Sie hatte die besten Voraussetzungen, auch für längere Zeit auf einem guten Fundament zu stehen. Schon vor zweihundert Jahren baute sie auf einem Verständnis von Partnerschaft auf, das sehr modern ist: auf gegenseitiger Wertschätzung und auf der Idee der Gleichwertigkeit von Mann und Frau.

Die Autorinnen und Autoren:

Gisela Albrecht, geboren 1941 in Stettin. Studium der Literaturwissenschaft, Philosophie und Theologie in Hamburg und Berlin. Theaterarbeit in Berlin und Bonn. Seit 1976 freie journalistische Tätigkeit, Beiträge in zahlreichen Veröffentlichungen mit dem Schwerpunkt Südafrika.

Isabel Bayer, geboren 1954 in Stuttgart, Dipl.-Pol., Studium der politischen Wissenschaft und Philosophie in München und Berlin. Während dieser Zeit Regieassistentin Hörspiel und Aufnahmeleiterin beim RIAS Berlin, seit 1981 freie Journalistin in Berlin, auch als Redakteurin.

Pieke Biermann, geboren 1950, lebt und arbeitet in Berlin.

Irmela Brender, geboren 1935 in Mannheim. Nach Gymnasium Volontariat bei einer Zeitung, Journalistin. Neun Jahre lang Jugendbuchlektorat in einem Stuttgarter Verlag, seit 1970 freischaffende Buch- und Funkautorin und Übersetzerin. Stuttgarter Literaturpreis 1980. Sie lebt in Sindelfingen.

Marlis Gerhardt, Dr. phil., geboren 1940 in Stuttgart. Studium der Philosophie, Soziologie und Literaturwissenschaft in München und Stuttgart. Promotion 1968. Sie ist Redakteurin beim Süddeutschen Rundfunk Stuttgart im Bereich Kultur.

Ilona Jeismann, geboren 1943, studierte Germanistik, Theaterwissenschaft und Publizistik. Ab 1965 arbeitete sie für den Hörfunk und für Zeitungen (Feuilleton), seit 1980 ausschließlich für den Hörfunk. Ihre Schwerpunkte sind die Literatur und die klassische Musik. Sie lebt in Berlin.

Walter Jens, Prof. Dr. Drs. h. c., geboren 1923 in Hamburg, studierte in Hamburg, Freiburg und Tübingen. Promotion 1944, Habilitation 1949. Seit 1949 lehrt er an der Universität Tübingen, seit 1967 als ordentlicher Professor. Seit 1986 hat er außerdem eine Professur an der Universität Hamburg. Zahlreiche Veröffentlichungen und Auszeichnungen. Präsident des PEN-Zentrums der Bundesrepublik Deutschland.

Peter Stephan Jungk, geboren 1952 in Santa Monica, ist freier Schriftsteller und lebt in Paris. Zuletzt erschien seine Biographie Franz Werfels.

Christa Maerker, geboren 1941 in Berlin, arbeitete zunächst in der Kulturredaktion des »Spandauer Volksblattes«. Seit 1966 ist sie Mitarbeiterin bei verschiedenen Zeitungen, dem Hörfunk und dem Fernsehen. Sie ist Drehbuchautorin, u. a. des Films »Die Schweizermacher«, und Mitautorin der Reihe Film des Hanser Verlages. Sie lebt in Berlin.

287

Sofia Margolina, geboren 1951 in Moskau, studierte Biologie und Ökologie in Moskau. Sie ist freie Autorin und lebt in Berlin (West).

Margarete Mitscherlich-Nielsen, Dr. med., ist Ärztin und Psychoanalytikerin sowie Mitherausgeberin der Zeitschrift »Psyche«. Sie veröffentlichte zahlreiche Bücher und Artikel. Sie lebt in Frankfurt.

Elisabeth Plessen, Dr. phil., geboren 1944 in Neustadt / Holstein. Studium der Philosophie, Geschichte und der Literaturwissenschaften an der Sorbonne in Paris und an der Technischen und Freien Universität Berlin. Sie unternahm Reisen nach Westindien, Südamerika, in die USA und die UdSSR und lebt als freie Schriftstellerin in Hamburg und Berlin.

Herrad Schenk, Dr. rer. pol., geboren 1948 in Detmold. Studium der Wirtschafts- und Sozialwissenschaften in Köln und York / Großbritannien. Von 1972 bis 1980 war sie wissenschaftliche Assistentin am Institut für Sozialpsychologie der Universität Köln. 1975 Promotion. Seit 1980 ist sie freie Schriftstellerin und lebt in Bonn.

Joachim Scholl, geboren 1960 in Neustadt / Weinstraße, studierte Germanistik, Anglistik und Politische Wissenschaften in Heidelberg und Berlin. Literaturkritische Veröffentlichungen im Rundfunk und in Zeitschriften. Er lebt in Berlin und arbeitet zur Zeit an seiner Dissertation.

Hans Jürgen Schultz, geboren 1928 in Hamburg. Nach dem Studium Verlagslektor, dann Redakteur bzw. Chefredakteur im Süddeutschen Rundfunk in Stuttgart. Mitglied des PEN-Clubs. Autor essayistischer und biographischer Bücher, Herausgeber zahlreicher Sammelwerke, die zum Teil auf Sendereihen zurückgehen.

Barbara Sichtermann, Dipl. rer. pol., geboren 1943 in Erfurt. Schauspielschule und Theaterpraxis in Dortmund und Bochum. Ab 1968 in Berlin und Hannover Studium der Ökonomie und Sozialwissenschaften. Seit 1982 lebt sie mit ihrem Sohn in Berlin und arbeitet als freie Schriftstellerin.

Carola Stern, geboren 1925, studierte an der Freien Universität Berlin. Anschließend war sie als Lektorin tätig und war dann von 1970 bis 1985 Redakteurin beim Westdeutschen Rundfunk in Köln, Programmbereich Kommentare und Feature. Sie ist Mitbegründerin und war zeitweilig erste Vorsitzende von amnesty international in der Bundesrepublik. Seit 1987 ist sie Vizepräsidentin des PEN-Clubs.